2024

世界品牌年鉴

WORLD BRAND YEARBOOK

新 华 出 版 社

图书在版编目（CIP）数据

世界品牌年鉴 . 2024 / 本书编写组编著 .
-- 北京：新华出版社 , 2024. 11.
-- ISBN 978-7-5166-7748-3

Ⅰ . F279.12-54

中国国家版本馆 CIP 数据核字第 2024Y5901Z 号

世界品牌年鉴 2024
编著：本书编写组
出版发行：新华出版社有限责任公司
（北京市石景山区京原路 8 号　邮编：100040）
印刷：河北鑫兆源印刷有限公司

成品尺寸：178mm×254mm　1/16　　**印张：**29　　**字数：**335 千字
版次：2024 年 11 月第 1 版　　**印次：**2024 年 11 月第 1 次印刷
书号：ISBN 978-7-5166-7748-3　　**定价：**398.00 元

《世界品牌年鉴 2024》编委会

卷首语

2024年是习近平总书记“三个转变”重要论述提出十周年。这十年，中国品牌快速发展，一批中国品牌大踏步走向世界舞台，更多的国际知名品牌走进中国市场，为中国消费者所喜爱。为记录世界品牌建设的精彩故事，中华人民共和国年鉴社携手凯度集团联合编撰出版了《世界品牌年鉴2024》。

品牌建设是一项长期的系统工程。《世界品牌年鉴2024》围绕影响品牌发展的三个维度——宏观环境、科技变迁、消费者趋势，厘清这些维度背后的“道”，进而提出面向未来的品牌制胜之术。希望通过这些内容，为品牌建设者们提供一种系统性的思考框架，帮助找到驱动品牌增长的有效方略，实现品牌价值的持续提升。

质量立牌。质量是企业立身之本。随着品质消费升级，消费者对质量的要求，已经从产品的内在质量，到产品背后的原料、工艺、包装、服务等，更包括品牌带来的体验增值。

创新强牌。质量是生命，创新是灵魂。品牌是时代的品牌，要与时代特征互动，唯一的途径就是要创新，不断给消费者带来增值体验。在品牌化、高端化与“新消费”叠加的当下，通过推出新产品、打造新生态、优化新供给、提供新场景，满足消费者多层次需求。

文化铸牌。品牌的背后是文化。国潮正当时，越来越多的中国品牌，吸收中华优秀传统文化精华，向世界传递着来自中国品牌的文化特色，让中国产品植入中国文化元素，让中国品牌更具中国气质、中国韵味。

开放兴牌。开放塑造品牌格局，开放展现品牌担当。中国高质量发展和持续开放的大门为世界经济繁荣发展注入澎湃活力。

品牌不仅是企业宝贵的无形资产，也是国家最重要的软实力之一。强品牌不仅能够为企业带来社会赞誉和消费者认同，更能在低谷时期展现出强大韧性。凯度 BrandZ 数据显示，最具价值中国品牌 100 强股票投资组合价值在 2010 年 7 月至 2024 年 6 月间增长了 110.5%，而明晟（MSCI）中国股票加权指数则较 2010 年的水平上涨了 0.5%。这一数据充分说明了强品牌拥有更强的韧性，在低谷时期过后能够展现出更快的反弹和更高的增长。

《世界品牌年鉴 2024》的出版，是我们在品牌建设领域的积极探索。未来，我们将继续秉承客观、公正、严谨的专业精神，深入剖析世界优秀品牌的成长轨迹、市场策略及品牌资产，系统呈现各行业品牌国际传播的新机遇、新趋势、新特点。我们期待与更多的品牌携手前行，助力全球品牌交流互鉴，凝聚更多开放共识，共同讲好品牌精彩故事。让我们共同享受品牌建设带来的光荣和福祉！

中华人民共和国年鉴社社长　匡乐成

2024 年 11 月

序言

英国最大的商业新闻出版商 Reach PLC 的 CEO 吉姆·马伦（Jim Mullen）曾经说过:“创始人会离世,工厂会烧毁,机器会磨损,库存会耗尽,技术会过时。而品牌忠诚度，是商业领袖能够保持盈利和增长的唯一坚实基础。”

这句话充分说明了品牌对于一个公司的重要作用。作为公司最重要的无形资产，好的品牌能够唤起用户头脑中的各种积极联想，并与竞争对手形成有效区隔，从而带来更多销量、更高溢价以及更强的韧性。在经济增长放缓，竞争变得更加激烈的今天，企业只有通过品牌在用户心智中占据不可撼动的一席之地，才能获得稳定的竞争优势，助力企业穿越周期，始终保持牢不可摧的市场地位。

如何打造强品牌？凯度作为全球领先的品牌数据洞察与策略分析公司,我们的回答始终是:在更多人心目中打造有意义的差异化,这包括了“占领更多消费者心智”“强化品牌存在感”以及“找到增长的新空间”。

在《世界品牌年鉴 2024》中，我们可以看到世界范围内，越来越多行业中的代表性品牌，正在通过践行这三大增长加速器构建驱动品牌增长的强大引擎。在消费者越来越注重消费意义和价值的当下，许多品牌通过开展情绪营销或深度践行 ESG，在消费者心中建立有意义的差异化。同时，为了强化存在感，品牌正通过优化营销投资、进驻新兴渠道，扩大品牌在消费者购物全旅程中的曝光率。此外，很多品牌还在通过产品创新、场景拓展、品类延伸、渠道扩展以及进入新市场，寻找增长的新空间。

需要特别指出的是，当我们回溯各大品牌在近年来的发展脉络时，一个明显的趋势逐渐呈现在我们面前：中国品牌正在以崭新的姿态迈向世界舞台，努力在全球范围内赢得广泛的认可与尊重。从时尚领域的希音（SHEIN）到跨境电商领域的 Temu，从汽车领域的比亚迪到游戏领域的米哈游，从食饮领域的蜜雪冰城、霸王茶姬到 3C 领域的大疆、安克（Anker），无不彰显着中国品牌进入了全球化发展的新阶段。

就像 20 世纪八九十年代，可口可乐（Coca-Cola）、宝洁（Procter & Gamble）、麦当劳（McDonald's）、大众（Volkswagen）、松下（Panasonic）等品牌通过全球化战略，成功打造了千亿乃至万亿市值的品牌一样，如今的中国品牌也正扬帆海外，迎来属于自己的“大航海时代”。

这也是我热忱地期待《世界品牌年鉴 2024》面世的众多原因之一。我相信，这本书的出版将促进品牌知识和理念的跨国界共享，为所有希望成长为全球性品牌的中国品牌提供一个了解国际品牌趋势前沿的窗口，同时也将中国品牌的创新实践和先进经验传播到世界的各个角落。

在未来，我期待看到更多品牌受到《世界品牌年鉴 2024》的启发和鼓舞，成长为具有国际影响力的品牌，在为全球消费者带来优质产品和服务的同时，也让先进的知识技术、发展理念和管理模式在全球范围内得以传播和推广。在我看来，这将是一个世界级品牌的终极意义——创造人类文明的新形态（无论是物质的还是精神的），并成为文明之间交流互鉴的重要媒介。

新一波世界级品牌正在诞生，整个世界都在翘首以待，是时候锚定方向，积极播撒未来之种了。让我们携手共进，共同创造世界级品牌的辉煌未来！

凯度集团首席执行官　克里斯·简森

Preface

"Founders die. Factories burn down. Machinery wears out. Inventories get depleted. Technology becomes obsolete. Brand loyalty is the only sound foundation on which business leaders can build enduring, profitable growth," famously said Jim Mullen, CEO of Reach PLC, the UK's largest commercial news publisher.

This statement underscores the pivotal role of brand building for a company. As the most valuable intangible asset for a company, a strong brand can evoke a range of positive associations in consumers' mind and create a clear distinction from competitors, leading to increased sales, higher premiums, and greater resilience. In today's environment of slowing economic growth and intensifying competition, businesses can only gain a stable competitive advantage and navigate through market cycles by establishing an unshakable position in the minds of consumers through their brand. This ensures they maintain a strong and resilient market position.

How to build a strong brand? As the world's leading company in data and evidence based advisory business, Kantar's answer has always been: ***Be Meaningfully Different to More People***, which includes ***Predispose More People***, ***Be More Present***, and ***Find New Space***.

In the ***World Brand Yearbook 2024***, we can see that, globally, an increasing number of major brands across various industries are building powerful engines that drive brand growth by implementing these three growth accelerators. In a time when consumers are increasingly focused on the meaning and value of their purchases, many brands are trying to be ***Meaningfully Different*** in the minds of consumers through emotional marketing or a deep commitment to ESG. At the same time, in order to enhance their presence, brands are optimizing their marketing investments and entering popular emerging channels to increase their exposure throughout the entire consumer journey. In addition, brands are exploring new space for growth through innovating new products, expanding into new scenarios, extending product categories, expanding channels, and entering new markets.

It is particularly noteworthy that as we review the development trajectory of major brands in recent years, a clear trend emerges: Chinese brands are stepping onto the world stage with a fresh new attitude, striving to gain widespread recognition and respect worldwide. From SHEIN in the fashion industry to Temu in cross-border e-commerce, from BYD in the automobile sector to miHoYo in gaming, and from MIXUE and CHAGEE in the food and beverage industry to DJI and Anker in the 3C sector, all of these examples demonstrate that Chinese brands have entered a new phase of globalization.

Just like in the 1980s and 1990s, when brands like Coca-Cola, Procter & Gamble, McDonald's, Volkswagen and Panasonic successfully built billion- and trillion-dollar brands through globalization strategies, today Chinese brands are also setting sail overseas, ushering in their own "Age of Discovery".

This is also one of the many reasons I eagerly look forward to the release of the ***World Brand Yearbook 2024***. I believe the publication of this book will promote the cross-border sharing of brand knowledge, providing Chinese brands that aspire to become global players with a window into the latest international brand trends. At the same time, it will also help spread the innovative practices and advanced experiences of Chinese brands to every corner of the world.

In the future, I look forward to seeing more brands inspired and motivated by the ***World Brand Yearbook 2024***, evolving into brands with international influence. While delivering high-quality products and services to consumers worldwide, they will also facilitate the global dissemination of advanced knowledge and technology, development philosophy, and management models. In my view, this will be the ultimate significance of a world-class brand – to create a new form of human civilization (whether material or spiritual), and to serve as an important medium for exchange and mutual learning between civilizations.

A new wave of world-class brands is emerging, and the whole world is eagerly awaiting them. It is time to set the course and actively sow the seeds of the future. Let us join hands and work together to create a brilliant future for world-class brands!

Chris Jansen, Chief Executive, Kantar

CONTENTS

目录

第一部分

趋势领航：面向未来，品牌如何制胜

品牌不仅是企业宝贵的无形资产，也是国家最重要的软实力之一。

风云激荡的 2024 年，世界百年未有之大变局正在加速演进：全球经济缓慢复苏、大国博弈不断升级、应对气候变化任务艰巨、以人工智能为代表的新一轮科技革命正在带来深刻复杂的影响……

对于企业而言，在不确定性加剧的当下，强品牌带来的远不止社会赞誉和消费者认同，还有穿越周期的强大韧性。根据凯度 BrandZ 的数据显示，最具价值中国品牌 100 强股票投资组合的价值在 2010 年 7 月至 2024 年 6 月间增长了 110.5%，而明晟（MSCI）中国股票加权指数则较 2010 年的水平上涨了 0.5%。[1] 这一数据说明了强品牌拥有更强的韧性，在低谷时期过后能够展现出更快的反弹和更高的增长比例。

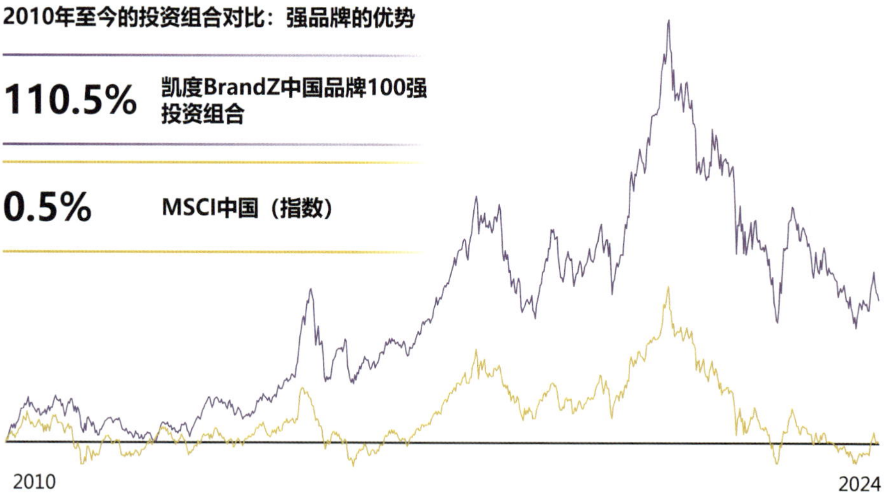

数据来源：凯度集团，《2024年凯度BrandZ最具价值中国品牌100强》报告

而对于国家而言，站在时代变迁的风口，中国制造能否把握住创新发展的契机，完成向品牌化、高端化、国际化的转型升级，在世界品牌之林中占据一席之地，直接决定了中国能否打破微笑曲线的魔咒，向全球产业链的中高端迈进。

建设强品牌，需要企业读懂时代发展的大势，明白蕴藏其间的原因和规律，找到制胜的策略和方法。因此，本章节会首先探讨影响品牌发展的三个大势——“宏观环境的变化”“科技的变迁”“消费者趋势的改变”，厘清这些势背后的“道”，进而提出面向未来的品牌制胜之术。

希望这些内容可以为那些想要乘势而上的品牌提供一种系统性的思考框架，帮助它们找到驱动自身增长的有效方略，在当今复杂多变的商业环境中，实现品牌价值的持续提升。

当然，罗马不是一天建成的，品牌的建设也不能一蹴而就。但是路虽远，行则将至，事虽难，做则必成。久久为功，品牌建设者们，加油！

宏观环境概览

一、后疫情时代，全球经济复苏进程平稳而缓慢，但与历史标准相比仍显低迷

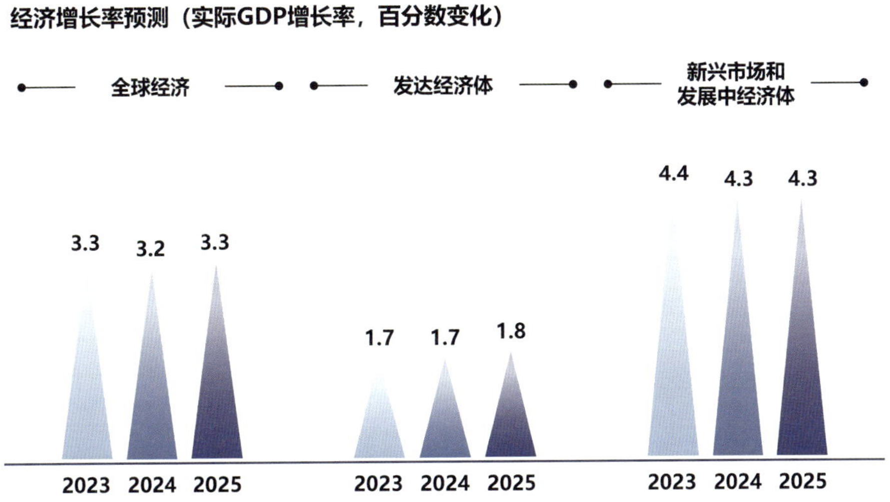

数据来源：国际货币基金组织（International Monetary Fund，IMF）

国际货币基金组织（International Monetary Fund，IMF）数据显示，2023年全球经济增速为3.3%，其中发达经济体的增速为1.7%，而新兴市场和发展中经济体的增速为4.4%。今明两年全球经济增速预计将与去年基本持平。[2] 该增速低于近二十年来（2000年至2019年）全球经济年均3.8%的增长率。[3]

二、发达经济体降通胀面临挑战，消费者信心指数（CSI）踟蹰不前

美国消费者价格指数（CPI），2014年1月—2024年6月

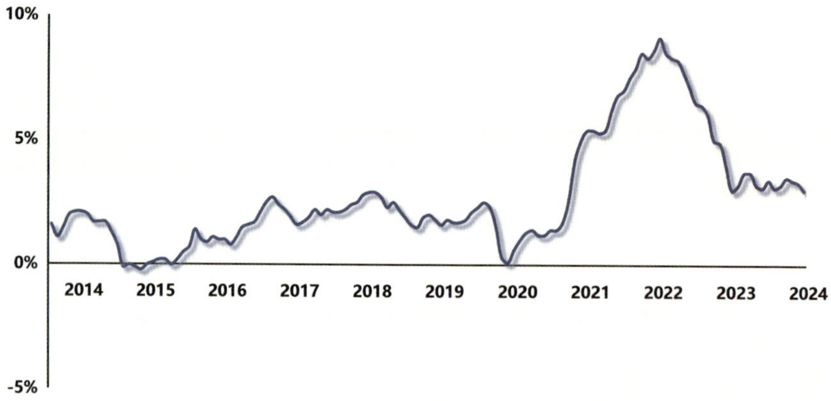

数据来源：美国劳工统计局（U.S. Beaureau of Labor Statistics）

美国消费者信心指数（CSI），2014年1月—2024年6月

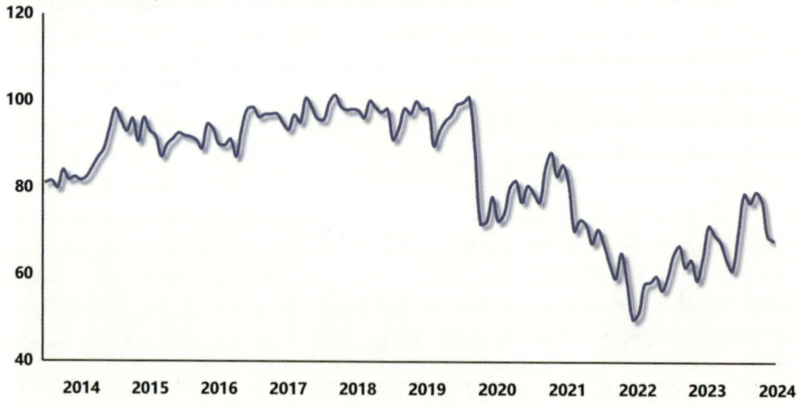

数据来源：美国密歇根大学消费者调查（Surveys of Consumers, University of Michigan）

美国及欧盟的通胀率在2021年至2022年间大幅上升，2023年以来有所下降。[4][5]尽管各国央行大幅加息以恢复价格稳定，但通胀仍未恢复至疫情前的水平。物价上涨、生活成本增加使得美国和欧盟的消费者信心指数仍处于历史低位。[6][7]

三、中国等亚洲新兴市场经济体仍是全球经济增长的主要动力

中国国内生产总值（万亿元），2014年—2024年上半年

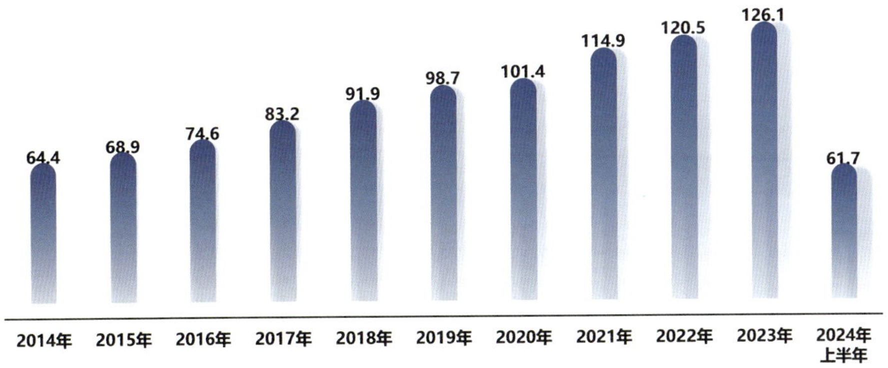

数据来源：国家统计局

全国居民人均可支配收入（元），2014年—2024年上半年

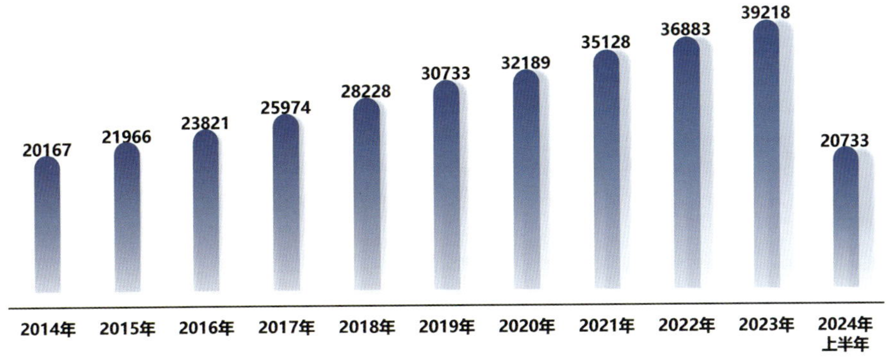

数据来源：国家统计局

由于政府巨额的基础设施支出和私人消费的强劲，印度已连续两年实现国内生产总值增速超过7%。[8][9]中国经济也展现出了

较强的韧性及活力。中国国内消费复苏、出口激增，推动经济增速积极上行。[10] 2024 年上半年，中国国内生产总值（GDP）为 61.7 万亿元，同比增长 5.0%。全国居民人均可支配收入为 20733 元，扣除价格因素比上年同期实际增长 5.3%。[11] 货物进出口总额达 21.17 万亿元，同比增长 6.1%，规模创历史同期新高。[12] 彭博社根据 IMF 经济预测数据进行的计算显示，中国将是 2024 年到 2029 年全球经济增长的最大贡献者，在全球新增经济活动中，中国占比将达到 21% 左右。[13]

四、应对气候变化、贫困等社会问题需要企业和品牌重构发展的模式

全球经济增长越来越受气候变化的威胁。根据联合国减少灾害风险办公室（UNDRR）的数据，过去 20 年，洪涝、干旱、热浪、台风——这些与气候相关的灾害发生数量显著增加，几乎翻了一番。[14] 气候变化已成为影响全球经济的决定性危机，应对该危机需要人类社会从根本上改变我们驱动经济的方式。现代经济的商业模式曾将自然视为一种免费的资源，而现在企业和由企业创造出的千千万万个品牌需要设计出一种不从自然中予取予求的全新模式，真正践行可持续发展战略，通过积极使用可再生能源及碳捕获、碳封存等创新技术，努力消除运营过程中的碳排放和其他温室气体的排放，齐心协力地打造一个更清洁、更有韧性的世界。

此外，贫困及发展不均衡问题是世界面临的另一项重大挑战。今天全世界有近 7 亿人生活在极端贫困之中，每天生活费不足 2.15 美元。[15] 企业和品牌在解决贫困问题中扮演着关键角色。通过创建就业机会、提供技能培训和教育、实施公平贸易政策、进行影响力投资、数字化赋能等方式，企业和品牌不仅可以改善贫困群体

的生活条件，还可以为贫困地区提供可持续的经济发展方案，推动全球经济的平衡发展。

科技变迁

我们正处在新旧动能加速转换、新旧秩序加速调整的过渡期。第三次科技革命带来的互联网、移动互联网红利已接近尾声，而第四次科技革命带来的人工智能（AI）、物联网、虚拟现实（VR）、元宇宙等创新技术则处于高速发展期，成为品牌释放想象力的新型突破口。

（一）传统互联网红利见顶，流量稀缺，注意力经济上限已至

第三次科技革命为品牌带来了全新的营销方式及销售渠道。社交媒体、搜索引擎优化（SEO）、信息流、短视频等新型营销工具让品牌能够以低成本、高效率的方式推广自己。电商、直播带货等新型数字渠道则改变了传统的零售模式，让品牌不再仅依赖实体店，而是通过在线平台直接向消费者销售。

然而，随着智能手机的大规模普及，互联网用户数已至天花板[16]，由于用户在线时长存在天然的上限，互联网时代创造的各类营销及销售形式已进入存量博弈期。品牌无法再凭借简单粗暴的流量打法换取爆发式增长。

（二）第四次科技革命带来的创新技术正在价值创造的全链路重塑品牌

与之相对，第四次科技革命带来的各种创新技术正在成为品牌增长和消费者价值创造的关键驱动力。

2023年是人类科技革命史上非常重要的一年。以GPT为代表的人工智能基础模型的问世引爆了全人类的生产力革命。[17] 而虚拟现实（VR）、元宇宙、物联网等改变人类未来的革命性技术也都不约而同地按下了加速键，相互促进，持续进化。这些创新技术已经成为了品牌增长和消费者价值创造的关键驱动力。

以人工智能为例，AI正在产品创新、生产制造、营销策划、客户服务等多方面进行颠覆式变革。比如，医药企业借助AI快速筛选大量化合物，识别潜在的药物候选分子，并且利用深度学习模型，设计出具有理想药代动力学和药效学特性的新分子。[18] 制造业企业应用人工智能技术，整合多元数据，实现智能排产、工业AI质检、工艺参数优化、设备预测性维护等多项功能，有效提升生产效率，降低次品率。[19] 设计公司凭借AIGC工具，根据不同的营销场景和目标受众，定制化生成各种设计元素和视觉素材。[20] 金融机构基于AI大模型研发出AI数字员工，为用户提供业务咨询与指导、产品推介、客户投教等在内的全天候服务。[21]

品牌正在借助创新技术加速产品研发、在产品制造中降本增效、并在营销策划和客户服务上力求做到定制化和即时性。可以说，第四次科技革命所带来的创新技术正在品牌价值创造的全链路重塑品牌。

消费者趋势变化

一、消费者趋势1：消费者更加审慎精明，注重理性消费

过去的一年，两种看似矛盾的现象在消费市场轮番上演：一方面，消费者开始积极寻找大牌平替或折扣商品。在中国，“不是×××买不起，而是×××更有性价比”成为流行语。[22] 白牌

产品趁势崛起[23]，拼多多市值一度超越阿里，成为“电商一哥”。[24]在美国，各大快餐连锁店纷纷推出低价套餐，以吸引预算紧张的顾客。[25]在生活用品消费中，最便宜产品所占份额从2019年1月的36%上升到2024年4月的48%；[26]**另一方面，消费者并未完全放弃对品质的追求，对于一些品牌依旧有意愿支付溢价。**24.6%的“90后”消费者愿意为认可的品牌溢价付费。[27] 85%的消费者愿意为经证实具有功效或益处的美容产品支付溢价。[28]

这些现象指向了一个共同的趋势：消费者越发审慎精明，不愿再为所谓的大牌名号支付溢价，但也并非一味追求极致低价。如果品牌能够证明其溢价的合理性（比如质量上乘、经久耐用、功效显著、服务优质等），消费者依旧乐于为其买单。但是对于无法自证价值的品牌，消费者则会转向在价格上更有竞争力的替代品。

这一趋势背后的原因不难理解。**全球经济的放缓和通货膨胀的上升导致消费者的购买力受到挑战。**在这种背景下，消费者更加关注价格的合理性，力求商品的价值与其价格相匹配，希望每一分钱都花得物超所值。“可以买贵的，不能买贵了”无疑是对这种消费趋势的最佳概括。

二、消费者趋势2：消费者渴望情绪的释放及身心的疗愈，希望实现身心秩序的重构

全球经济的不确定性、地缘政治的持续挑战、现代社会的快速变化、职场竞争的加剧，都在无形中增加了人们的心理负担，消费者对于身心健康的关注与日俱增，愈发渴求获得心灵的慰藉和情感的释放，以应对现代生活压力、对身心秩序进行平衡性重构。

在高压和快节奏的生活中，人们渴望找到一个情绪的出口，

释放压力，沉淀思绪，重整心情再出发。沉浸式体验以其对感官的极致刺激，让人们在对环境细节的微妙感知中逐渐放松，重新发现对生命的热爱与对美好事物的渴望；根据伟门智威（VML）2023 年的研究，全球有三分之二的人表示，他们希望品牌能帮助他们感受到强烈的情绪和情感。[29] 在马德里和伦敦的快闪式互动博物馆“多巴胺乐园”内，游客们在刺激多重感官的沉浸式互动空间内玩泡泡、打枕头仗，尽情释放自己的激情活力。[30] 在中国，消费者在极限的“特种兵式旅行”[31]、激情四射的泼水节中寻求情绪释放[32]，在“发疯文学”“窝囊废文学”中寻找情绪的极致表达[33][34]，以色彩浓郁的“多巴胺穿搭”展现自己丰富浓烈的内在情绪[35]。

数据来源：伟门智威，《2024未来趋势100》

数字化时代的快速变迁带来的信息过载，不仅分散了人们的注意力，也增加了认知负担。这促使消费者进入心理退行期，渴望暂时逃离现实，投身于自我关怀的活动来缓解自己的焦虑和不安全感。与身心疗愈相关的服务与活动日渐兴起：国外被设计为“地下茧房”的酒店与水疗中心，为客人提供了一个逃离生活喧嚣、遁世宁静的场所；在伦敦 O2 购物中心和 Adobe 办公室等地，安静室（quiet room）成为人们处理挑战性时刻、进行反思的场所；

数字断网旅行（unplugged travel）让人们更加深入地与大自然建立连接。[36] 中国的年轻人们开始在工位种香蕉、养绿植、培育水族箱，为自己在喧嚣和忙碌中构建一片精神自留地。[37] 寺庙也成为了流行的休闲目的地，不管是在为期数周的寺院禅修中获得顿悟[38]，还是日常让寺庙咖啡杯上充满哲思和智慧的警语照进内心[39]，或是运用助眠冥想手机应用、颂钵音疗等帮助自己沉静下来[40]，这些融合了禅意的现代生活方式，都寄托了消费者们试图在方寸间寻得片刻宁谧的愿望。

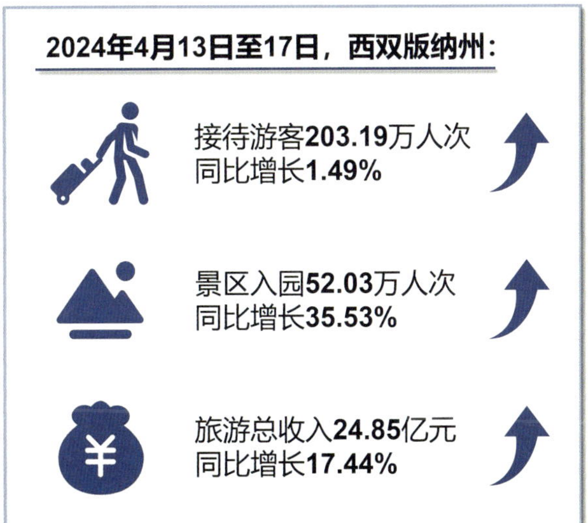

数据来源：西双版纳州民宗局

三、消费者趋势 3：消费者希望通过负责任的消费方式，创造一个更加美好、公平的世界

疫情之后，世界经历了前所未有的变化。随着全球环境和社会问题日益严峻，越来越多的消费者认识到个人的消费行为和生活方式对环境和社会的影响，并开始寻求与自己价值观相符的消费方式，希望通过有意识、负责任的消费选择来减少其负面影响，为创造一个更加美好、公平的世界贡献力量。

数据来源：凯度集团，《Kantar China Monitor 2023》

随着国家对绿色低碳经济的推动、产业端的跟进践行，消费者对绿色、环保产品的关注度也在不断提升，绿色生活方式俨然成为风尚——65% 的中国消费者认同环保主义已成为当下的潮流话题[41]。在中国，二手循环商店的风行推动了将旧物转化为新设计的“再造”（remake）文化兴起，使其成为年轻群体展现独特创造力和品位的象征；“循环青年”成为令年轻消费者自豪的自我标签，也被视作一种成熟的生活态度和价值观的体现。[42] 此外，循环时尚消费也契合了年轻消费者群体“爱生活、爱自己、追求个性、提升自我、满足情感需求”的悦己需求[43]；超过 50% 的“循环青年”表示“悦己”已成为他们主要的消费驱动力。[44]

的中国消费者认同环保主义
已成为当下的潮流话题

数据来源：凯度集团，《Kantar China Monitor 2023》

消费者对品牌在解决气候变化、改善社会不公境况等挑战方面承担责任的期待也在持续提升，并愿意为与自己价值观相符的品牌支付溢价——据德勤统计，如今，近 64% 的 Z 世代、近 63%

的千禧一代消费者表示他们愿意为可持续产品支付更高的费用[45]。

一方面，消费者更多地选择对环境影响较小的产品，支持可持续生产和消费模式。例如，全球范围内的消费者正逐步摒弃快时尚，选择那些使用寿命更长、资源浪费更少的服饰。他们偏好采用可持续材料和环保工艺的时尚产品，并关注品牌的碳足迹，支持那些通过碳补偿措施减少环境影响的企业。[46]

54%的中国Z世代认为

可持续品牌应该确保产品经久耐用，同时支持产品的二次循环利用

90%的中国Z世代对于

打上“可持续”标签的品牌产生更多好感

数据来源：VOGUE Business，《解码中国Z世代的可持续消费观》

另一方面，消费者也积极支持那些践行公平贸易、透明运营、诚信管理原则，持续为社会做出贡献的品牌和企业。消费者偏好购买那些助力公益慈善、精准扶贫，或是支持残障人士就业的产品，同时也通过消费行为支持那些积极参与社区活动、促进本地社区繁荣的小微企业。

2022年9月至2023年9月期间，抖音平台：

共助销农特产**47.3亿**单

平均每天**1300万**个装有农特产的包裹销往全国各地

数据来源：抖音电商，《2023丰收节抖音电商助农数据报告》

四、消费者趋势 4：消费者渴望重新建立与他人的连接，获得归属感

城市化进程的加快，全球化导致的人口流动性增加，现代家庭结构的变化，使得传统以地缘为联结纽带的社会关系遭遇了挑战。[47] 现代生活忙碌的节奏使得建立和维护深层次的人际关系更为困难，对数字设备和社交媒体的依赖也导致人们在现实生活中的社交活动减少，增加了孤立感。据伟门智威（VML）数据显示，全球有 66% 的人表示不再有社区感，71% 的人认为孤独是一种流行病。[48] 在中国，当代年轻人平均拥有的知心好友数量仅为 2，还有 24% 的年轻人表示自己没有可以无话不谈的朋友。[49]

根据 2023 年中国统计年鉴，2022 年全国家庭户口抽样总数接近 50 万户（抽样比为 1.023‰），其中“一人户”的占比约为 16.77%。除了老人以外，越来越多的青年人成为独居者中的一员。根据贝壳研究院发布的《新独居时代报告》，到 2030 年，我国独居人口数量预计将达到 1.5 亿至 2 亿人。其中，20-39 岁的独居青年将从 2010 年的 1800 万增加到 4000-7000 万人。

数据来源：国家统计局，《中国统计年鉴2023》；贝壳研究院，《新独居时代报告》

这种普遍的现代孤独状态，催生出了以特定活动、特定需求、特定场景为核心构建的轻量化社交关系。这种新型的社交形态为人们提供了短暂却也真实温暖的陪伴，回应了人们对于符合现代生活方式、轻松无负担的社交联系的渴望。在美国，“与陌生人共进晚餐”成为一股崭新的餐饮潮流，旨在让人们在共享美食的同时，有机会结识新朋友并享受独特的餐饮体验。[50] 在中国，“搭子”社交盛行，人们通过“饭搭子”“考研搭子”“健身搭子”等多种形式来满足日常生活的不同社交需求。[51] 线上，我们也看到

将社交媒体当作倾吐心事树洞的人们，在线上获取陪伴感，获取一瞬间的情绪共振与精神同频。[52]

与此同时，我们也看到越来越多人选择加入提供相互支持和联系的社区，或是以居所为中心，积极重构社区纽带。津巴布韦的“友谊长椅”项目通过培训社区中的中老年女性，为居民提供心理健康支持和人生建议，更借此增强邻里间的互助与联系。[53]在中国，“客厅酒馆”在年轻人中蔚为风潮，私人住宅的客厅被临时转变为一个小型聚会场所，提供一种更加亲密也自由随性的社交体验。[54]安吉的数字游民公社、景德镇的陶瓷工作坊，也吸引了许多年轻人奔赴，与共享兴趣爱好或是生活方式的人一起构建新时代聚落。[55][56][57]

五、消费者趋势 5：消费者重归线下，希望从真实且独特的线下体验中获得充盈的生命感

疫情期间，人们的生活方式受到了极大的限制，虚拟空间成为了主要的社交和消费场所。日益流畅的线上体验在给消费者带来便利的同时，却也抹除了生活的真实质地带给人们的真切感受。消费者不再满足于虚拟空间的体验，愈发渴望走出家门，重新体验线下的真实世界。不管是在长居的此地还是远处的他乡，人们都渴望重新深入城市肌理，探索各种鲜活有趣的在地生活，从中获得更加充盈的生命感。

一方面，越来越多的消费者倾向于探索自己生活城市的细微之处，追求真实、具有生活气息的体验。城市漫步、马路生活节、市集探索、菜市场漫游等成为了当下流行的活动，鼓励人们以脚步丈量城市，深入探索城市每一寸土地。[58]与此同时，人们渴求在日常中与自然亲密接触，在城市绿地的探索性体验中感受美好；

城市观鸟等活动则让人们在城市的喧嚣中享受片刻的自然沉浸体验，品味生活的质感，收获内心的平静。[59]

另一方面，消费者对于“远方”的向往依旧持续，依旧期待在旅行中获得新鲜感和丰富的情感体验。然而，他们不再满足于社交媒体上精心挑选呈现的完美假象，而是渴望真实体验原汁原味的当地文化和生活。从去年至今，从“淄博小烧烤”到“天水麻辣烫”，从“哈尔滨冰雪天地”到“阿勒泰草原”，多样化的文旅活动火爆出圈，展现了人们对在衣食住行中体验地道当地生活的向往。[60] 全球范围内，挪威和冰岛等北极地区美食也正因当地独特的传统食材，以及食材与当地文化联系的独特性，获得全球认可和追捧。[61]

数据来源：世界旅游组织，《世界旅游业晴雨表》；中华人民共和国文化和旅游部

六、消费者趋势6：当代消费者将文化融入日常，追求精神的充实、审美的深度与文化归属感

在全球化浪潮中，世界范围内的文化发展正呈现出前所未有的多样化趋势。过去，文化影响力往往以经济强国，尤其是欧美国家为中心，其文化产品和价值观的影响力遍布全球。而在当下，全球文化格局正在转变，发展中国家的文化迅速崛起，在互联网

的推动之下与发达国家的文化共同构成了多元且丰富的文化交流新图景。联合国教科文组织在《保护和促进文化表现形式多样性公约》中确认的文化多样性在全球层面上的重要性正逐渐变为现实。从印度电影到巴西狂欢节、再到非洲音乐和艺术，这些文化瑰宝不仅为全球文化市场增添了色彩，也为保护和促进文化多样性做出了显著贡献。[62 63 64]

在中国，当代消费者正逐渐在“衣食住行娱”中注入文化元素，将文化深度融入日常生活，寻求能够丰富内心世界、展现审美追求和文化认同的消费和生活方式。知萌2024年中国消费趋势调研显示，2023年受访者增加的行为中，养成阅读习惯、逛博物馆、看各种文化艺术展览等文化生活的热度都有所增加，分别占比45.6%、26.7%和25.5%。[65]而在这些文化消费中，以中华传统文化为代表的华流正在形成一股强劲的文化消费力。2024年，抖音平台上中国传统服饰马面裙的订单量增长了841%[66]；新中式茶饮、新中式装修在小红书等生活方式平台上炙手可热[67 68]；“国风音乐大赏”歌单在网易云音乐平台上拥有超过5245万播放量[69]。

消费者心理的变化是形成这一趋势的关键。随着经济的发展和物质需求的基本满足，人们开始追求更高层次的精神需求和审美需求：在更看重精神消费还是物质消费的问题中，64%的受访者选择精神消费。[70]现代社会中个体化进程的加快，也使得个体的自我实现和表达变得更加重要，而文化消费成为了满足这些需求的重要途径，消费者日益通过展现精致品味和内在修养，来构建当代个人身份。

随着中国国际地位与影响力的持续提升，消费者对本土文化的认同感和自豪感也日益增强，而对传统文化有新认知的年轻一代，也渴望通过现代方式重新诠释中国文化，更自发积极地参与

到中国文化的国际传播中。中国网络文学的全球影响力不断拓展，《三体》等中国影视剧作品在海外市场取得巨大成功，中国特色小吃如螺蛳粉等开始飘香海外，这一切都离不开中国消费者和创作者通过各种渠道和形式对中国文化的自主传播。[71] 文化消费与自发的文化推广已经成为消费者生活中重要的一部分，它不仅满足了消费者的精神需求，也让消费者在各种文化活动与体验中深度探索文化根源和身份认同，获得一种文化归属感。

数据来源：国家互联网信息办公室，《国家信息化发展报告（2023年）》

品牌制胜策略

一、品牌制胜策略 1：品牌通过质价比策略赢得消费者

消费者正在变得对支出更加审慎，在购物时货比三家，但这并不代表他们一味追求极致的价格，而忽略了对品质的要求。**消费者现在需要的是有品质的低价，希望用更少的钱买到有质量保障的东西。**

对于品牌来说，核心不是简单的降价，卖便宜货，而是把好货卖便宜。

比如，面对更加审慎精明的中国消费者，奥乐齐（Aldi）从 2023 年年底加速调整自身的定位，从面向中产阶层的精品超市，回归为主打“高品质、低价格”的折扣店，并于同年 12 月推出“超值”

系列，为消费者提供具有质价比的生活必需品系列。奥乐齐能做到有品质低价的关键在于其精简的 SKU 和高比例的自有品牌。通过将单店 SKU 维持在 2000 左右（行业平均水平的十分之一），奥乐齐能够集中采购量，增强与供应商的议价能力，从而获取更低的进货价格。同时，精简的 SKU 也提高了周转速度，确保了库存管理的高效性。另外，奥乐齐的自有品牌占比高达 90%。通过与源头供应商直接合作，搭建垂直供应链，奥乐齐省去了中间环节，降低了品牌溢价和渠道成本。自有品牌也使得奥乐齐能够在商品研发、生产、经营全流程中保持严格的筛选和质控监督，确保了商品品质的可控性。奥乐齐正是凭借这套组合拳做到稳定品质和低价实惠。[72]

同时，**为了回应消费者对于低价好物的需求，一些新颖的营销模式也被创造出来，帮助品牌塑造高质低价的品牌形象。**

2023 年加拿大食品配送服务公司 SkipTheDishes 开发了一本“通货膨胀菜谱（Inflation Cookbook）”。这一在线工具通过跟踪平台上 100 家主要零售商的 400 多种食材的实时价格数据，来预测每周价格下跌幅度最大的食材。消费者只需选择他们所在省份、家庭规模和每周食材预算，该工具就会利用实时定价数据突出显示特价商品。之后，该工具会根据这些特价食材，为消费者推荐既营养美味、又能保证性价比的一周菜谱。这一创新方案帮助 SkipTheDishes 成功吸引了消费者的眼球，并彰显了其在健康、实惠、新鲜食品上的价值主张。[73][74]

面对越来越谨慎理性的消费者，品牌需要通过调整商业模式、优化供应链和组织架构，实现运营效率的提升和成本的降低，为消费者长期稳定地提供具有高质价比的商品。

二、品牌制胜策略 2：品牌在产品及营销中充分融入情绪价值，为消费者开出精神良方

在当今快节奏、高压力的社会环境中，消费者越来越寻求能够提供情绪价值的品牌和产品。品牌可以通过在产品及营销中融入情绪价值，打破传统的理性营销模式，探索情感的颠覆力量，为消费者提供精神提振与情绪疗愈的良方。

一些品牌着眼产品的功能性开发，推出能够帮助消费者释放压力、舒缓焦虑或改善情绪的产品。在 2024 年 1 月的消费电子展（CES）上，立陶宛健康科技公司 Pulsetto 展示了其用于放松和缓解压力的迷走神经刺激装置，利用电刺激技术在四分钟内优化副交感神经系统，帮助改善睡眠质量和促进身体恢复。[75] 美国护肤品牌 Osea 利用海洋成分的功效，创建了一个神经护理系列。该系列通过海洋和植物成分的天然功效，结合注重感官体验的产品设计，以及按摩和芳香疗法，为消费者提供舒缓和放松的护肤体验。[76]

品牌同样可以通过各种线上或线下的营销活动、体验和服务，创造一个平台或空间，让消费者释放压力，获得疗愈。例如，华为精准捕捉当下年轻人易躁的情绪困境，从“降噪音”与“去烦躁”的隐秘联系切入，打造“烦事先降噪”主题活动，邀请消费者完成躁值测试，领取独家“躁人身份证”，记录自己最近的烦躁情绪，并通过新品降噪耳机聆听《自然的低语》电台，学习如何平复情绪，提供心灵疗愈体验。[77] 护肤品牌珀莱雅则通过关注心理健康和情绪管理的公益项目“回声计划”，展示了对现代都市人压力和焦虑的深刻理解，减少人们对情绪问题的羞耻感，鼓励人们积极面对和处理自己的情绪，同时也为那些需要帮助的人提供实际的支持和资源。[78]

品牌不仅要看见、承认消费者的情绪，更要理解、认同这些情绪，通过情绪共振帮助消费者接纳、释放自己的情绪。通过为消费者提供舒缓压力的解决方案，引领一种更注重情感共鸣和内在平衡的生活方式，品牌在回应消费者情绪需求的同时也与他们构建起更为深刻的情感链接。

三、品牌制胜策略 3：品牌积极承担社会责任，深度践行 ESG

随着新一代消费者对于企业道德和透明度的要求日益增长，今天的企业已经不能仅以专业化的商业机构自居，而应逐渐发展成为一个多目标的组织。企业不仅要生产和获利，还要协助解决困扰人类的重大社会问题。

品牌，作为企业面对用户的价值承诺和形象代表，也被认为应当同时兼顾生态、社会、文化和道德等多重目标。消费者现在希望品牌能够通过各种创新手段，不断优化自身的运营模式，以实现对环境的最小影响、对社会的积极贡献以及对公司治理的持续改进。

对于品牌而言，这意味着将组成 ESG 的三大部分—环境（Environmental）、社会（Social）、治理（Governance）贯穿到产品设计、供应链搭建、生产运营、品牌营销的全过程中。

在环境方面，品牌可以通过开发环境友好的产品配方、使用循环再造的原材料、采用环保的材料包装，改造供应链等，践行可持续发展的理念。米其林（Michelin）在“一切皆可持续”的愿景指引下，持续升级绿色智能工厂，积极研发绿色轮胎产品，确保从天然橡胶的种植、高科技材料的研发、工厂的生产、产品的运输、使用和回收，都符合可持续的理念。[79 80] 康师傅在致力于“弘扬中华饮食文化”的同时，将业务场景与绿色消费理念相结合，推出了包括康师傅首款低碳商品——无标签冰红茶、首款碳中和商品——纯萃零糖原味茶，以及通过减少包装使用实现减碳目标的系列方便面等低碳概念产品。康师傅还与多位合作伙伴跨界共创，把废弃塑料瓶制作成环保周边产品，为消费者提供绿色消费的新选择，康师傅将社会责任内化于心外化于行，以实际行动诠释了民族品牌的责任与担当。[81]

在社会方面，品牌可以通过关怀弱势群体、为社会议题发声、推出公益项目，体现品牌促进社会公平正义的责任担当。 亚马逊（Amazon）通过“亚马逊未来工程”（Amazon Future Engineer）项目，为来自低收入家庭和弱势背景的学生提供计算机科学教育、奖学金及实习机会。[82] 腾讯发起的 99 公益日已走过 10 个年头，今年正式升级为久久公益节。腾讯集合集团多个业务和产品生态的力量，号召大家一起花式做公益。腾讯新闻推出了益起讲、益起答、益起捐、益起守护、益起改变等系列策划活动，数十位名人将讲述自己和公益的故事。腾讯视频发起海底减“塑”、鸟类寻踪、少年心事、远程支教、心跳保卫五大公益互动，用户可以线上看视频免费领积分，最终将积分转换为善款捐赠给公益项目。借助数字化的能力与工具，腾讯希望让公益融入日常生活，共创有韧性、可持续的公益未来。[83]

在治理方面，品牌可以通过展现企业文化、员工关怀，树立良好的雇主品牌形象。 奈飞（Netflix）凭借“要让每个人都理解公司业务”“绝对坦诚，才能获得真正高效的反馈”“按照员工带来的价值付薪”等 8 大文化准则吸引并留住了高质量的人才团队。[84] 哔哩哔哩在今年的 ESG 报告中，也特别提到了公司通过弹性的工作时间、休闲着装、宠物友好政策等福利塑造独特的企业文化，提升员工的幸福感和归属感。[85]

通过深度践行ESG，品牌让公众感受到了其背后的温度和力量，不仅建立了积极的公众形象，也吸引了志同道合的消费者，促进了品牌长期的可持续发展。

四、品牌制胜策略4：品牌与用户共创，将用户创意转化为新品开发及营销创新的机会

我们正在经历的是一个去中心化的数字时代，消费者主权正在加速崛起。一方面，Z世代逐渐成为消费市场上的主力。他们渴望自我表达，不再满足于被动接收品牌的宣导，而是希望有机会参与到品牌价值创造的过程中，从消费者变成产消者。**另一方面，社交媒体使消费者的声音得到了几何倍数级的放大。**他们对品牌的评头论足、对品牌的喜爱和愤怒，都将在社媒上掀起一波波与品牌相关的巨大声浪，品牌无法再对这股群体性力量视而不见。

这些变化使得 “自嗨式研发&营销”逐渐失去效力。现如今**品牌需要转变思维，把舞台和话筒交给那些真正了解、热爱品牌的用户，让他们与品牌进行正向积极的共创，共同打造出既符合市场需求，又带有独特品牌调性的产品和内容。**

作为深受大众喜爱的老牌餐饮品牌，麦当劳（McDonald's）在近两年的火爆出圈为我们贡献了一个品牌与用户共创传播内容的绝佳样板。为了培养更多的超级用户，从2022年开始，麦当劳开始在所有的社交媒体平台运用“粉丝时刻（Fan Truth）”策略进行创意制作。所谓“粉丝时刻”，就是粉丝关于麦当劳的一些有趣的看法或做法。[86]

麦当劳从这些“粉丝时刻”中挖掘有趣有料的话题，并以这些内容为创意原点进行营销和传播。比如，在麦当劳的粉丝中，长年流传着有关“麦乐鸡侠”的传说——只要在麦乐送的备注里询问你

是麦乐鸡侠吗？就有可能得到一块免费的麦乐鸡。今年六一儿童节，麦当劳基于这一粉丝时刻，通过一系列营销活动，将“麦乐鸡侠”这一热梗发扬光大：麦当劳在 APP 中邀请粉丝一起点击投票，号召麦乐鸡侠现身，在 6 月 1 日当天给所有购买麦乐鸡的订单都多送出一块。麦当劳还专门开发了一款节日限定玩具“麦麦对讲机”，用来呼叫麦乐鸡侠。[87]

需要注意的是，**品牌在运用粉丝创意制作传播内容时，必须注意它与品牌本身的定位、理念是否契合**，比如，麦当劳与粉丝所有的共创内容都紧紧围绕“把孩子当成孩子，把大人当成孩子”的品牌策略，以此为锚点，链接生活里的童心时刻。另外，对于有价值的粉丝创意，品牌可以将其做成 IP，长线运营，为品牌持续积累优质的、有生命力的品牌资产。[88]

除了将用户创意转变为营销的创新点，品牌还可与用户进行产品的共创。比如，乐高（LEGO）一直通过其专属线上社区（LEGO Ideas）鼓励粉丝对乐高未来的产品进行想象、创造、提案。用户在社区中上传的创意作品，如果在规定的时间内得到了 1 万个支持，并通过了乐高的创意评估，就会被转变为正式的乐高套装进行生产和销售。[89 90] 这一举措让很多新品从出生起就自带流量。

通过与用户共创，品牌不仅可以创造出更贴合用户需求的产品和内容，同时也能与用户建立更深层次的联系，真正实现品牌与用户之间的双向赋能和增值。

五、品牌制胜策略 5：品牌借助创新科技的力量，玩出营销新花样

从前几年兴起的增强现实（AR）、虚拟现实（VR）、元宇宙，到去年爆发的生成式 AI，**第四次科技革命带来的创新技术正在营**

销领域深度渗透，不断带来各种新奇有趣的品牌营销新玩法。

2023年被称为“生成式AI的爆发之年”。继ChatGPT大火之后，Sora又横空出世，这一切标志着生成式AI时代的正式到来。[91]根据麦肯锡的预测，生成式AI每年将为全球生产力贡献4.4万亿美元，其中营销的生产力会增加5%—15%，每年约4630亿美元。[92][93]

借助生成式AI，品牌可以在短时间内生成大量的内容，极大地提升创作的效率，降低人工制作的成本。飞猪以“这个五一玩什么”为主题用AI技术在1小时内生成了近一千张平面海报。[94]淘宝造物节推出了国内首支由AI制作的短片，从创意概念、图片生产到视觉动画全部由AI完成。[95]

同时，生成式AI可以打破人类想象的极限，拓宽创意的边界，带来脑洞大开的创意作品。可口可乐（Coca-Cola）的创意广告Masterpiece借助AI技术，实现了虚拟与现实画面的灵活切换，让博物馆里多幅世界名画里的人物“活”了起来，共同完成了一瓶可乐的传递，为消费者呈现了一场艺术的视觉盛宴。[96]AI加持下的CGI广告（虚拟户外广告）通过将真实的视频片段与3D元素相结合，可以制作出真实世界与虚拟现实相结合的超现实主义场景，引发用户的广泛好奇和讨论。比如，美宝莲（Maybelline）为宣传其新产品超现实睫毛膏，在CGI广告中给地铁车头装上大型假睫毛，让地铁在进站过程中被放大版的睫毛膏装置刷洗。[97]这支奇幻的短片一经发布，就在社交媒体上被疯狂传播，目前已收获了1200万次浏览量、24万次赞。更难能可贵的是，整个视频的总成本仅需约3万美元，而要在现实中执行该活动的成本则高达100万美元。[98]

除了生成式AI，过去一年增强现实（AR）、虚拟现实（VR）、元宇宙在品牌营销中的应用也越来越广泛，为品牌提供了展示产品

和服务、与消费者互动、开展事件营销的更多方式。AR 技术通过扫描二维码、使用 APP 等方式，将虚拟信息叠加至现实场景，使信息内容更加视觉化、形象化和易于理解。比如，借助 AR 技术，品牌可以让消费者在购买前即虚拟试用产品，如试穿衣服、试戴眼镜或预览家具摆放的效果。真实比例的 3D 视图有助于消费者做出购买决策。[99][100][101] VR 技术则通过头戴式装置等硬件设备，可以让用户在虚拟世界中沉浸式体验品牌的产品或服务。比如，一些汽车品牌利用 VR 技术制作汽车试驾体验，让用户在虚拟世界中试驾感受不同车型的特点。[102] 而结合了 AR、VR 技术的元宇宙则通过创造奇幻数字空间，为用户提供了更加丰富多元的沉浸式互动体验。在品牌定制的元宇宙世界中，用户的“数字分身”可以个性化定制自己的虚拟形象，自由徜徉在虚拟街区中，观看产品演示、试穿虚拟服装，参与互动游戏、和其他数字人社交互动、并用数字货币购买自己心仪的好物。[103][104] 这种身临其境、多感官联动的深度体验不仅能够提升品牌对消费者的吸引力，也能增加购物的乐趣，促进在线销售。

以 AI、AR/VR、元宇宙为代表的创新科技正在营销领域掀起革命性的变革，那些勇于接纳创新技术的品牌，无疑将更早收获这些技术所赋予的红利。然而，**在运用新技术的同时，品牌必须特别注意其中涉及的科技伦理，比如数据的隐私与安全、深度伪造以及 AI 可能引发的最根本性变革——技术性失业。**在品牌营销中，AI 不应完全取代营销人员的工作，而应在人类的指导下通过提供数据驱动的洞察、生成多样化的创意选项、自动执行重复性的任务等，帮助营销人员节省他们的时间和精力，使他们能够专注于更具战略性和创新性的工作。简而言之，AI 不应成为对人类创造性的替代，而应成为增强人类创意的工具。

六、品牌制胜策略 6：品牌通过社群运营和创造集体体验，满足人们对连接和归属的渴望

随着有意义的联结在当下社会环境中愈发稀少而珍贵，人们对深层次的社交联系和归属感的需求日益增长。品牌有越来越多的机会通过社群运营来设计各种集体体验，以促进有意义的人际联结与互动，增强与消费者之间的联系。

品牌可以通过用户生成内容（UGC）来增强社群的互动性。耐克（Nike）通过其“Nike+”平台，鼓励用户分享运动数据和成就，形成了一个活跃的运动社区。用户不仅能在平台上找到志同道合的伙伴，还能通过品牌的活动和挑战增强归属感。爱彼迎（Airbnb）定期举办的社群活动如“Airbnb Open”等，也鼓励用户分享旅行故事，丰富平台内容，从而创造了一个促进人们相互连接、激发共鸣的生态系统，满足了人们对深层连接和归属的需求。[105]

品牌还可以为社群成员提供成长和发展的机会，让他们在社群中找到自我实现的路径。蔚来汽车通过其用户社区，鼓励车主参与到品牌活动中，如 NIO Day 和社区志愿者项目，让车主在参与中感受到个人成长和社群的共同进步。语言学习应用多邻国（Duolingo）提供了一个用户社区平台，鼓励用户在学习过程中互相支持。用户可以在社群中分享学习进展、提问、分享学习资源和经验，参与伴随社群互动的各种挑战，甚至组织线下语言交流活动，帮助彼此实现语言学习的目标。这种策略让用户不仅仅是品牌的消费者，更成为品牌发展的共同参与者。

品牌也可以通过创造仪式感和专属空间来增强社群的凝聚力。跳海酒馆通过其独特的运营模式，将自身定位为为社区服务的集体，而不仅仅是个体消费者的聚集地。跳海酒馆的兼职打酒师制度，让消费者在结束一天的忙碌后，能够转变为酒馆的“主人”，

在交流过程中与他人建立联系。这种模式不仅赋予了消费者更多的自主权，也让他们成为了品牌社群的一部分。由此，跳海酒馆的门店成为了年轻人的会客厅和灵魂庇护所，用户在这里组织各种活动，如市集、演奏会、招聘会、读书沙龙和播客录制现场等，这些活动丰富了社区生活，也加深了用户之间的联系。这种以社群和集体体验为中心的品牌策略，不仅增强了消费者的忠诚度，也为品牌带来了长远的价值。[106 107]

通过建立社群、增强互动、提供成长路径和打造仪式感，品牌能够与消费者建立更深层次的联系。随着消费者对社群参与度的不断提高，品牌亦需要不断创新和深化社群策略，以满足消费者的需求和期望。

七、品牌制胜策略 7：品牌通过对文化的创造性运用吸引消费者，回应人们对审美与意义的追求

消费者对品牌的需求已超越了单纯的功能性追求，转而寻求更深层次的文化体验和审美共鸣。品牌需将文化元素融入产品设计、营销策略和门店体验中，以此营造深厚的文化氛围，以回应他们对美学和生活意义的探索与追求。随着消费者对于中国传统文化的理解更为深刻成熟，中国品牌更需要把握机遇，为传统文化的精髓找到更加贴近当代生活的表达，带领消费者在日常生活与消费中领略文化之美。

一部分品牌通过融合传统文化与现代设计，打造出独具文化特色的产品。例如，品牌观夏的“中国甜”系列产品通过捕捉不同城市的独特气质，将不同城市的记忆凝结某种特定香气，并将其融入产品设计中，打造出具有城市印记的产品故事，带领消费者沉浸式进入观夏所创造的城市记忆中。[108] 这种深度的文化沟通

方式，满足了消费者探索本土生活的需求，与消费者建立了强烈的情感联系。

另一部分品牌则将文化元素融入营销策略，并将其与现代审美、生活方式、文化议题相结合，为消费者提供与当下生活产生共鸣的文化体验。个人护理品牌伊索（Aesop）通过其独特的创意活动增强与消费者的文化连接：品牌通过其门店和数字平台向消费者推荐音乐和电影，如在 Spotify 上创建品牌推荐歌单，创办数字杂志以收录相关阅读推荐、举办作家及艺术家访谈等。[109] 品牌还与其他艺术家和品牌合作，推出限量版产品和艺术项目。[110] 在上海举办的“女性文学图书馆”活动中，品牌将店内商品替换为数十种由女性创作或女性主题的文学作品，免费向公众开放，并邀请作家和艺术评论家等领读人，举办线下读书会，从女性视角探讨文学与生活的交融。[111] 这不仅为消费者提供了沉浸式的文化体验，也加深了品牌与消费者的情感纽带，展现了品牌在文化推广和社区支持方面的价值。

品牌同样可以将文化元素融入门店体验，结合地域文化、特色物件和地标元素，创造城市或区域限定的专属文化体验。例如，星巴克通过本地化的产品、门店设计和体验设计，在不同国家和地区创造了独特的品牌体验：日本京都拥有世界上唯一的榻榻米星巴克，需要遵循日式传统脱鞋进入；伊斯坦布尔的星巴克门店内部装饰采用了土耳其风格，提供具有土耳其特色的咖啡和饮品；拥有独家泰北兰纳风格设计的星巴克位于清迈，店面的建筑灵感则来自于当地的佛教寺院。[112] 2024 年，星巴克以“游园 · 寻梦”为灵感，在中国苏州仁恒仓街开设了第三家、江苏首家非遗概念店，将全国各地的非遗技艺与苏州本地非遗文化相结合，还与 10 多位艺术家和非遗匠人合作，创造了一个现代非遗美术馆，为顾客提供了一次古今穿越的神奇体验。[113]

在品牌营销中平衡传统文化的传承与创新，需要策略性地融合传统元素与现代创意。品牌通过展现文化底蕴和文化要素在当代的创造性应用，不仅能够为消费者提供审美上的愉悦和意义上的满足，还能满足他们对于个性化和文化认同的需求，从而使品牌故事更加引人入胜，与消费者建立起深厚的情感连接。

第 二 部 分

探索罗盘：研究方法论及收录品牌名单

在瞬息万变的市场环境中，唯有那些真正强大的品牌，方能穿越周期，在风雨中稳健前行，实现持续、有韧性的增长。

基于凯度 BrandZ 数据库里对 532 个品类、2.1 万个品牌的长期追踪研究，我们发现优秀的品牌通常具备以下这些共通的“特质”：首先，优秀的品牌必须对用户富有意义，能够通过满足用户的功能和情感需求，与用户建立起牢固的连接；相比同品类的竞品，它们还要能够“独树一帜”，展现出鲜明的、引领潮流的差异化；此外，优秀的品牌还会通过保持高质量的广告创意、加强在媒介上的曝光和覆盖更多的购买场景，在用户心中始终保持较高的活跃度。正是通过做到以上三点（有意义、差异化、活跃度），优秀的品牌打造了强大的品牌力、支撑和维护了品牌溢价，并获得了穿越经济周期、稳健运营的能力。因此，在本次研究中，我们采用了凯度特有的品牌资产研究框架，以此来衡量品牌在“品牌力”“溢价力”“长驱力”“有意义”“差异化”“活跃度”这六大品牌核心指标上的表现。

此外，在近年来的品牌数据分析中，我们特别注意到一些品牌要素对打造“有意义、差异化、活跃度”，进而提升“品牌力、溢价力、长驱力”效果明显。比如，专业和创新是品牌长久发展的基石。品牌只有在专业领域不断深耕细作，持续推出新理念、新技术、新模式，才能永立潮头、脱颖而出。再比如，随着“双碳”目标的稳步推进，以及消费者“负责任的消费主义”理念觉醒，坚持可持续发展和积极履行社会责任已不再是品牌建设中锦上添花的附加项，而是不可或缺的必要之举。因此，我们也特别将“专业性”“创新性”“信任度”“可持续”和“社会责任”这些关键指标加入本次研究，以期揭示品牌表现背后的深层驱动因素。

通过对 16 个行业中主流品牌在这 11 项指标上的表现展开调

研与分析，《世界品牌年鉴 2024》力求对当下各行业中代表性品牌在品牌建设上的成效做出客观全面、切中肯綮的评估。希望这些分析和洞见可以为品牌未来的发展方向提供宝贵的参考和启示，为您照亮品牌建设的前行之路。

品牌分析模型

为衡量全球品牌在中国市场的表现，本年鉴基于全球领先的品牌数据与分析机构凯度的品牌建设 11 项关键指标，对全球品牌的年度表现展开分析与评估。这 11 项指标包括：品牌力、溢价力、长驱力、有意义、差异化、活跃度、专业性、创新性、信任度、可持续和社会责任。其中，凯度特有的有意义、差异化和活跃度品牌资产研究框架是得到营销责任标准委员会（the Marketing Accountability Standards Board，MASB）认证的凯度专有知识产权。此研究框架也是凯度 BrandZ 全球规模最大的品牌资产研究的核心分析框架，基于全球 54 个市场上针对 532 个品类里的 2.1 万个品牌完成的 430 万次消费者调研得出。

品牌力：衡量品牌占据用户心智份额的能力

溢价力：衡量品牌相对于行业平均价格能够提高溢价的能力

长驱力：衡量品牌在未来 12 个月内增长价值份额的能力

有意义：衡量品牌在消费者心目中功能和情感连接的强度，且这些连接是清晰一致的

差异化：衡量品牌在消费者心目中在多大程度上能够提供其它品牌无法提供的东西，以及该品牌引领市场的领先程度

活跃度：衡量消费者想起品牌的速度——在每一次做出选择

时，消费者能多快多容易想起该品牌

专业性：衡量品牌在特定产品/服务领域的专注度与专业能力

创新性：衡量品牌取得行业突破的创新能力

信任度：衡量用户对品牌的信任程度，以及品牌建立用户信任的能力

可持续：衡量品牌持续实践可持续发展战略的能力

社会责任：衡量品牌积极履行社会责任的能力

研究方法概述

本年鉴采用定量调研的方法，以获取 B 端及 C 端用户对品牌提供的产品、服务或解决方案的真实感知与体验。通过广泛收集用户数据，定量调研能够全面且客观地反映品牌在中国市场的建设情况。

2024 年度的调研聚焦中国市场，涵盖了电商、服饰、家用电器、金融服务、啤酒、汽车、乳制品、软饮、商业科技与服务平台、生活服务平台、食用油、数字营销、物联网生态、消费电子、休闲食品、中成药共 16 个行业，涉及了 400 余个各行各业中的代表性品牌。这些行业覆盖了人们日常生活中衣、食、住、行的各个方面，并拓展至近年来对中国经济增长和品牌建设产生重要影响的领域，如助力中国企业国际化发展的数字营销行业，以及引领品牌发展新范式的物联网生态等。调研的品牌均为在行业内具有一定积淀与规模的品牌，以保证年鉴中选取品牌的代表性。

《世界品牌年鉴2024》收录品牌

行业	品牌
电商	京东，拼多多，淘天（淘宝 & 天猫）
服饰	安踏，波司登，希音
家用电器	格力，海信，卡萨帝，美的
金融服务	招商银行，中国工商银行，中国建设银行，中国农业银行，中国平安，中国人寿，中国银行
啤酒	百威，青岛啤酒，雪花啤酒
汽车	宝马，比亚迪，大众，理想，梅赛德斯－奔驰，特斯拉，蔚来，小鹏
乳制品	安慕希，光明，金典，每日鲜语，蒙牛，特仑苏，伊利
软饮	百事，东鹏饮料，康师傅，可口可乐，农夫山泉
商业科技与服务平台	海思，英特尔
生活服务平台	饿了么，美团，同程旅行，携程
食用油	多力，福临门，金龙鱼，鲁花
数字营销	抖音，谷歌，腾讯，亚马逊
物联网生态	海尔
消费电子	OPPO，vivo，华为，荣耀，小米
休闲食品	奥利奥，乐事，旺旺
中成药	东阿阿胶，华润三九，同仁堂，云南白药

收录品牌名单

《世界品牌年鉴 2024》最终收录了来自 16 个行业的 67 个代表性品牌，其中 55 个为中国品牌，12 个为国际品牌（具体收录的品牌名单详见下表）。这些品牌在品牌建设的 11 个关键指标上均展现出卓越表现，并各有亮点。在第三部分行业分析中，本年鉴会依据这些关键指标，对各行业代表性品牌的亮点表现做出分析和说明，并展示这些品牌的代表案例。希望这些品牌的关键举措和成功经验能为其他品牌提供宝贵的实践指导与参考。

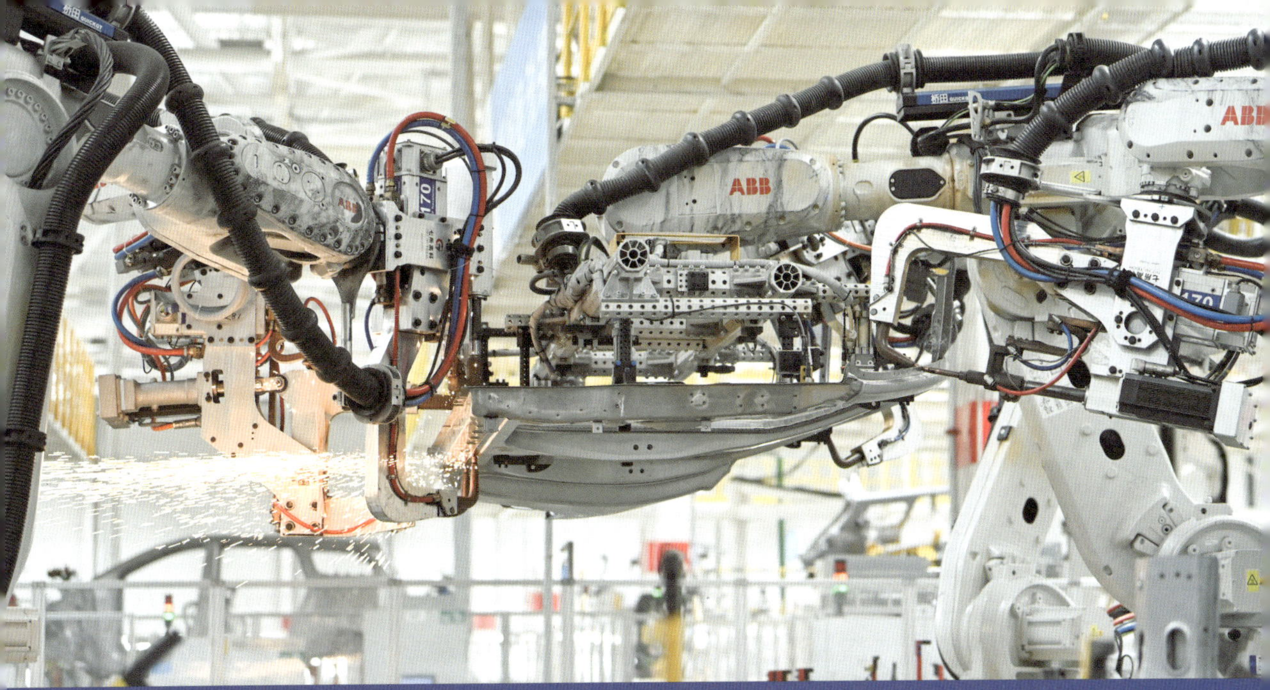

第 三 部 分

关键洞察：千帆竞渡，行业视角下的品牌生态

过去一年，全球经济增速放缓与地缘政治风险的叠加使得品牌在发展中面临多重挑战。然而，在各行各业中，我们见证了一批标杆品牌凭借**创新的产品与服务、内容为王的营销策略、数智化驱动的卓越运营、深度践行 ESG** 以及**开拓海外市场**，实现了品牌资产的有效积累和业务的持续发展。

创新的产品与服务：产品与服务永远是品牌价值的最终锚定点。纵观各个行业，无论是根基深厚的领航品牌还是努力进取的新锐品牌都在通过持续加码研发，努力获得拥有独立知识产权的技术专利，依托先进的技术实力，实现产品和服务的推陈出新，满足用户不断迭代的多样化需求。

内容为王的营销策略：面对媒介环境的碎片化和流量红利的减退，内容营销重回聚光灯之下。在奥运大年，各行业的标杆品牌借势奥运热点，通过下场玩梗、情绪营销、ESG 营销、文化叙事等多重方式打造丰富鲜活的品牌内容，构建有意义且具有差异化的品牌形象，与消费者实现深度连接。

数智化驱动的卓越运营：数智化转型的浪潮正在席卷千行百业。标杆品牌正在将大数据、人工智能等创新技术深度应用到从市场到研发、供应链、生产、销售、售后等品牌价值创造的全链路中，以提升数据驱动的研发能力、打造柔性的供应链和生产制造环节、强化智能客户运营、并加强风险管控能力，最终实现降本增效。

深度践行 ESG：消费者们越发关注他们的消费和生活方式对社会和地球的影响，并开始有意识地寻找在价值观和商业模式上与“负责任的消费主义”理念高度契合的品牌。受此影响，标杆品牌们均在品牌建设中突出 ESG 元素，以彰显其促进可持续发展和社会公平正义的责任担当。

开拓海外市场：在“以国内大循环为主体，国内国际双循环相互促进”的发展格局指引下，海外市场成为了新的增长点，中国品牌正在启动新一轮的全球化征程。这一轮的出海不再是简单的产品出海，而是品牌、技术、供应链、人才的全面出海。中国品牌正在用一种综合性的国际化战略，实现在海外市场的长期可持续发展。

除了上述行业间共通的趋势外，在本部分接下来的内容中，我们将为您呈现各行业的发展趋势、对标杆品牌表现的深入分析，以及来自标杆品牌的优秀案例，希望这些内容能够为您带来一些关于品牌建设的思考和启迪，帮助您找到品牌未来发展的致胜之策。

电商

E-commerce

京东

拼多多

淘天（淘宝 & 天猫）

行业分析

依据国家商务部发布的数据，2023 年我国网上零售额达到了15.42 万亿元，比上年增长 11.0%。[114] 作为新经济的重要组成部分，电商行业为紧跟时代步伐并精准对接消费者需求，呈现出了三大鲜明趋势：低价促销活动趋向多样化与常态化，旨在吸引更广泛的消费者群体；各大电商平台加速布局即时零售市场，通过大幅缩短配送时间满足消费者对“即时满足”的需求； AI 技术得到规模化的应用，引领电商行业向智能化、高效化方向迈进。

随着中国农村地区互联网普及率的大幅提升，下沉市场消费者迅速涌入电商平台。同时，在“买对不买贵”的消费观念下，既有的电商消费者群体也愈发重视商品的质价比。双重因素驱动下，各大电商平台纷纷调整运营策略，将低价促销活动常态化、多样化，力图在激烈的市场竞争中占据优势地位。拼多多作为“百亿补贴”策略的先行者，推出了包括“年货节”“夏上新大促”“暑假大促”在内的多项促销活动，进一步强化了其在下沉市场的品牌影响力。[115] 淘天集团不仅在年度大促中融入了“淘宝百亿补贴”，还将其设立为淘宝首页的常驻频道，精准对接了广大消费者日常对低价优质商品的需求。京东同样加入了百亿补贴的行列，并创新性地在每月 18 日举行“超级 18”促销活动，采用不定时、不定位置的方式分批上架各类爆款产品，以 18 元的超值优惠价回馈广大消费者。[116]

当追求“所见即享”的年轻消费者逐渐成为消费主力军，即时零售快速跃升为市场焦点。各大电商平台随即紧跟这一趋势，推出提供快速送达服务的新板块，精准满足消费者的即时需求。

淘宝升级上线了“小时达”频道，与“饿了么”携手覆盖多元品类与商家，精准满足消费者对便利化、即时性购物的需求。[117] 京东则将原即时零售品牌“京东小时达”“京东到家”全面整合升级为“京东秒送”，提供最快 9 分钟送达的购物体验，全力加码即时零售赛道。[118] 东方甄选亦积极入局，于京沪两地试点“小时达”服务，借助京东物流与达达快送的强大合力，构建了高效的前置仓供应链与末端配送体系，进一步增强了服务效率和顾客体验。[119] 电商平台们在即时零售领域精准布局，深度挖掘消费潜力，引领行业迈向新高度。

此外，在云计算、人工智能等技术浪潮的推动下，电商行业正显现出规模化运用 AI 技术的趋势。淘天集团通过推出生成式 AI 智能导购“淘宝问问”[120]，以及 AI 搭配、AI 试衣间等创新工具，不仅实现了个性化的商品推荐与客服问题的高效解决，更提升了用户体验与用户黏性。[121] 京东亦积极布局，将 AI 技术深度融入智能推荐系统、智能客服等多个环节，并成功实现虚拟主播入驻超千家品牌商户的直播间进行带货，充分彰显了 AI 技术在推动电商服务升级方面的巨大潜力，更预示着一个由 AI 驱动的电商新时代的到来。[122]

电商行业正迈入一个崭新的发展阶段，各大电商平台在这一进程中可着眼于当下，深入挖掘下沉市场的潜力，紧密跟随即时零售的潮流，并加大力度研发与应用先进的 AI 技术，以满足用户对于质价比、即时性及定制化的需求，从而在激烈的市场竞争中实现稳健而长远的发展。

京东

京东作为电商行业的领军者之一，已建立起广泛的消费者信任。京东的零信任安全体系秉承“永不信任，持续验证”的核心理念，在电商领域通过设立零信任身份认证卡点与应用卡点，有效抵御了黑产侵袭，确保了营销活动效果的安全无虞。[123] 此外，京东积极履行社会责任，通过“百亿农补”计划支持农民增收[124]，并与公益组织合作，开展诸如“新手妈妈健康关爱行动”[125]和“星光传递”图书捐赠计划等活动[126]，体现了品牌的责任感与人文关怀。

京东

2024 年品牌价值

174.80 亿美元

数据来源：凯度集团（Kantar）、《2024 年凯度 BrandZ 最具价值中国品牌 100 强》榜单及报告；京东品牌价值包括京东金融

拼多多

拼多多以“百亿补贴”策略引领潮流，深入农业科技领域，通过“百亿农研”专项推动现代农业发展。[127] 此外，拼多多还创新了“百亿生态”计划，为中小企业与优质商家提供了成长舞台，有效提升了平台商户的服务效率和质量。[128] 在信任构建方面，拼多多不仅对百亿补贴的商品实施了包括“安心买，随心退”在内的多项服务保障措施，还积极赋能平台上的中小商家，通过投入资源致力于构建行业领先的合规体系，从而赢得了用户的广泛信任。[129]

核心指标

品牌力 128

溢价力 100

长驱力 93

有意义 112

差异化 103

活跃度 123

创新性 102

信任度 104

拼多多

2024 年品牌价值

202.57 亿美元

数据来源：凯度集团（Kantar）、《2024 年凯度 BrandZ 最具价值中国品牌 100 强》榜单及报告

淘天（淘宝 & 天猫）

在电商行业迅速迭代更新的时代，淘天集团凭借持续的功能创新与体验优化，在创新性和信任度方面表现突出。除了在大型促销活动中引入新颖的互动机制，淘天集团还推出了能够提供定制化产品推荐及问题解答服务的生成式 AI 智能导购系统“淘宝问问”[130]，以及可以帮助用户购得物廉价美商品的“天猫 AI 讲价小助手”[131]。与此同时，淘天集团以“用户为先”为策略，不断升级用户产品，加大服务及物流体系的建设力度，全力提升用户体验。[132]

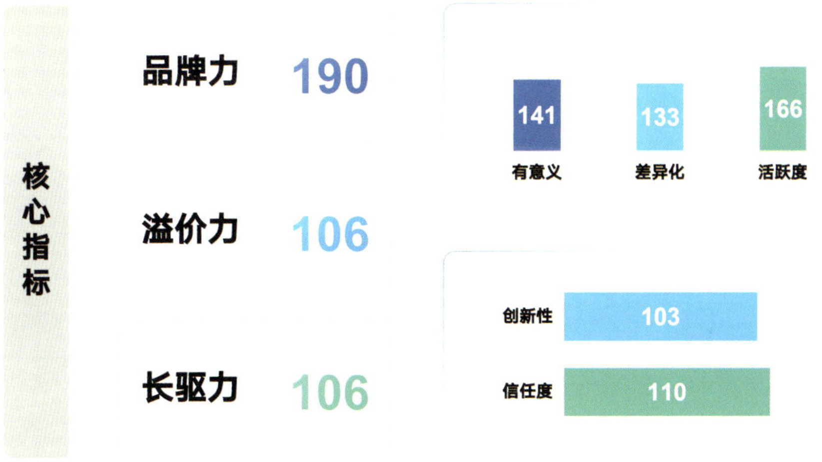

服饰

Apparel

安踏

波司登

希音（SHEIN）

行业分析

在扩内需、促消费等国家政策的持续推动下，中国服饰行业正迎来新一轮的发展机遇，国内服饰的消费需求不断释放，线上线下消费场景全面恢复。[133] 与此同时，随着科技的不断进步、可持续发展理念的深入实践，以及消费者需求的持续升级，服饰行业正经历着一场深刻的变革。

科技的进步推动了服饰行业产品面料的不断升级，在提升消费者穿着体验的同时也提升了产品的价值，进一步促进了服饰品牌向高端化转型。例如，波司登在 2023 年春夏季推出了新款防晒衣，通过面料创新提升了防晒、凉感和透气性能，获得了市场的正向反馈。[134] 安踏成立了“北服—安踏运动装备研究院”，专注于研发性能领先的运动装备，努力推动中国专业运动科技取得新突破；其旗下的高端品牌可隆则通过应用 GORE-TEX 等高科技面料，增强了产品的功能性和户外适应性，提升了产品溢价。[135] 与此同时，科技的发展也在重塑服饰行业的供应链管理。传统服饰生产多遵循“以销定产”模式，导致库存积压成为行业长期痛点。然而，希音（SHEIN）通过为供应商提供全面的数字化工具，实现了供应链各环节的在线协同。在此基础上，希音创新性地采用了“小单快反”的柔性供应链，根据市场需求，以小批量、快速反应的方式灵活调整生产订单，有效降低了库存风险，实现了供应链的精细化管理。[136]

此外，伴随着“双碳”目标的稳步推进以及公众绿色消费意愿的日益增强，服饰行业亦加速向绿色可持续发展转型。报告显示，已有 23% 的消费者在购买服装鞋帽时，将“绿色环保”列为前三项关键考量因素之一。[137] 在此背景下，服饰品牌愈发重视采用可持续材料以满足消费者对环保产品的关注：优衣库在2023年春夏系列中，首次上新了使用100%再生聚酯纤维的速干衣、大身采用75%再生聚酯纤维的防晒衣、以及使用了54%再生聚酯纤维的凉感内衣[138]；李宁也在鞋类产品上实现了包括䨻丝科技、䨻底材、GCR（轻质止滑橡胶科技）以及GCU（地面控制系统大底科技）在内的多项绿色低碳材料的突破[139]。不仅如此，服饰品牌在生产工艺上也积极向绿色转型，例如海澜之家的新品“纸型纱T恤”融合了造纸工艺并运用了环保制浆技术，在简化传统染织流程的同时，也使生产方式更加环保。[140]

在服饰行业的众多细分赛道中，运动服饰的渗透率在国家体育产业政策的推动下实现了不断的攀升。[141]随着全民健身战略的深入实施，滑板、街舞、冲浪等新兴运动逐渐普及，后疫情时代更是激发了消费者对飞盘、骑行、滑雪和桨板等户外活动的热情，推动了运动服饰需求的多样化与细分市场的快速增长。为迎合这一趋势，各大服饰品牌纷纷推出适用于不同运动场景的专业服饰，以精准满足消费者的需求。例如，斐乐（FILA）在高尔夫、网球等细分运动市场加大了产品开发力度，其旗下的FILA GOLF更是与超级跑车品牌迈凯伦（McLAREN）联名合作，以超跑科技赋能高尔夫装备，满足消费者对时尚与质感的双重追求。[142]安踏亦致力于满足滑手对滑板鞋的功能性需求，推出了“ANTA SKATE”滑板系列及首款滑板鞋“骜立”，推动本土滑板品牌和文化的发展。[143]

中国服饰行业正站在一个崭新的发展起点上，科技赋能的面料革新与供应链升级助力了服饰品牌的高端化转型、环保材料与工艺的广泛应用引领了服饰品牌的绿色发展、全民健身战略与新兴运动潮流促进了运动服饰市场的繁荣。凭借敏锐的市场洞察与精准的产品策略，各大服饰品牌为消费者带来了更加丰富多元、个性鲜明的服饰选择，有力推动了行业的蓬勃发展。

安踏

在产品端，安踏对科技研发和产品创新持续投入，2023 年与北京服装学院合作成立研究院，致力于开发高性能运动装备。品牌还陆续推出高端系列，拓宽产品价格带，丰富产品矩阵，为消费者提供更多高品质选择。在渠道端，安踏实施 DTC（Direct to Consumer，直达消费者）模式转型，优化渠道结构，增强与消费者的联系。作为中国奥委会的合作伙伴，安踏持续为中国奥运健儿提供高质量的装备支持。例如，在 2024 巴黎奥运会上，安踏为中国体育代表团精心打造了领奖装备“冠军龙服”，在消费者心中留下了深刻的品牌印记。在社会责任方面，安踏通过“企业 + 基金会”模式，积极践行社会公益。这些策略使安踏在信任度和社会责任上表现卓越。

核心指标

品牌力	159
溢价力	102
长驱力	105

安踏

2024 年品牌价值 **30.22 亿美元**

数据来源：凯度集团（Kantar）、《2024 年凯度 BrandZ 最具价值中国品牌 100 强》榜单及报告

波司登

2024年，波司登持续夯实“全球领先的羽绒服专家”的品牌形象，通过技术突破和设计创新，结合消费者喜好，推出了满足消费者需求的不同产品，如满足城市与轻户外双重场景的冲锋衣羽绒服。此外，波司登携手国际设计师推出联名系列，以科技应用彰显专业性，使其兼具时尚性与功能性。在国际舞台上，波司登通过参与时装周、举办大秀、开设全球旗舰店、亮相买手店等，提升了品牌的全球影响力。这些战略举措使得波司登在专业性、创新性、信任度上均表现卓越。

核心指标

品牌力	135
溢价力	102
长驱力	92

有意义	差异化	活跃度
105	111	125

专业性	105
创新性	107
信任度	106

希音

希音（SHEIN）通过数字化供应链和高频上新策略，快速响应市场需求，缩短产品上新周期，提高了爆款率，同时降低了库存压力。希音拥有 11 个自有品牌，每日推出大量新品，以高性价比满足全球消费者，增强了品牌信任。此外，希音积极拓展全球市场，目前已经覆盖超过 150 个国家，APP 支持 50 多种语言，能够更好地理解和满足不同地区消费者的需求。这些举措使希音在创新性和信任度上表现卓越。

核心指标

品牌力	96
溢价力	104
长驱力	110

有意义	差异化	活跃度
100	116	96

创新性	148
信任度	101

希音

2024 年品牌价值　**160.05 亿美元**

数据来源：凯度集团（Kantar）、《2024 年凯度 BrandZ 最具价值中国品牌 100 强》榜单及报告

家用电器

Home Appliance

格力

海信

卡萨帝

美的

行业分析

技术创新和消费升级引发的深刻变革，正推动家电制造业向智能化、高端化、个性化的方向转型，以更好地迎合消费者不断变化、日益多元的需求。

伴随着物联网、人工智能等新一代信息技术与家电行业的深度融合，智能家电的市场规模正在快速壮大，用户体验不断提升。智能家电具有便捷、安全、节能、低碳的特性，能为用户带来高效便捷、舒适绿色的生活。比如，海信自主研发的星海大模型突破传统指令式语言对话瓶颈，通过跨场景任务规划，达到“真人助理”式自然对话交互并通过多模态大模型突破一系列技术瓶颈，实现用户自由创作。[144] 美的 EcoLife+ 家电能源系统能够优化用电时段，做到避峰用电，节能省钱。[145]

消费者对高品质生活的追求则推动着高端家电市场的蓬勃发展。各大家电品牌纷纷推出性能卓越且融入美学设计的高品质家电。在高端家电市场，套系化的设计成为一大趋势。套系化的设计理念让消费者能够轻松挑选与家居风格完美融合的整套产品，满足了消费者对美观与实用性的双重需求。卡萨帝的全空间融合家电“致境套系”采用原创平嵌科技，实现了家电与家居环境的无缝融合，达到和谐统一的视觉效果。致境套系还特别通过集成的智能系统使家居生活更为便捷舒适，例如，致境 F+ 冰箱配备了语音交互和智能食品标签技术，这些功能不仅提升了用户体验，还帮助用户更高效地管理食材并保持新鲜。

消费者对家电产品的个性化需求也在日益增长，消费者不再满足于标准化的产品，而是寻求能够体现个人品位、满足特定使用习惯的定制化设计和功能。越来越多的家电品牌正通过定制化设计来回应这一需求。三星 BESPOKE HOME 定制化系列家电产品，提供了多种颜色和材质的组合选择，让用户可以根据自己的喜好和家居风格定制家电的颜色和样式。[146]

除了在产品创新上持续升级外，在营销和渠道层面，线上线下融合的整合营销及销售模式对家电行业已成常态：品牌多通过小红书等社媒和内容平台种草，利用故事叙述和情感营销提升品牌好感度，随后借由直播电商、社区团购等新兴零售模式，在多元渠道中实现销售转化。[147]

为了寻求新的增长空间，中国家电品牌也在积极布局海外市场。[148]海信、美的、格力等家电品牌通过与当地供应商合作、拓展电商渠道、并购海外资产等策略，积极拓展国际市场，迅速跻身全球一线品牌。例如，海信加速全球布局，围绕欧洲区、美洲区、中东非、亚太区、东盟区及中国，建设全球“5+1”区域运营中心，打造全球资源共享的研产销一体化平台；同时，除海信这个母品牌之外，海信还拥有东芝电视（TOSHIBA）、容声、科龙、古洛尼（gorenje）、雅士高（ASKO）、Vidda、日立（HITACHI）、约克（YORK）、三电（SANDEN）、乾照光电、科林电气等多品牌矩阵，进行全球化多品牌运营。

家电行业正处于从传统家电向智能家电转型升级的关键期。随着自主创新能力的持续提升和对海外市场的不断开拓，中国家电品牌有望在国际市场中扮演越来越重要的角色，真正让中国智造享誉全球。

格力

格力以“追求完美质量”为使命，坚持卓越的质控标准，让“格力造”成为了世界信赖的选择。格力不断创新升级智能家居，引领千万家庭进入万物互联的新时代。[149] 同时，格力也在绿色能源领域深耕细作，专注于新能源产品的研发与推广。[150] 凭借全方位的不懈努力，2024 年格力在创新性、信任度、可持续三大维度上表现突出。

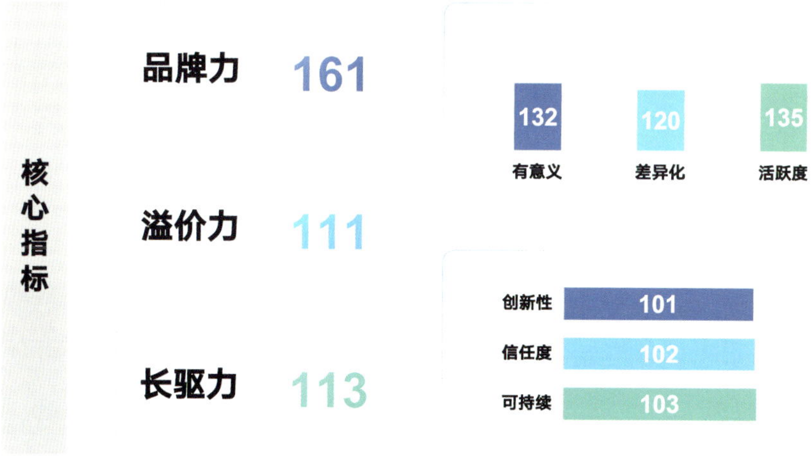

格力

2024 年品牌价值　**29.79 亿美元**

数据来源：凯度集团（Kantar）、《2024 年凯度 BrandZ 最具价值中国品牌 100 强》榜单及报告

海信

2024年，全球经济面临诸多不确定因素，人工智能领域的创新突破亦在不断加速，这一切都在深刻影响着家电行业的发展。在不断变化的市场环境中，海信以专业、可信赖、富有社会责任感的品牌形象，持续巩固其在家电行业的领先地位。

凭借在创新科技上的不断投入，海信树立了专业的品牌形象。海信不断推动智慧生活领域的发展与用户体验的提升，通过智慧生活层面的广泛布局，以智能化、场景化、套系化、家居化产品，实现与用户的家电智能场景交互。2024年3月，海信发布自主研发星海大模型，它突破传统指令式的语言对话模式，通过跨场景任务规划，达到“真人助理”式自然对话交互。在AI能力的加持下，围绕“AI+显示”“AI+体验”“AI+场景”三个方面，海信正在改变电视在家庭中的角色定位，使其从视听工具向家庭助理转变。同时，海信始终坚持高于行业标准的质量，塑造了可信赖的品牌形象，对产品的工艺、颜值、设计和质感进行极致打磨，以卓越品质满足用户追求美好生活的渴望。

通过连续赞助欧洲杯、世界杯、NBA等世界顶级体育赛事，海信已成功探索出一种结合全球顶级体育赛事和本土化体育IP的营销模式，有效加速了品牌的国际化进程，在中国企业中走出了一条通过体育营销撬动全球品牌知名度的道路，向世界更好展现中国品牌魅力。

作为家电行业的领军品牌，海信在履行社会责任方面也取得了显著成就。近年来海信坚持以长期主义理念践行ESG，将其作为整个集团的“全面布局”和“全球行动”来开展。在 2024 ESG 全球领导者大会上，海信正式对外宣告双碳承诺——基于在低碳领域的实践经验、技术积累及未来规划等测算，海信将“不晚于 2026 年实现运营碳达峰，不晚于 2050 年实现运营碳中和”，并把低碳理念融入公司治理、运营全过程，让绿色成为“建百年海信”的重要支撑。

海信凭借深厚的创新实力、高品质的产品和服务，以及对绿色制造和社会公益的积极践行，不断在用户心中强化“专业”“可信赖”“有社会责任感”的品牌形象。2024 年，海信在长期发展沉淀的基础上，将品牌升级为“人本科技、至臻品质” 以塑造鲜明的品牌形象，实现了强势品牌资产的不断积累，加快建设世界一流企业。

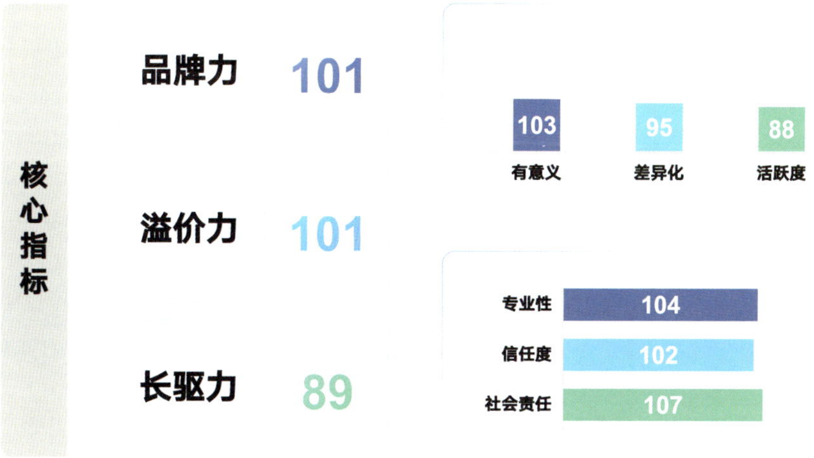

卡萨帝

作为国际高端家电品牌，卡萨帝创牌18年，坚持从用户需求出发，至今已获超2000万次用户选择，品牌价值超过820亿，成为行业现象级品牌。2024年，家电行业整体增速下降，卡萨帝实现逆势增长，据海尔智家2024第三季度财报显示，卡萨帝在第三季度持续领跑，其中9月在以旧换新赋能下，实现2位数增长，零售同比增幅达19.1%。[151] 卡萨帝以其创新和可信赖的品牌形象，持续引领和推动高端家电市场发展。

创新是品牌延续长久生命力的源泉和引擎。卡萨帝坚持原创科技，以用户为中心，不断实现突破和迭代，为消费者提供更智慧的极致生活体验。例如，卡萨帝星云空调凭借首创的双塔设计和双动力系统，实现了空调风和功能风的独立控制。该产品不仅通过“离子洗”空气系统和恒温除湿技术净化空气、调节室内空气环境，还结合空气动力学与人体热平衡学原理，创造出23℃黄金软风，提供更柔和舒适的风感。此外，卡萨帝星云空调的“舒适家”智能系统支持AI语音交互和声纹识别，可以定制个性化风感，实现家电间的智能联动，引领智能家居生活。[152]

卡萨帝始终将用户需求放在首位，坚持与用户“共创”品质生活，获得了高端消费者的信赖。2024年上市的卡萨帝全空间融合家电致境套系，精准满足了高端消费者对更高效、更智能、更富有艺术品位的高品质生活的期待。卡萨帝致境套系通过智能门锁、冰箱、烟机、灶具等智慧互联，以及洗衣机和干衣机的专业养护功能，为用户提供了全流程的高品质智慧生活体验。同时，卡萨帝利用其原创平嵌科技，为消费者提供了超薄全嵌洗衣机、全隐嵌入烟机等具备“极隐美学”的产品，打破了家居与家电的边界，实现家电与家居空间的无缝融合，满足了高端消费者对空间美学的期待。[153] 这种以用户为中心的创新理念和对体验的极致追求，使得卡萨帝在高端消费者心中建立了牢固的信赖感。

此外，卡萨帝还把握行业发展先机，通过与不同行业的合作伙伴联合共创，实现了多元化发展和市场扩张。例如，卡萨帝与博洛尼等高端品牌合作，推出了一体化家居定制方案，与美克美家、野兽派等共同引领高端生活方式。卡萨帝强化线下体验，截至 2024 年，卡萨帝已经在全国 200 余家购物中心设立了体验中心，通过融合家电与家居艺术，为高端消费者打造独特的购物体验，持续推进品牌升级。[154 155]

卡萨帝在高端市场的卓越表现，主要得益于其对用户需求的深刻洞察、对原创科技和产品的持续迭代，以及与用户共创高端生活方式的品牌理念。作为高端家电市场的领导者，卡萨帝的业绩在 7 年间实现 13 倍增长，成为高端消费者的信赖之选。[156]

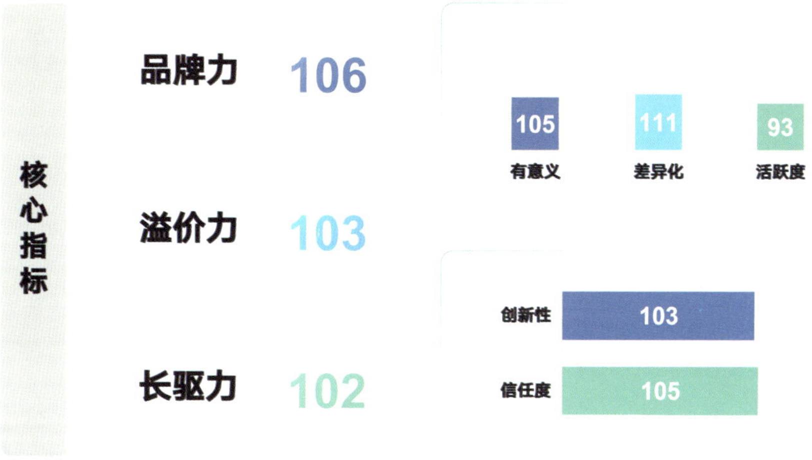

美的

美的在品牌建设中持续推动“科技领先、用户直达、数智驱动、全球突破”四大战略[157]：深耕核心技术研发，聚焦绿色能源与解决方案[158]；优化渠道效能与零售体验，深化用户连接；全面推动价值链数字化升级，强化市场竞争力[159]；放眼全球市场，提升运营效率。得益于这一系列举措，美的在创新性、信任度、可持续及社会责任方面均表现良好。

美的

2024 年品牌价值　**52.56 亿美元**

数据来源：凯度集团（Kantar）、《2024 年凯度 BrandZ 最具价值中国品牌 100 强》榜单及报告

◆ 优秀案例

海信：“造船出海”竞逐“世界一流”

自 2004 年确立国际化战略以来，海信的业务已覆盖全球 160 多个国家和地区。在“立足本土，放眼全球”的中国企业全球化发展趋势下，海信的全球化战略也逐步升级，从单一驱动模式转变为多元驱动，加速建设成为世界一流企业。

一、坚持建设自主品牌

20 世纪 90 年代初，海信开启全球化征程。1996 年在南非建立首个海外生产基地，是海信出海的重要里程碑，但是彼时还是中国企业出海的初期，部分企业靠 OEM 代工贴牌，利用成本优势在国际市场进行惨烈的价格战。这个时期海信则主攻国内市场，避开了国际市场的价格战，为后来海外的扩张积蓄力量。借助在南非、中国香港、印度尼西亚等地的经营经验，以及中国加入 WTO 世贸组织的契机，海信加速了其全球化步伐。然而，当时的海信在国际市场知名度不足，2009 年刚到欧洲开拓市场时，遭遇了诸多挑战，但海信仍坚持打造自主品牌的长期战略。经过多年持续不断的努力，海信依靠纯自主品牌发展，逐步扩大了其全球影响力。

如今，海信在全球布局 30 所研发机构、36 个工业园区和生产基地，以及 64 个海外公司和办事处，其品牌已成为市场拓展的有力工具，彰显了其自主品牌战略的成功。

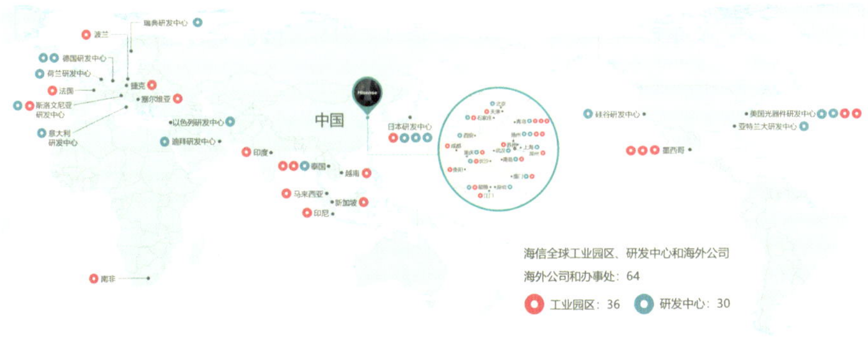

海信全球化布局

二、坚持构建 6 大区域运营中心，坚持全球本土化

海信坚定推进全球化战略，在 2023 年成立了东盟区，构建了包括欧洲、美洲、东盟、中东非、亚太和中国区在内的全球“5+1”区域中心，实现了研、产、销一体化布局。在海外五大区域中心，海信进一步加强本土化制造、研发和人才培养，以实现跨周期的可持续业务增长。

1. 本地化制造

海信致力于本土化制造，通过加强本地生产和供应链资源的整合，强化本土供应链运营的能力和灵活性，提升了其在全球市场的竞争力。2023 年 9 月，海信在塞尔维亚瓦列沃的第三座工厂正式运营，为当地创造了超过 2500 个就业机会，深化了与当地社区的融合。2024 年 8 月，海信在埃及启动了电视工厂项目，制造产品预计覆盖阿盟、北非、东非在内的 21 个国家和地区市场，并计划进一步扩展至西非、欧盟和美洲。目前，在尼日利亚、安哥拉、埃及、阿尔及利亚和摩洛哥等非洲国家加速布局生产基地或合建工厂；在东盟，电视越南工厂已试产，白电泰国工厂正在规划建设中。在巴西，我们实现了电视和空调的本土化生产，将设立新的研发中心，进一步规划本土制造布局。通过本地化供应链管理，海信减少了对进口零部件的依赖，提高了生产效率，降低了成本，并能更迅速地响应市场需求与变化。

海信和中非基金共同投资兴建海信南非工业园

2. 本地化研发

海信集团通过本地化研发战略，深入洞察本土市场需求，为用户提供精准的创新解决方案。2023 年 11 月，海信在迪拜成立了研发中心，致力于为中东和非洲用户提供本地化的技术创新。2024 年，海信在米兰设立了 HVAC 欧洲研发中心，专注于家用和商用空调产品的研发，并在泰国建立了东盟研发中心，深入研究当地市场和用户习惯。

海信的产品经理定期深入本地市场，对产品的每一个细节进行研究，从冰箱的按钮设计到抽拉抽屉的体验，都力求满足消费者的具体需求。在电视产品方面，海信针对热爱体育的澳大利亚市场对大尺寸和高刷新率电视的需求，推出了适合观看体育赛事的产品。在南非，海信开发了具有“照镜子”功能的冰箱，而在欧美市场，则设计了符合当地人体型和使用习惯、更有纵深厚度的冰箱产品。在日本，海信针对消费者对快速制冷的需求，推出了相应的冰箱产品。通过这些本地化的研发努力，海信不断提升产品的市场适应性和用户满意度。

3. 本地化人才培养

海信集团通过构建本地化人才库，确保了其全球发展的人才储备支持。十年前，法国人乐毅（Remy Journe）在美国拉斯维加斯的消费电子展（CES）上被海信电视的设计吸引，主动与海信取得联系后加入海信法国公司，成为初创团队的核心成员。在团队的共同努力下，海信在法国市场的份额从无到有，跃升至前三。

通过雇用和培养当地人才，不断提升团队的业务能力，海信的本土化人才培养策略加强了其在当地的发展基础。当前，海信集团已在全球设立了 64 个海外公司和办事处，其全球 10 多万名员工中有 2.5 万名外籍员工，在全球各地参与到海信发展建设中。2024 年 7 月，海信墨西哥工厂成功实施了外籍员工技能人才自主评价项目，进一步强化了其在全球的人才培养和技能发展。

海信赞助 2024 年欧洲杯

海信将本土化作为长期战略，坚持制造、研发和人才的本土化，以此赢得当地市场的信任。这一策略使海信能够更直接地接触市场、理解消费者需求，并据此升级技术和产品，更得以融入当地社会、实现深入而长远的发展。目前，海信已在本地供应、就业、投资、产品研发和社会责任活动方面实现了本土化。展望未来，海信将进一步实现文化本土化，确保其子公司与当地文化完全融合，成为一个真正的“本土企业”，从而在长远中获益。

三、体育营销加速海信全球化进程

自2008年起，海信通过赞助包括澳网公开赛、F1红牛车队、美国纳斯卡汽车赛和德甲沙尔克04俱乐部在内的体育赛事，以体育营销推进其全球化战略。2016年，海信进一步扩大影响力，成为欧洲杯赞助商，利用足球的全球普及性，显著提升了品牌的全球知名度。在赞助顶级足球赛事的八年里，海信的全球营收翻倍，海外收入增长了3.5倍，品牌知名度从28%增至54%，并连续八年跻身中国全球化品牌10强。如今，海信已成功探索出一种结合全球顶级体育赛事和本土化体育IP的营销模式，这一策略不仅提升了销量，还提高了品牌的国际地位，改变了欧洲市场对中国家电的固有认知，促进了海信的高端化发展，有效加速了品牌的全球化进程。

2024年欧洲杯营销：2024年，海信连续第三次成为欧洲杯赞助商，巩固了其全球品牌影响力。

海信通过“中国第一，不止于世界第二”和“海信，不止于海信”的广告语，展现了其成为全球领导者的愿景、对未来发展的信心，以及通过全球并购丰富品牌矩阵的多品牌战略为用户创造更好生活的决心。科技与体育的融合在海信成为2024年欧洲杯VAR（视频助理裁判）显示官方合作伙伴时达到新高度，这反映了海信全球化进程的加深和技术实力的提升。同时，海信也致力于企业社会责任（CSR），与欧足联基金会合作，通过科技力量支持全球22个国家的住院儿童参与欧洲杯活动，并捐赠显示产品和设备，支持多个公益项目。这些举措不仅增强了海信在全球市场的品牌认知度，也展现了其作为企业公民的责任感。

海信成为 2024 欧洲杯 VAR 显示官方合作伙伴

通过连续赞助欧洲杯，海信巩固了其“世界第二”品牌地位，并借助全球区域运营中心实现全面本土化，推动了全球化进程和营业收入及利润的双重增长。2024 年欧洲杯进一步增强海信的品牌认知度和美誉度，展现品牌持续发展的决心，为海信的未来发展提供了更广阔的空间。

海信：技术立企，创新是海信永远的旋律

海信集团以其对技术创新的不懈追求，确立了“技术立企”的核心发展战略。公司坚持以用户需求为中心，致力于研发深度和技术突破，推动产业向高端化和智能化转型，确保企业的健康发展，并为实现“百年海信”的愿景打下坚实基础。

一、技术驱动的全球创新网络

自 80 年代起，海信便致力于引入和培育先进技术，确立了以技术为核心的企业战略。1992 年，通过重组架构提升研发机构的战略地位，海信深化了“技术为先”的方针，进一步推动技术创新和业务多元化发展。秉承“技术立企、稳健经营”的理念，海信在多变的市场环境中保持了技术领先，成为推动行业增长的关键力量。经过半个多世纪的发展，海信已在全球范围内设立了 36 个工业园区和生产基地、30 所研发机构、64 个海外公司和办事处，拥有超过 1 万名工程技术人员。这一广泛的布局构建了强大的分布式研发网络，不断催生创新技术和产品应用，以满足全球消费者的多样化需求。

二、以人为本的科技创新

通过深入洞察和研究用户需求及使用场景，海信加速推进产品的场景化升级，以适应消费者需求从单一产品向场景解决方案转变的趋势。海信积极发展智慧生活，统一产品设计流程，构建家庭

全场景库，并利用 AI 技术的迭代，通过海信爱家、ConnectLife App 与智慧云平台，为用户量身定制高品质智慧生活解决方案。

2022 年，海信通过用户电视使用和需求的深度剖析，发布全新一代显示技术平台——ULED X，解决“家庭环境光线复杂、用户没有调节画质参数的习惯、广视场角的观看场景增多”等当下电视使用的三大痛点。2023 年推出全球首台可折叠激光电视，解决了大屏电视入户难、安装难的痛点，让用户可以足不出户地享受沉浸式观影体验。

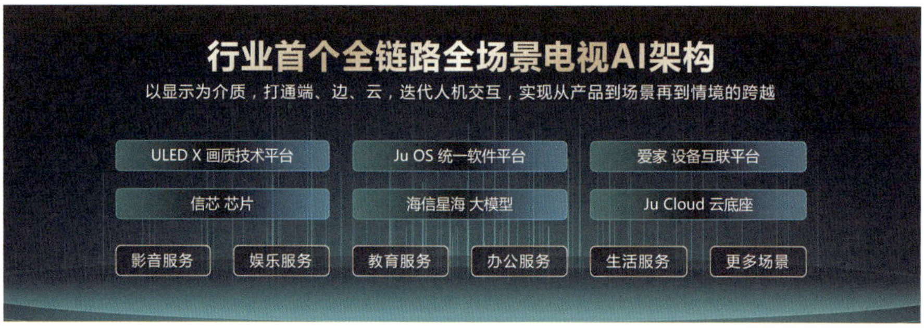

海信打造了电视行业第一个全链路全场景 AI 架构——海信星海大模型

2024 年 3 月，海信推出了自主研发的星海大模型，专注于家庭场景的智能化需求。通过整合“AI+ 显示”“AI+ 体验”和“AI+ 场景”，海信提升了大屏设备在家庭娱乐、教育、服务等方面的智能体验，为用户提供了更真实的视听享受和更便捷的交互方式。星海大模型还特别强化了语音助手“小聚”的智能水平，支持 23 种方言识别，实现了更自然、人性化的对话交互，将 AI 功能从传统的视听提供拓展成为更全面的家庭陪伴与助手，并提供大量、及时的知识服务。

以用户价值为导向，海信电视开发了 20 项行业领先的电视 AI 技术和服务，随着这些技术在海信 2024 年新品上的陆续落地，海信将开启 AI 电视新时代。

2024 年，海信品牌在长期发展沉淀形成的“信赖、务实”的基础上，升级到“人本科技”和“至臻品质”，打造更加鲜明的品牌形象，在强调关注技术本身进步迭代的同时，更注重科技对用户需求的引领。

三、从技术领先到产业领先

海信通过科技创新实现技术领先，并成功将技术优势转化为产业优势。在新型显示技术领域，海信成功孵化了激光显示产业，并在激光显示技术的研发和行业标准制定中发挥了关键作用，加强了中国在全球显示领域的话语权。

1. 显示领域技术不断突破

海信 ULED 8K 电视 110 UX 一举斩获 CES 2023 创新奖

自 2005 年推出首款拥有自主知识产权的国产数字视频处理芯片“信芯”，打破国外芯片垄断地位以来，海信在电视技术领域不断取得突破。2007 年，海信建成中国首条电视液晶模组生产线，实现产业链自主化。此后，海信不断推出创新产品，如 LED 液晶电视、ULED 技术，以及全球首台 5000 分区的 ULED 旗舰电视和“叠屏电视”。2020 年，海信推出基准级广播监视器，成为国内首家掌握该技术的企业。2022 年，新一代显示技术平台 ULED X 的推出，进一步巩固了海信在显示技术领域的领先地位，荣获中国质量技术奖一等奖。

2. 激光显示领域的全球领导地位

海信自 2014 年起在激光显示技术领域持续创新，推出了包括 100 英寸短焦激光电视、4K、三色、8K 以及可折叠激光电视等一系列革命性产品。这些技术突破不仅丰富了市场选择，也巩固了海信在激光光源设计、光机模组、整机设计等关键技术上的全球领先地位。截至 2024 年 3 月，海信已累计申请 2552 项国内外专利，其全球市场占有率接近 50%，带动了 200 多家企业加入其产业链。

海信可折叠激光电视

正是这种技术领先优势，推动了海信激光电视在 2020 年至 2023 年间实现了 101% 的复合增长率，凸显了海信在全球激光显示市场中的领导地位。技术创新已成为海信市场扩张的核心动力，不断推动其在全球激光电视市场的增长和扩张。

四、以数字化技术带动产业升级

海信正借助数字化技术推进技术创新和产业升级，不断强化其自主创新能力。公司持续在集成电路、画质芯片、激光显示、压缩机技术以及健康绿色家电等关键核心技术上进行投资，以此作为转型升级的重要驱动力。海信正将其关键零部件、平台服务和系统方案三大业务板块进行战略升级，从单纯的终端设备提供商转变为全面的系统解决方案提供商，确保公司的可持续发展。

海信智慧交通体验中心

数字化技术加速智慧城市建设：海信把握数字化转型的机遇，积极拓展 ToB 业务，包括智慧城市、智慧交通、智慧社区、光通信和汽车电子等。以智慧交通为例，海信自21世纪初开始，将业务从家电延伸至智慧交通和光通信领域。公司开发了适应中国道路交通的“交通强度”计算算法，并在全球多个重要活动中提供了智能交通系统解决方案，如北京奥运会、上海世博会和杭州G20峰会等。2015年，海信承建的青岛智能交通项目荣获IEEE国际智能交通系统杰出应用奖，成为中国首个获得该领域国际最高荣誉的项目。

目前，海信的智慧城市和智能交通解决方案已应用于全国170多个城市，并在智能交通领域设立了唯一的国家级工程技术中心。海信的成功转型得益于其对研发和技术的持续投入，这为其在B2B业务中提供了竞争优势，使公司能够从B2C模式转向涉及软件、硬件和服务等综合技术领域的B2B模式。

五、绿色智造促进可持续发展

海信致力于将绿色环保理念贯穿于产业升级的每个环节，打造了一个全流程的绿色低碳生产体系。从能源利用到研发设计，再到供应链、制造、销售、售后服务以及回收利用，海信不断探索新技术和工艺，以实现绿色智造，引领企业的转型升级。

在2023年，海信在多个关键技术领域实现了突破，包括大显示技术、低碳节能产品、舒适健康解决方案、智能保鲜技术、洗烘高能效设备以及恒风量风道控制技术，巩固了其在行业中的领先地位。通过这些创新技术和工艺，海信推动了企业的绿色转型。

海信的绿色制造成就包括建立14家国家级绿色工厂、4家国家级绿色供应链、1家零碳工厂和6家国家级“绿色设计示范企业”。2024年，海信日立黄岛的“灯塔工厂”的建成和官方认证，标志着海信在智能制造和绿色制造领域的又一重要里程碑——海信日立黄岛工厂是全球首座多联机“灯塔工厂”。

2024 年 ESG 全球领导者大会上，海信正式对外宣告了双碳承诺——海信将“不晚于 2026 年实现运营碳达峰，不晚于 2050 年实现运营碳中和”。

全球首个多联机空调灯塔工厂

海信的持续创新和对技术的追求不仅巩固了其在全球家电市场的领导地位，也为未来的发展奠定了坚实的基础。通过不断推动产业升级和智能化转型，为企业发展注入新动力，推动产品和服务向高端转型，产业链向高技术延伸，实现战略性新兴产业的突破。建设“百年海信”，为用户提供更优质的产品和服务的同时，为全球技术的进步贡献力量，海信正向着“世界一流企业、世界一流品牌”的目标加速前进！

卡萨帝文化圈层营销：不凡之旅，文化共鸣

2024 年，卡萨帝秉承“精智生活，为爱不凡”的品牌理念，进一步强化文化圈层营销，联合央视新闻打造《卓尔不凡》，联合高端知识类 IP 打造《文明之旅》。《卓尔不凡》多平台同步播出，采用新“屏台”载体与特定录制模式，邀请艺术界名家担任嘉宾，通过挖掘嘉宾故事，展现卡萨帝品牌的卓越科技与高端生活理念，以独特方式传递“家的艺术在于发现爱的意义”等理念，实现品牌与节目深度链接。《文明之旅》采用 IP 联合共创模式，进行内容深度定制及新营销方式，线上挂链、线下组织体验，传递高端生活理念。精准的圈层营销拓展了卡萨帝用户群体，显著提升其在高端家电市场的品牌知名度、影响力，使其倡导的生活方式与品牌文化价值获得用户进一步认可。

2006 年，卡萨帝品牌创立，经历 18 年的发展，获得多个行业第一地位：行业平均单价第一，高端市场份额第一，复合增速第一。卡萨帝追求极致，坚持与用户共创，不仅是卡萨帝保持市场引领的秘诀，更是品牌持续升级，超越自我的“价值之魂”。多年来，卡萨帝围绕圈层营销，服务目标用户，针对体育、文化等圈层开展营销活动，与目标人群开展深度情感链接与价值观共鸣，提升品牌声量。

为进一步传递品牌理念，2024 年卡萨帝进一步加强文化圈层营销，联合央视共同打造实景人文对话新媒体节目《卓尔不凡》；联合高端知识类 IP 共同打造主讲历史文明的新媒体长视频栏目《文明之旅》。

卡萨帝致境成套家电

《卓尔不凡》在 CCTV4 矩阵、央视新闻矩阵、央视频、央视文旅、卡萨帝品牌账号矩阵等多平台同步播出，采用新“屏台”载体，融合情境直播与实景录播模式，第一季共五集，邀请艺术界名家担任嘉宾。节目通过深入挖掘嘉宾的人生故事和内心世界，展现了他们不为人知的一面，在品牌植入形式上，着重于卡萨帝品牌的卓越科技与高端生活理念，通过讲述嘉宾们的故事，让观众感受到嘉宾们对文化、艺术、美学、生活与爱的共鸣和追求。卡萨帝提出“家的艺术在于发现爱的意义”，家电不只是冷冰冰的电器，而是家庭生活之中“爱与陪伴”的承载与表达，并通过精研科技、匠心工艺等方面展现出对美学的追求。这种品牌与节目共同传递的理念，区别于传统广告的沉闷和生硬，使得品牌与节目在内容层面上产生更深厚的链接，易于观众理解和感受。

《文明之旅》采取 IP 联合共创模式，除栏目正片品牌曝光外，更是内容深度定制，将品牌价值观、产品科技点与千年历史文明相结合，通过古今对比，向用户传递高端生活理念。IP 采取内容

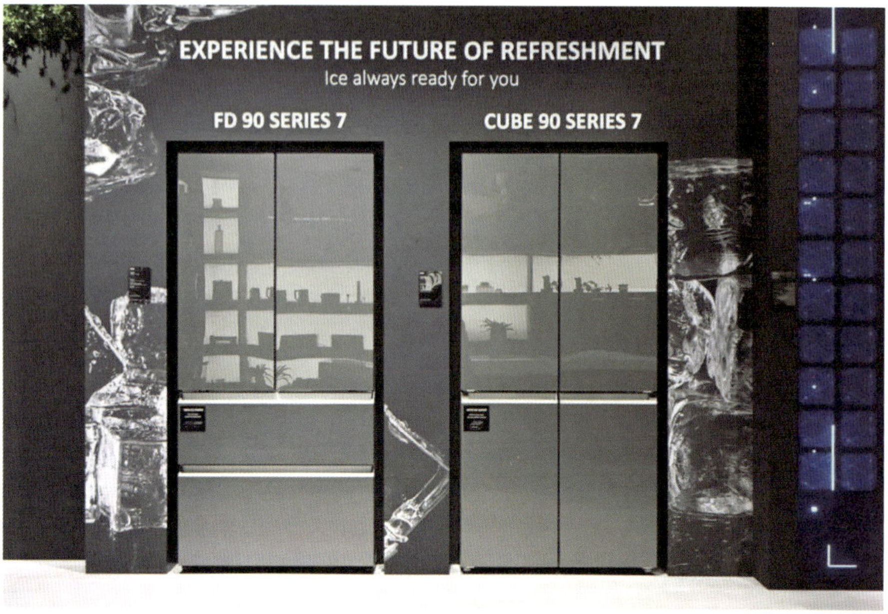

海尔及卡萨帝亮相柏林国际电子消费品展览会（IFA）

联动销售的新营销方式，线上直接挂链官方旗舰店，让用户所见即所得，心仪的产品可以直接下单；线下组织节目观众到卡萨帝体验中心进行交互体验，在体验产品、场景的同时，带着当代人的问题意识，穿越回历史现场，一起感受古人面临的挑战，找到困境的解决方案、交流文化。

卡萨帝精准的圈层营销吸引了众多对品质生活有追求、对文化艺术有兴趣的用户，拓展了用户群体。通过文化圈层营销，卡萨帝在高端家电市场的品牌知名度和影响力得到了显著提升，其倡导的高端生活方式和品牌所蕴含的文化价值也进一步得到了用户认可。

在文化圈层营销的项目中，《卓尔不凡》通过央视新闻、CCTV4、CCTV《远方的家》等央媒联合直播，直播总观看量突破 1.2 亿 +。全网话题矩阵热度持续攀升，总阅读量超 2 亿，全网热搜话题登榜 50+，微博话题阅读量 2 亿 +，引爆品牌热度；直

海尔及卡萨帝亮相柏林国际电子消费品展览会（IFA）

播链接跳转电商平台，实现流量精准转化。抽奖韩美林签名作品、游本昌济公蒲扇、卡萨帝产品等，形成强大的销售合力，实现品牌曝光与销售转化的双赢。

卡萨帝与央视新闻等不同领域的权威伙伴展开合作，创新地打造文化类特色新媒体节目，跳出传统思维，积极寻找与自身品牌调性相符且具有广泛影响力的合作对象，通过联合共创的方式实现资源共享、优势互补，为品牌传播开拓新渠道。

无论是《卓尔不凡》对嘉宾故事的挖掘以融入品牌理念，还是《文明之旅》将品牌价值观、产品科技点与历史文明深度结合，都体现了内容与品牌的深度融合。单纯的广告植入已难以打动消费者，只有将品牌内涵自然且深入地融入到有价值、有趣味的内容中，才能让观众在享受内容的同时接受品牌传递的信息。

卡萨帝借助多平台同步播出节目扩大传播范围，同时《文明之旅》采用线上挂链销售、线下组织体验等新营销方式。利用多种媒体平台形成传播矩阵，最大化曝光度，并且不断探索适应市场变化和用户需求的新营销手段，打通线上线下，提升“品效销”效果。

通过文化圈层营销，卡萨帝成功塑造了区别于传统家电品牌的高端、有文化内涵的形象。它将家电从冰冷的电器概念升华为“爱与陪伴”的承载以及对美学追求的体现，让用户对其品牌产生更高层次的认知和好感，在竞争激烈的高端家电市场中脱颖而出。

与央视新闻等权威媒体及知名人士的合作，加上节目在多平台的播出和传播，极大地提升了卡萨帝在高端家电市场的知名度和影响力。精准围绕对品质生活有追求、对文化艺术有兴趣的用户开展圈层营销，卡萨帝吸引了更多具有较高消费能力和品牌忠诚度的人群。这些新用户不仅为品牌带来了直接的销售增长，还通过口碑传播进一步扩大了品牌的受众范围，使卡萨帝的用户群体不断拓展。

金融服务

Financial Service

招商银行

中国工商银行

中国建设银行

中国农业银行

中国平安

中国人寿

中国银行

行业分析

我国在构建现代金融体系的过程中，既立足本土，又积极与国际接轨。近年来，我国根据当前经济社会发展的实际需求，着重推动了普惠金融、养老金融、绿色金融的发展，旨在通过金融服务促进社会福祉与可持续发展的整体提升。

自党的十八届三中全会提出发展普惠金融以来，历经十余载深耕，普惠金融在我国已成为推动金融资源广泛深入且公平惠及民众的重要力量。近年来，伴随着国家乡村振兴战略的稳步推进，各大金融机构亦紧跟时代步伐，深度融合普惠金融与乡村振兴理念，赋能乡村经济的蓬勃发展。中国银行针对农户及新型农业经营主体的特定需求，因地制宜、分类施策，推出了“河套种植贷”“渔农贷”等定制化普惠金融服务方案，为乡村发展注入新动能[160]；中国农业银行通过“惠农e贷”总产品，依据农村普惠客户特性实施差异化贷款条件，推出“商户贷”“乡旅贷”等专项产品，精准支持农村生产[161]；平安银行的“平安惠农贷”亦根据乡村产业特点定制金融服务方案，不仅提升了贷款审批效率，还提供了专项优惠利率，有效发挥了普惠金融在乡村振兴中的关键作用[162]。

在重视乡村振兴的同时，我国也在积极应对老龄化带来的挑战，力求解决“未富先老”与“未备先老”的社会难题。为此，我国在2022年首次出台了个人养老金制度的顶层设计文件《关于推动个人养老金发展的意见》，并在同年启动了相关试点。[163]次年，中央金融工作会议更是将“养老金融”提升至金融“五篇大文章”的重要地位，标志着养老金融进入了新的发展阶段。[164]在此背景下，各大金融机构踊跃响应，共同构建中国特色的养老金融体系。建设银行打造了“健养安”养老金融统一品牌，提供包括低风险投资产品及专业养老咨询在内的多方位服务[165]；工商银行亦推出了“银发产业云”一站式养老金融服务平台，覆盖养老补贴发放、养老预收资金监管等多种场景[166]；交通银行则携手养老保险公司，引入了多款养老金产品，有效满足了客户的多样化需求和差异化风险承担能力[167]；中国人寿也推出了“国寿鑫享宝专属商业养老保险”“国寿鑫颐宝两全保险”等多款产品，聚焦于长期储蓄与积累，为投保人提供安全稳健的养老保障[168]。

此外，在国家“双碳”战略目标的指引下，众多金融机构纷纷升级绿色金融战略，集中力量赋能绿色低碳发展。中国农业银行依托区域资源特色，不断探索环境权益与碳金融产品的创新路径，其湖北分行率先推出了碳排放权质押贷款业务，助力企业绿色电力采购及碳排放量抵消[169]；招商银行不仅推出了碳中和信用卡以鼓励绿色消费，还将碳金融场景纳入了“五横七纵”的绿色金融产品服务体系[170]；平安产险和中国人寿则将卫星遥感科技监测手段与碳汇理论方法相结合，实现了对森林、草原、海洋等生态系统碳汇保险的全面覆盖，为实现“双碳”目标提供了坚实支撑[171][172]。

在中国式现代化进程中，各大金融机构不断调整战略导向，将普惠金融深度融入乡村振兴战略，有效激活了乡村发展潜力；以养老金融积极应对老龄化挑战，为民众构建了多元的养老保障体系；借助绿色金融推进碳中和目标的实现，为全球气候治理贡献中国力量。这三大领域的协同并进不仅有力推动了我国金融体系迈向高质量发展的新阶段，也充分彰显了我国金融行业的强大韧性与蓬勃活力。

招商银行

招商银行致力于让金融服务成为推动社会可持续发展的强大引擎，将 ESG 理念深度融合到产品和服务之中，全力打造绿色金融新生态。此外，招商银行还搭建了“五横七纵”产品矩阵，覆盖绿色融资、绿色资产运营、绿色投资、绿色零售及碳金融五大场景，并深耕“源网荷储”、新能源汽车、轨道交通三大“深绿”领域以及火电、钢铁、建筑建材和农业四个低碳转型行业服务。[173] 凭借不懈的努力，招商银行在可持续发展领域表现卓越。

招商银行

2024 年品牌价值

102.94 亿美元

数据来源：凯度集团（Kantar）、《2024 年凯度 BrandZ 最具价值中国品牌 100 强》榜单及报告

中国工商银行

中国工商银行凭借其坚实的专业能力、持续的创新探索以及稳固的信任基础，在金融服务业界享有盛誉。该行业务范畴广泛，全面覆盖多个领域，且在普惠金融、绿色金融等关键性特定领域内展现出了深入且专业的服务能力。在创新性层面，中国工商银行不仅致力于构建 D-ICBC 数字生态系统，开发适应高质量发展要求的新引擎[174]，还打造了高效且用户友好的数字化运营全域触达体系，实现了客户体验的全面升级[175]。在信任度方面，该行通过实施风险管理的“四管齐下”综合策略[176]，以及建设智能化的风控系统[177]，进一步强化了其作为值得信赖的金融机构的品牌形象。

中国工商银行
2024 年品牌价值
285.21 亿美元

数据来源：凯度集团（Kantar）、《2024 年凯度 BrandZ 最具价值中国品牌 100 强》榜单及报告

中国建设银行

2024 年，中国建设银行在信任度与社会责任方面表现出色。中国建设银行全力推进数据安全分级保护措施在全生命周期的落地，并围绕重点场景和关键环节组织开展了深入的数据安全专项检查，有效提升了用户信任度。[178] 在履行社会责任方面，中国建设银行积极助力乡村振兴，打造了“裕农通”乡村振兴综合服务平台并推出了“裕农贷款”；同时，为应对人口老龄化的挑战，该行打通了“养老投教 - 养老规划 - 资产配置 - 产品优选 - 长期陪伴”的财富管理链路，并帮助客户建立全面的养老规划[179]，充分彰显了作为负责任的大型金融机构的形象。

中国建设银行

2024 年品牌价值

152.67 亿美元

数据来源：凯度集团（Kantar）、《2024 年凯度 BrandZ 最具价值中国品牌 100 强》榜单及报告

中国农业银行

中国农业银行坚持以服务三农为己任，在 2024 年展现了品牌的专业性、信任度及社会责任感。该银行深耕乡村领域，成立了金融服务乡村振兴领导小组，提升三农金融事业部在服务乡村振兴方面的政策研究、制度制定等能力，彰显专业实力。[180] 此外，中国农业银行凭借下沉且广泛的服务网络和贴近“三农”的战略定位赢得了大众的信任。同时，中国农业银行积极履行社会责任，通过手机银行乡村振兴频道促进城乡资源双向流通、依托电商平台和手机银行助力农产品销售、设立“惠农专区”提供农技学堂和政策发布等服务，激发农民创业增收的热情，推动乡村产业的振兴。[181]

核心指标

品牌力	144
溢价力	102
长驱力	93

有意义	差异化	活跃度
117	98	128

专业性	104
信任度	106
社会责任	112

中国农业银行

2024 年品牌价值　**196.15 亿美元**

数据来源：凯度集团（Kantar）、《2024 年凯度 BrandZ 最具价值中国品牌 100 强》榜单及报告

中国平安

2024 年，中国平安在创新性与可持续发展两大领域表现突出。在健康保险板块，中国平安凭借大数据分析技术积累丰富的健康数据，运用智能设备持续监测健康指标，并依托先进的人工智能技术设计符合市场需求的保险产品，实现了服务的精准性、便捷性和个性化。[182] 此外，中国平安银行积极构建金融云原生应用开发平台，加快数字化转型步伐，并荣获多项金融科技创新大奖。[183] 在可持续发展方面，作为 ESG 领域的先行者，中国平安不断深化绿色运营理念，主动采取低碳行动，并与中国银联、上海环境能源交易所合作打造了国内银行业首个银联信用卡、借记卡全卡碳账户平台“低碳家园”[184]，在可持续发展领域正向地发挥了行业影响力。

中国平安

2024 年品牌价值 **205.14 亿美元**

数据来源：凯度集团（Kantar）、《2024 年凯度 BrandZ 最具价值中国品牌 100 强》榜单及报告

中国人寿

中国人寿不断推进保险产品的创新，不仅围绕“双碳”目标推出并优化了五大生态系统的碳汇保险产品[185]，还在科技保险领域持续拓展，构建了一个全面的保障体系。在客户服务方面，中国人寿始终坚持以人民为中心，强化对内管理，建设诚信文化，并全面维护消费者权益，赢得了广泛的信任。在履行社会责任方面，中国人寿积极响应乡村振兴战略，为困难群体提供惠民利民的定制化保险产品以及多层级的支持服务。[186] 2024 年，中国人寿凭借多维度的努力在创新、信任和社会责任方面均取得了显著成就。

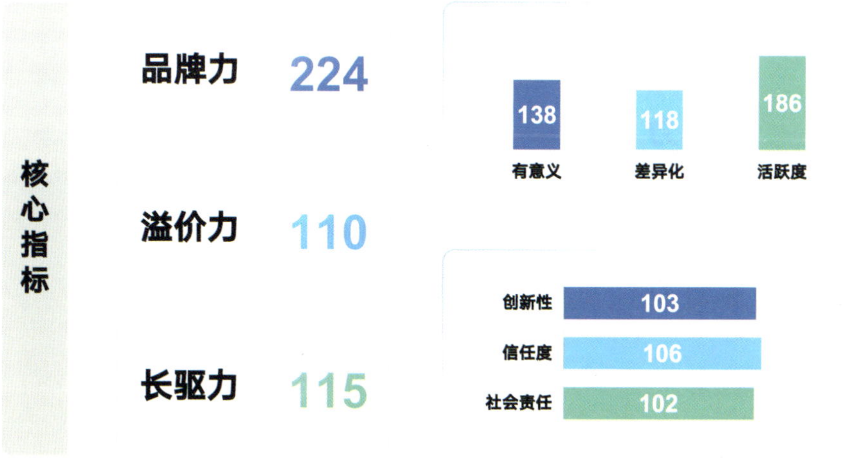

中国人寿
2024 年品牌价值 **147.80 亿美元**

数据来源：凯度集团（Kantar）、《2024 年凯度 BrandZ 最具价值中国品牌 100 强》榜单及报告

中国银行

中国银行作为中国持续经营时间最久的银行，其品牌实力彰显于专业性、创新性与信任度的深度融合。该行广泛覆盖多元化的金融服务领域，并深入海外市场，通过提供全方位、一站式的客户解决方案展示了其卓越的专业能力。此外，中国银行在金融科技领域亦持续创新，运用区块链技术实现了跨境支付的实时结算[187]，并借助人工智能、大数据等力量提升了风险管理能力和客户服务效能。与此同时，中国银行积极响应国家战略、鼎力支持实体经济，并致力于推动绿色转型，这一系列举措赢得了广泛的客户信任，进一步巩固了其市场竞争力。

核心指标

品牌力	147
溢价力	104
长驱力	104

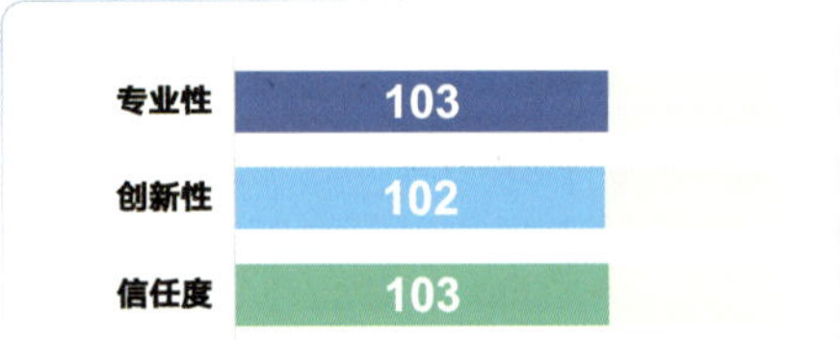

中国银行

2024 年品牌价值 **142.36 亿美元**

数据来源：凯度集团（Kantar）、《2024 年凯度 BrandZ 最具价值中国品牌 100 强》榜单及报告

啤酒

Beer

百威（Budweiser）

青岛啤酒

雪花啤酒

行业分析

我国啤酒行业在历经多年的蓬勃发展后，现已步入成熟发展期。面对市场环境的深刻变化、年轻消费群体对高品质啤酒的推崇和健康意识的提升，各大啤酒品牌展现出强大的适应能力和创新精神，积极向“高端化”和“健康化”的方向发展。“少喝酒、喝好酒”的观念愈发受到消费者的认可。

近年来，我国啤酒行业持续保持高端化的趋势。从产品价格结构的变化来看，2019 年至 2023 年间，售价 6 元以下的低档啤酒销量显著下滑，由约 2100 万吨收缩至 1400 万吨左右，尤其在餐饮渠道，3 元以下的产品基本消失；相反，同期 8 元及以上高端产品的销量从不足 700 万吨增长至约 1200 万吨。[188] 与此同时，头部酒企相继深耕高端化战略，布局高端品牌，并精心打造高端产品组合矩阵。例如，华润雪花啤酒采用四大高端中国品牌与四大高端国际品牌的“4+4”高端品牌战略持续开拓高端市场[189]；青岛啤酒则加速推进其主品牌的“1+1+1+2+N”产品组合发展策略，不断优化产品结构，全力打造主力大单品、高端生鲜及超高端明星产品[190]。

此外，随着消费者健康意识的日渐增强，啤酒的健康属性愈发受到瞩目，为行业开辟了新的增长契机。为顺应这一趋势，各大品牌纷纷调整产品策略，积极研发 0 糖低卡新产品，为行业发展注入了新活力。青岛啤酒推出了劲派 0 糖 0 脂低卡啤酒，凭借独特的酿造技术和精准的原料配比，在保持啤酒原有风味的同时满足了消费者的健康诉求[191]；哈尔滨啤酒也在 2024 年上新了冰极纯生 0 糖啤酒，通过精选活性酵母、精准控温及超长时间发酵，将“0 糖酿造”理念变为现实[192]；华润啤酒旗下的高端啤酒品牌红爵则创新了红爵 EXTRA 轻卡啤酒，拥有荷兰阿姆斯特丹的标志配方，并精选高品质的纯麦芽作为原料，精准契合了当代消费者对轻卡、轻盈、无负担生活方式的追求[193]。

在渠道方面，根据欧睿国际的数据显示，当前我国啤酒的销售主要仍依靠餐厅夜场等现饮渠道以及非现饮渠道中的小型杂货店。与此同时，电商渠道亦呈现出迅速扩张的态势，为啤酒销售开辟了新的增长点。在营销层面，各大啤酒品牌延续传统的体育营销策略，先后通过赞助赛事、推出限量包装、举办观赛活动等多种方式，有效提高品牌曝光度，刺激销量增长。在北京冬奥会前夕，燕京啤酒不仅推出了冬奥定制款产品，还携手华铁传媒共同打造了“燕京冬奥 U8 列车”，并通过“燕京知识有奖问答”“乘客采访”等活动实现了冰雪运动与啤酒文化的巧妙融合。[194] 2024 年，青岛啤酒以“畅饮 · 畅享 · 畅欢”为主题，精心策划了“奥运之夜”，构建了一个充满竞技体育氛围和创意装置的啤酒空间，让消费者在享受啤酒的同时也能感受到奥运的激情与荣耀。[195]

综合来看，对高端化和健康化的深耕、现饮渠道的巩固和电商渠道的拓展，以及体育营销的加持，共同为啤酒行业带来了新的发展机遇。面对这一契机，各大啤酒品牌可以在产品创新、渠道优化及营销打法上加大投入，不断满足消费者对产品口味、口感、健康的多元需求，为我国啤酒行业的增长注入新的活力和动力。

百威

百威（Budweiser）以“酿造全球最受欢迎的啤酒，打造行业的卓越品牌”为目标，致力于为消费者提供更好的饮用体验。2024 年，百威在专业性、创新性及信任度方面表现较为突出。在啤酒酿造上，百威通过前沿的科技推动啤酒生产转型升级。例如，百威采用的 AI 智能过滤槽控制技术，有效解决了啤酒生产中糖化过滤阶段的控制痛点，显著降低了运营成本，产品质量也得到大幅提升。同时，百威长期聚焦绿色创新，其拥有的锦州工厂作为亚太地区啤酒行业首家试行碳捕集、利用与封存技术的酿酒厂，实现了自然能源资源的回收再利用。

核心指标

品牌力	212
溢价力	109
长驱力	121

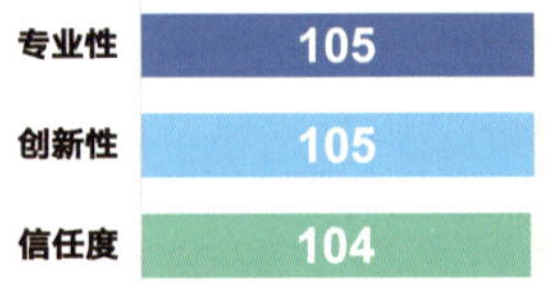

百威

2024 年品牌价值 **201.38 亿美元**

数据来源：凯度集团（Kantar）、《2024 年凯度 BrandZ 最具价值全球品牌 100 强》榜单及报告、百威品牌价值包括百威昕蓝（Bud Light）

青岛啤酒

青岛啤酒以“为生活创造快乐”为使命，致力于“成为拥有全球影响力品牌的世界一流企业”。在营销方面，青岛啤酒推出了沉浸式啤酒和消费生活体验的商圈“精酿啤酒花园”，将精酿工坊、酒店、俱乐部、婚恋基地等六大时尚业态场景相结合，为消费者提供啤酒主题的一站式的消费体验和创新的生活社交方式。此外，青岛啤酒近年来积极履行社会责任，推动绿色可持续发展。2024 年，青岛啤酒厂成为全球首家啤酒饮料行业的“可持续灯塔工厂”，其近 3 年的碳排放密度降低了 48%。依托其在啤酒市场的长期深耕及坚持不懈的创新，青岛啤酒在创新性、信任度、可持续和社会责任方面均有优秀表现。

核心指标

品牌力 226

有意义 142　差异化 120　活跃度 173

溢价力 106

长驱力 102

创新性 101
信任度 107
可持续 101
社会责任 102

青岛啤酒
2024 年品牌价值
19.98 亿美元

数据来源：凯度集团（Kantar）、《2024 年凯度 BrandZ 最具价值中国品牌 100 强》榜单及报告

雪花啤酒

在品牌建设过程中，雪花啤酒持续推进多元品牌的组合建设，坚定推行“4+4”品牌矩阵。第一个“4”为在中国市场的核心品牌，通过将中国传统文化元素运用在产品设计中，拉近了品牌与年轻消费群体的距离；后一个“4”则是雪花啤酒通过吸收融合具有高品质及高品牌价值的国际知名品牌构建而成，用于满足消费者在口味、品质等方面更加多元的需求。通过长期、紧密跟随市场需求的多品牌布局，雪花在消费者心中树立了可信赖的品牌形象。

核心指标

品牌力 195

溢价力 104

长驱力 109

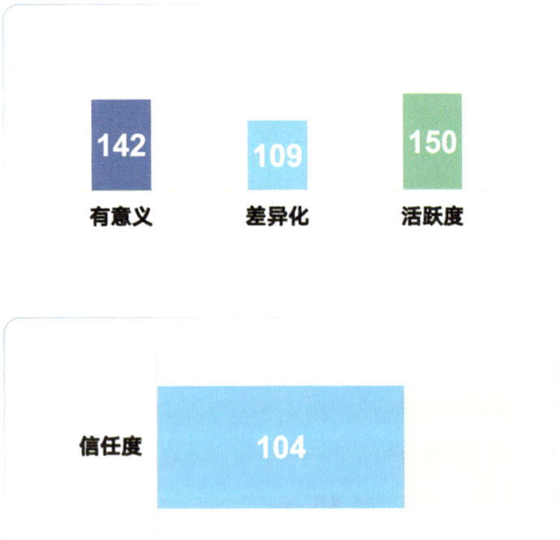

雪花啤酒

2024 年品牌价值 **25.99 亿美元**

数据来源：凯度集团（Kantar）、《2024 年凯度 BrandZ 最具价值中国品牌 100 强》榜单及报告

汽车

Automobile

宝马（BMW）

比亚迪

大众（Volkswagen）

理想

梅赛德斯－奔驰（Mercedes-Benz）

特斯拉（Tesla）

蔚来

小鹏

行业分析

中国的乘用车市场在2024年迎来了一次具有里程碑意义的转变：2024年7月，我国新能源汽车的月度零售销量首次超过了燃油车，月度零售渗透率达到了51.1%。[196] 面对这一历史性变化，各大汽车厂商积极拥抱变革，凭借对技术创新的持续强化、对用户需求的深刻洞察、对海外市场的不断拓展，引领中国汽车行业向创新驱动和体验升级的方向发展，以更好地迎合市场和消费者日益复杂和多样化需求。

在汽车行业电动化与智能化趋势高度明确的当下，中外汽车品牌纷纷加大对技术、研发与创新的投入，力求在激烈的市场竞争中占据有利位置。2024年9月，老牌车企梅赛德斯－奔驰（Mercedes-Benz）宣布将与中国合作伙伴共同投资140亿元，用于开发多款中国专属的新电动车型。[197] 与此同时，中国新能源车的翘楚们也在加速技术创新。理想汽车致力于提升智能驾驶的场景覆盖率、舒适度和通行效率，在行业内首创了"端到端+VLM（视觉语言模型）"双系统智驾解决方案，率先进入AI大模型时代。[198] 小鹏汽车也在近期发布了其在智能驾驶领域的最新研发成果AI天玑5.4.0版本，带来了共计248项功能更新，涵盖AI智能驾驶、座舱、底盘、互联等多个方面。[199]

此外，各大汽车品牌也正在通过不断升级服务，解决消费者的痛点，并围绕消费者的需求提供超越期待的独特体验。这不仅体现在产品技术的革新上，更深入到服务的优化之中。一方面，蔚来通过技术创新提升车内体验，如PanoCinema全景数字座舱通过AR/VR眼镜、语音交互和沉浸声系统，为用户打造车内沉浸式 3D 影院体验。[200] 另一方面，蔚来根据用户不同的出行场景，推出了相应的出行服务：出行管家服务为车主提供了预约专属司机的服务，服务内容包括机场接送、亲友接送以及疲劳时的代驾服务 [201]；商务出行服务则由穿着正装的专员提供包括机场接送、商务接待和聚会宴请等在内的高端商务服务 [202]。

除了在国内市场持续深耕细作、引领创新潮流外，中国汽车品牌近年来也加速在国际舞台崭露头角。2023 年，中国汽车出口量达到 522.1 万辆（含二手车），同比增长 57.4%，超越日本成为全球最大的汽车出口国。[203] 中国汽车品牌不仅出口量激增，覆盖国家范围也从中东、非洲、南美等新兴市场拓展至欧美等成熟市场。2023 年，中国汽车品牌在西欧市场更是达成了约 30 万辆的总销量，年增长率高达近 79%，成绩斐然。[204] 与此同时，多家新能源车企亦将生产工厂扩展到了海外：2023 年 3 月，比亚迪在泰国建立首个乘用车基地，既服务于泰国市场，又辐射整个东盟地区 [205]；同年 11 月底，哪吒汽车的泰国工厂已经投产，成为其生产右舵电动汽车和出口东盟的重要基地 [206]。通过海外建厂，中国汽车品牌不仅实现了产品和服务的本地化，提升了品牌在当地市场的影响力和认可度，同时也对周边市场产生了积极的辐射效应。

在当今汽车行业经历深刻变革之际，中国的汽车品牌正积极应对挑战，迎难而上，展现出了强劲的竞争力。在国内市场，中国汽车品牌通过持续的技术创新和服务升级不断优化产品性能与用户体验；在国际舞台，各大品牌亦积极开拓海外市场并通过建设本地工厂稳步增强品牌影响力。从技术创新到体验升级，从市场拓展到品牌塑造，中国汽车品牌正凭借全方位的努力推动中国汽车行业的蓬勃发展，也为全球汽车市场注入了新的活力。

宝马

宝马（BMW）坚持“在中国，为中国”的深度本土化战略，在中国市场推出多款新车型，并在沈阳建立了全球最大的生产基地和研发网络，展现对中国市场的持续投入与长期承诺。宝马还聚焦电动化、数字化以及新车型研发，加码前沿技术和创新的投入，展现对未来出行的深度思考和准备。此外，宝马通过提升服务透明度、加强数字化服务渠道、提供免费权益等方式，持续提升客户服务体验。得益于这些举措，宝马在品牌信任度上表现突出。

核心指标	
品牌力	196
溢价力	108
长驱力	109

宝马

2024 年品牌价值 **231.63 亿美元**

数据来源：凯度集团（Kantar）、《2024 年凯度 BrandZ 最具价值全球品牌 100 强》榜单及报告

比亚迪

比亚迪坚持“技术为王，创新为本”的发展理念，持续增加研发投入，为新能源车行业的发展提供了坚实的技术基础。在品牌方面，比亚迪实现了从入门级到高端市场的全面布局，满足各细分市场的需求。在技术领域，比亚迪推出了如混动架构、刀片电池等创新技术，并通过整车智能战略，实现了电动化与智能化的深度融合，提升了产品的安全性、效率和个性化。这些举措使得比亚迪在创新性和信任度上获得了市场的广泛认可。

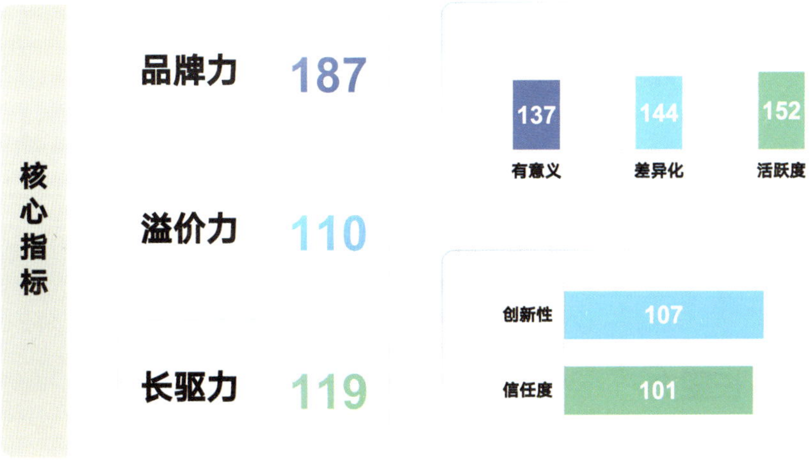

比亚迪

2024 年品牌价值 **96.36 亿美元**

数据来源：凯度集团（Kantar）、《2024 年凯度 BrandZ 最具价值中国品牌 100 强》榜单及报告

大众

秉承“价值重于销量”的战略，大众（Volkswagen）致力于可持续的利润增长，并推动向用户导向的智能可持续出行转型。大众坚持用户为先，根据中国市场和消费者的需求不断优化产品和服务，如与小鹏汽车建立战略合作，共同研发全新中型车，并持续投入新能源市场以拓展产品线。此外，通过持续的技术升级和产品创新，大众缩短了研发周期，拓展了测试潜力，展现出其对市场变化的快速响应能力。

核心指标

品牌力	190
溢价力	107
长驱力	108

理想

理想汽车通过自研核心技术，在智能驾驶、智能空间、智能电动、智能工业等领域建立了领先优势——理想是全国第二家向用户推送无图 NOA 智能驾驶辅助功能的车企。在可持续性方面，理想汽车通过与供应链的紧密合作和数据共享，实现了产品的全生命周期追溯，有效提升了产品质量和性能，促进了产业链的协同创新和高质量发展。这些努力使理想汽车在专业性、创新性和可持续性上表现卓越。

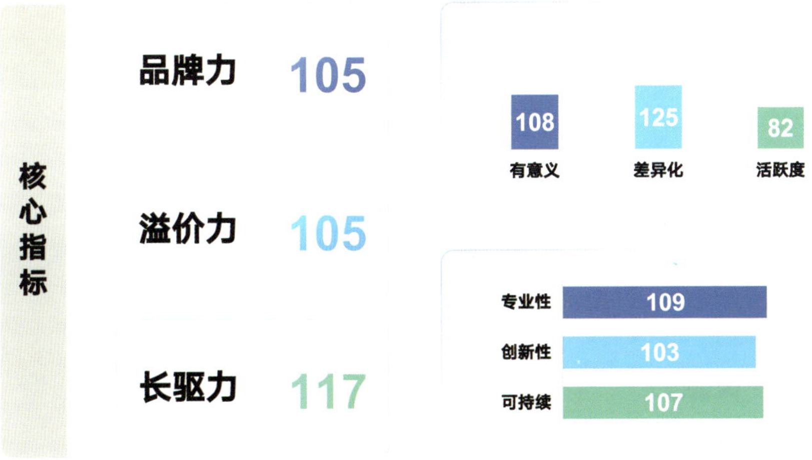

理想

2024 年品牌价值　　**30.64 亿美元**

数据来源：凯度集团（Kantar）、《2024 年凯度 BrandZ 最具价值中国品牌 100 强》榜单及报告

梅赛德斯－奔驰

梅赛德斯－奔驰（Mercedes-Benz）通过推动技术创新和扩大电动车型规模，加强了其在尖端电动和数字技术领域的领导地位。品牌扩大了在中国的研发团队，专为中国客户需求定制技术方案。同时，品牌通过高端豪华产品的升级换代，巩固了其市场地位。梅赛德斯－奔驰还积极参与社会责任活动，与中国伙伴合作推进全价值链的碳中和，支持中国汽车产业的可持续发展。这些努力使得梅赛德斯－奔驰在消费者信任度上表现卓越。

核心指标

品牌力	126
溢价力	104
长驱力	118

有意义	差异化	活跃度
123	120	118

信任度	103

梅赛德斯－奔驰

2024 年品牌价值　**227.98 亿美元**

数据来源：凯度集团（Kantar）、《2024 年凯度 BrandZ 最具价值全球品牌 100 强》榜单及报告

特斯拉

特斯拉（Tesla）持续推动技术创新，加强自动驾驶技术的算法研发和优化，提高算法的准确性和实时响应能力。同时，品牌持续扩大数据收集和处理能力，为 AI 训练提供更加丰富和准确的数据支持，并加强 AI 硬件设备的研发和生产，提高 AI 系统的计算能力和处理速度。此外，特斯拉通过其直营体系提供包括远程诊断、线下维修、移动服务等在内的服务，基于专业能力全方位提升用户体验。这些努力使特斯拉在专业性和创新性上表现卓越。

特斯拉

2024 年品牌价值　　**719.10 亿美元**

数据来源：凯度集团（Kantar）、《2024 年凯度 BrandZ 最具价值全球品牌 100 强》榜单及报告

蔚来

蔚来通过自研核心技术，在智能电动汽车、用户服务和全球运营等领域保持全球技术领先。2023 年，蔚来推出业界首款自研激光雷达主控芯片“杨戬”，支持复杂、恶劣的行车场景，展现了蔚来在自动驾驶硬件研发上的专业性和创新性。此外，蔚来致力于智能电动汽车行业降碳措施的持续探索，并投入资金发起“蔚来应对气候变化公益行动”，应对全球气候变化所引发的环境问题。得益于这些举措，蔚来在专业性、创新性、可持续三大维度上表现突出。

核心指标

品牌力	100
溢价力	105
长驱力	112

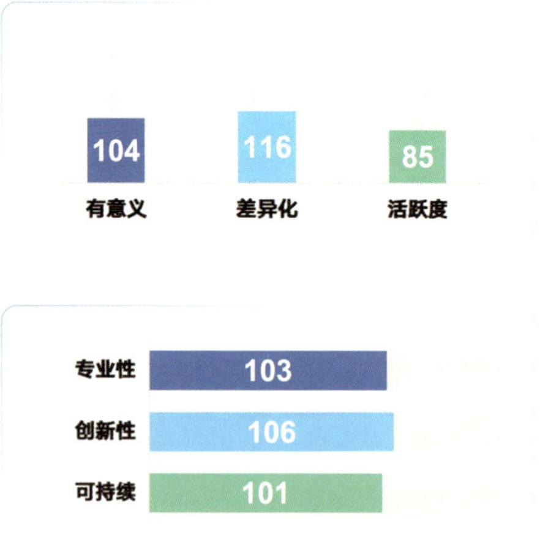

蔚来

2024 年品牌价值 **15.98 亿美元**

数据来源：凯度集团（Kantar）、《2024 年凯度 BrandZ 最具价值中国品牌 100 强》榜单及报告

小鹏

小鹏汽车通过持续的研发投入，在智能驾驶、电驱系统、智能座舱和充电技术领域取得了显著的创新成果，2023 年的新增授权专利达 727 项。通过优化管理体系和提升治理结构，小鹏实现了超过 150 万吨的全生命周期碳减排，并通过增加绿电使用、减少化石燃料消耗等措施，强化了可持续发展实践。此外，小鹏建立了全面的废旧动力电池回收体系，进一步完善了其三级可持续发展管治架构，这些努力使得小鹏在专业性、创新性和可持续性方面表现卓越。

乳制品

Dairy Product

安慕希

光明

金典

每日鲜语

蒙牛

特仑苏

伊利

行业分析

中国乳制品市场历经多年的积累与发展，现已进入稳定成长期。2023年，尽管面临原奶阶段性过剩、消费需求不振等制约因素，中国乳制品的市场规模仍然达到了5738亿元。[207 208] 其中，作为基本盘的常温白奶迎来复苏式增长，低温鲜奶渗透率快速提升，酸奶尽管增长承压，但是常温、低温产品均在持续创新，未来有望恢复增长。[209]

随着国民消费水平的提升以及健康意识的提高，消费者对乳品的需求已经从“吃得饱”转向“吃得好”，乳品的营养价值和健康功能越来越受重视。

在营养强化方面，除了传统强调的有机认证外，限定奶源奶种及蛋白质升级成为新趋势。以A2奶源为例，几乎所有的主要品牌都已推出了A2β产品。A2β-酪蛋白因为与母乳中的β-酪蛋白结构更接近，更亲和低敏，容易被人体吸收。金典、蒙牛精选牧场、皇氏、优诺、认养一头牛等多个品牌均已推出A2β-酪蛋白牛奶。特仑苏沙漠·有机纯牛奶则严选来自乌兰布和沙漠绿洲的专属奶源，每100mL含4.0g乳蛋白和130mg原生高钙。[210] 此外，在蛋白质升级方面，一些乳制品中出现了“双蛋白”的概念。蒙牛每日鲜语推出了同时含有动物蛋白和植物蛋白的双蛋白牛乳，新希望联合黄天鹅推出了同时含有鸡蛋蛋白质和乳蛋白质的双蛋白牛奶，旨在实现蛋白质互补，提供均衡营养。[211 212] 金典更是成功攻克了乳铁蛋白定向保护技术，推出了乳铁蛋白有机纯牛奶，该产品的活性乳铁蛋白含量是传统UHT工艺生产产品的8倍。[213]

在健康功能方面，各大乳制品品牌纷纷开始针对不同人群及消费场景的需求，推出功能创新的产品。深入洞察消费者的控糖需求，伊利创新推出了全球首款控糖牛奶“舒化安糖健”，融合中医“药食同源”理念，科学配比天然控糖成分桑叶提取物、玉米须，实现了从“无乳糖”到“控血糖”的功能升级。[214][215]洞察到消费者提升免疫力的需求不断上升，同时考虑到中国人喜温少凉的饮食习惯，安慕希突破了益生菌在常温条件下保持活性的技术难题，推出全球首款常温活性益生菌酸奶，为包括老人、儿童在内的更多人群提供了健康酸奶的新选择。[216]蒙牛未来星推出HMOs儿童液态配方奶，除特别添加HMOs外，还添加了双益生元、乳清蛋白和多种营养素，打造高品质儿童牛奶。[217]三元推出含有助眠成分褪黑素的极致晚安纯牛奶，回应大众睡眠健康需求。[218]

除产品创新外，各大乳品品牌在渠道、营销建设方面持续发力。由于大型商超等传统线下渠道在乳品零售份额中持续下降，各大乳品品牌积极开拓便利店、折扣店、生鲜平台、社区团购、兴趣电商等多元化销售渠道，同时不断挖掘下沉市场潜力，提升在乡镇级市场的铺货率，以期为业务增长带来更多机会。[219][220][221]正值奥运年，蒙牛、伊利等行业头部品牌纷纷借助奥运营销，传递品牌理念，提升品牌影响力，向世界传递中国名片。

在未来，中国乳制品的消费潜力将加速释放。2023年，中国人均奶类消费量为41.3公斤，这一数字约为世界平均水平的40%，相当于《中国居民膳食指南》推荐量的22.6%至37.7%。[222]无论是与居民膳食推荐量相比，还是与美国、日本等发达国家相比，中国人均乳制品消费量仍有较大增长空间。同时，随着国际市场的进一步开放，中国乳制品品牌在未来将有机会进一步拓展国际市场，打造国际品牌。

安慕希

安慕希通过颠覆性的技术创新和产品升级不断引领常温酸奶品类的创新发展，同时通过营销组合拳拉近与年轻消费群体的距离，在专业性、创新性、信任度方面表现突出，持续塑造行业新风尚，为消费者带来了诸多的惊喜与感动。

安慕希凭借对消费者需求的敏锐洞察和对前沿科技的精准把握，不断将科研成果转化为创新产品，在消费者心中树立了专业、创新的品牌形象。洞察到国人对常温酸奶中活性益生菌的需求，安慕希依托强大的全球研发实力，经过 5 年规划 2 年研发，首次攻克了益生菌在高温灭菌环境下失活的技术壁垒，独家研发了 ADI 活菌瞬时添加技术，在 2023 年推出全球首款常温活性益生菌酸奶，为饮食习惯喜温少凉的人群提供了健康酸奶的新选择。[223 224] 除了这一革命性产品外，多年来，安慕希在功能营养、产品口感及产品形态上持续创新，不断丰富产品矩阵：从最早的希腊风味酸奶、高端颗粒常温酸奶、“5G 蓝胖子”、安慕希“AMX 零蔗糖”到近年来的产地直采系列酸奶、有汽儿气泡酸奶、乳酪爆浆球酸奶、活性益生菌酸奶，安慕希为行业开拓出一个又一个全新的市场和升维的空间，让世界看到中国常温酸奶品牌强大的创新活力。[225]

此外，安慕希通过多维度的品牌营销，让品牌融入不同圈层，成为年轻、健康、潮流的代名词，收获了消费者的信任与喜爱。安慕希深谙综艺营销，通过冠名《奔跑吧》《种地吧 2》等大热娱综，保证了品牌的长期曝光与心智影响力，拉近了品牌与年轻消费者的距离，将综艺 IP 的高热流量转化为对品牌的关注，将节目粉丝沉淀为品牌粉丝。[226] [227] 同时，近年来，安慕希借势体育营销，利用体育明星与体育赛事、活动的影响力，在消费者心中强化充满活力、年轻健康的品牌形象。从签约 F1 赛车手、携手 KPL 合作电竞赛事到联合腾讯体育推出“篮场风暴”赛事、巴黎奥运期间牵手国家跳水队推出中国跳水队限定款，再到举办体大男团活动，安慕希凭借在体育营销各领域的深度布局，将品牌与体育、运动、健康的心智相关联，与各圈层的体育爱好者实现了同频共振，强化了自身的品牌影响力。[228] [229]

从 2013 年诞生至今，安慕希凭借在产品研发和技术创新上的硬实力以及在营销传播上的软实力，在常温酸奶品类称冠十年，确立了其作为国民酸奶品牌的绝对领导地位。同时，安慕希永不止步的突破创新也为常温酸奶品类开辟了诸多新蓝海，为行业的发展拓展了更多的想象空间。

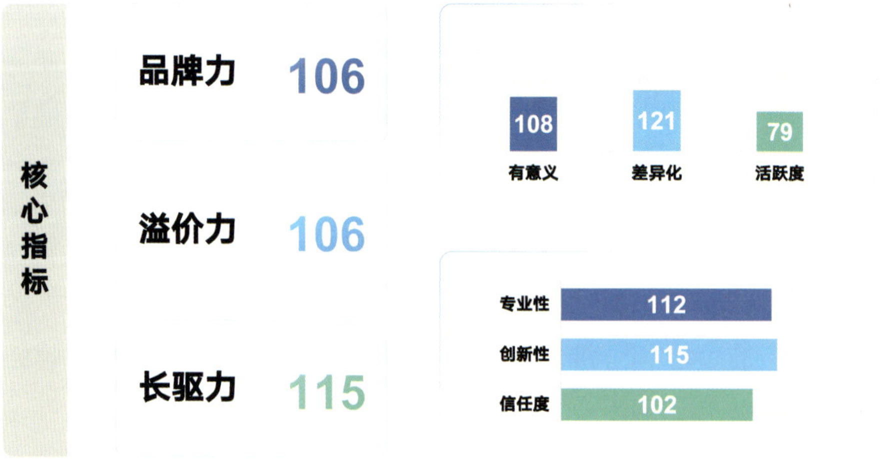

光明

为了“让更多人感受美味和健康的快乐”，光明以创新为核心，聚焦培养新质生产力。[230]光明坚持创新引领，2023 年开发上市 63 个全新产品，满足消费者多元化、健康化的需求，覆盖更广泛的人群。在营销领域，光明通过与体育和艺术文化领域开展深度合作，展现品牌活力，焕发了品牌新势能。同时，光明在管理创新和数字化转型方面的持续加强使其产品质量获得保证，赢得了消费者的信任。[231]

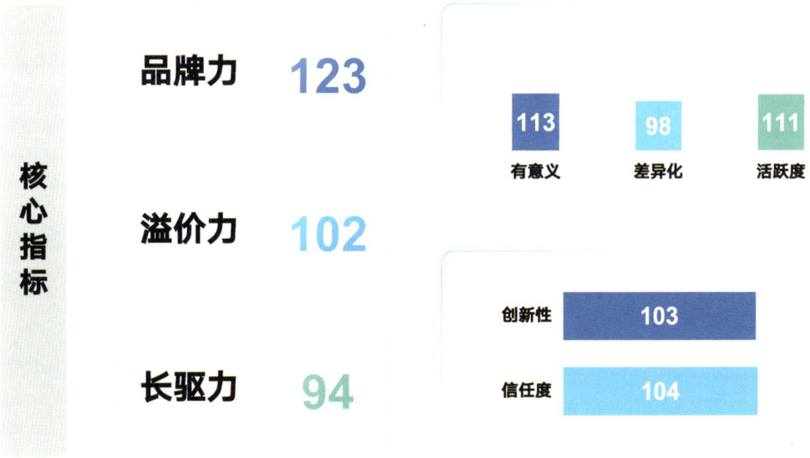

金典

在中国液态乳品消费小幅下降的市场环境中[232]，金典凭借前瞻性的技术布局及多年构建的绿色领导力，在创新性、信任度、可持续发展方面表现突出，推动了有机业务双位数逆势增长，“金典”品牌市场份额持续提升。[233 234]

在白奶高端化的趋势下，金典以行业内标杆化的技术研发能力，不断推出更高品质的创新产品。2022 年，金典突破了行业内领先的超滤技术，推出了拥有原生高倍营养的“金典超滤牛奶”。[235] 超滤技术将牛奶中的关键成分优化重组，从而达到“高蛋白、高钙、低脂、低钠”的目标。金典超滤牛奶以每百毫升 6g 的原生高蛋白、180mg 钙含量及仅有的 1.5g 脂肪，重新定义了高端白奶新标杆。[236] 2023 年，金典攻克了灭菌乳品类加工中活性乳铁蛋白损失的问题，创新了乳铁蛋白定向保护技术，将灭菌乳中乳铁蛋白保留率由原来的 10% 提高到了 90% 以上。基于这一技术，金典推出了活性乳铁蛋白有机纯牛奶。该产品中的活性乳铁蛋白含量在 6 个月货架期内可维持在 6.5mg/100mL，是传统 UHT 工艺生产产品的 8 倍。[237]

金典在全链减碳、保护草原生态及生物多样性方面的多年努力树立了其可持续发展引领者的品牌形象。在牧场端，为恢复草原生态，金典采用“种养一体化”的循环发展模式，推动牧场源头的减碳工作。[238] 在生产制造环节，金典采用绿色制造，在工厂中使用清洁能源、生态水源，打造了金典限定呼伦贝尔有机纯牛奶和金典娟姗有机纯牛奶 2 款“零碳产品”，并推出了由 FSC

认证的纸板和植物基盖组成的可回收包装。[239] 在消费端，金典通过举办“有机生活节”、开展“空瓶回流行动”等，鼓励消费者亲自践行绿色、低碳、可持续的有机生活方式，为保护环境贡献自己的一份力量。[240] [241]

作为国内有机乳品的引领者，金典以创新的产品守护国民健康，不断开拓乳制品产业的新格局。同时，金典对于绿色发展的践行及其对自然有机生活方式的倡导也使得金典正在从一个有机奶品牌逐渐成为有机生活的代名词，引领着整个乳制品行业向着更加绿色、更可持续的方向高质量发展。

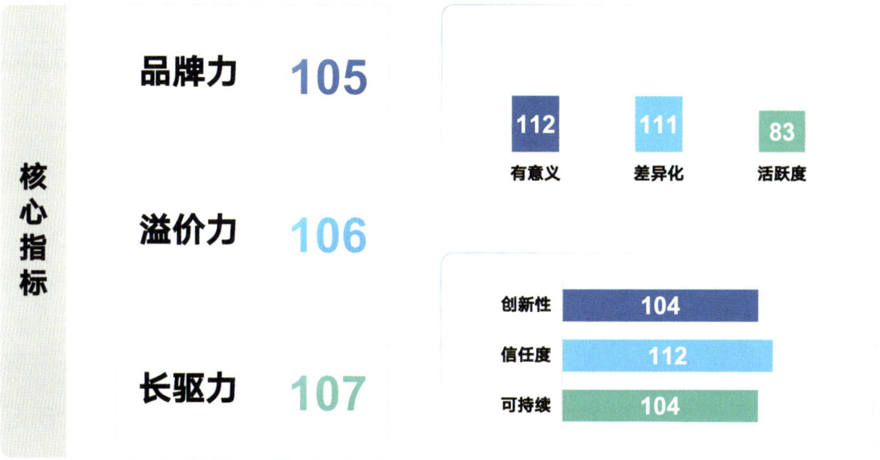

每日鲜语

洞悉到消费者对新鲜、健康食物需求的激增以及国内鲜奶市场缺乏全国性的领导品牌，每日鲜语于2018年成立。自创立伊始，每日鲜语即以“坚持做最好的鲜奶”为初心，通过对奶源的严格把控、在产品升级上的持续努力以及创新的营销策略，建立了坚实的消费者信任，并以其专业性树立了高端鲜奶的新标杆。[242]

在鲜奶领域，奶源的质量和整个供应链的管理是关键挑战。每日鲜语在这一方面表现出色，其奶源来自获得GAP一级认证的“高标准牧场”，这意味着牧场的规模化、集约化、标准化、挤奶机械化、TMR精准饲养、青贮覆盖均达到了100%水准。[243]每日鲜语的生牛乳在微生物和体细胞上均优于欧盟标准。[243]此外，在供应链的每个环节，从生牛乳的采集到产品的最终上架，每日鲜语都实施了全程冷链锁鲜措施，不仅保障了产品的安全性和质量控制，还保留了鲜奶中的天然营养成分，为消费者带来了较好的饮用体验。[243]

随着消费者对鲜牛奶的营养、品质提出更高需求，每日鲜语积极响应这一趋势，于2021年推出每日鲜语4.0鲜牛奶，每100ml牛奶中含有原生4.0g优质乳蛋白及130mg高钙。[244] 2023年，每日鲜语再度升级产品，推出4.0版娟姗鲜牛奶，选用珍稀的娟姗牛种，开创性地运用1纳米微膜原生锁鲜技术，锁住珍稀鲜活营养，带给消费者天然醇厚丝滑的口感。[245] 2024年，每日鲜语特别推出双蛋白牛乳，结合原生牛乳蛋白和美国加州进口巴旦木坚果植物蛋白，双蛋白含量达到≥3.7g/100mL，并且做到了0乳糖、0 砂糖，满足了消费者对均衡营养和健康饮食的追求。[246] 每日鲜语凭借对品质的不懈追求和不断的产品创新，夯实了高端鲜奶第一的领导地位。

优质的产品和专业能力为每日鲜语打开了高端鲜奶市场，而创新的营销策略则让更多消费者了解并认可每日鲜语品牌。2024 年春节期间，每日鲜语携手周大福推出了“金运新年奶”，“金”与“金”的巧妙结合，在为国人送上美好祝福的同时，也让消费者记住了每日鲜语所代表的“黄金级”的营养品质。[247] 在奥运期间，每日鲜语通过“标杆营养，让每个人闪闪发光”的奥运营销主题，成功传递了品牌的核心价值。[248] 在宣传产品和品牌之外，每日鲜语坚持回馈社会，积极履行社会责任。奥运期间，每日鲜语推出公益宣传片并邀请消费者参与一系列助力自闭症儿童的活动，收获诸多赞誉和支持，进一步赢得消费者的信赖。[249]

凭借在专业能力、品质保证和品牌营销方面的卓越表现，每日鲜语在高端鲜奶市场赢得了消费者的广泛青睐，连续三年量利齐增，市场份额持续提升，牢牢占领了高端鲜奶第一的品牌地位。[250]

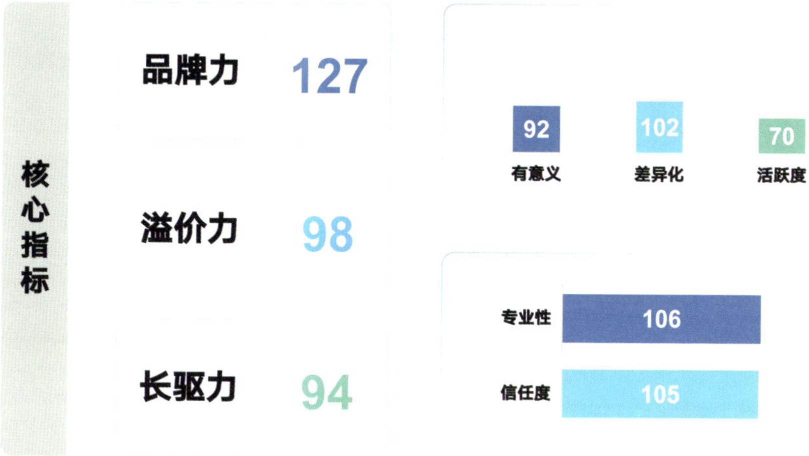

蒙牛

2023年以来，蒙牛积极应对短期挑战，顺应行业趋势精准施策，在创新力、品牌力、数智化上持续发力，引领中国乳业“高科技、高效能、高质量”的新质未来。[251]

在创新力上，蒙牛通过在乳制品前沿营养领域的研发创新，不断夯实产品的营养功能。2023年，蒙牛自主研发的母乳低聚糖（HMO）获得美国食品药品监督管理局（FDA）的GRAS（Generally Recognized As Safe，公认安全）认证，奠定了中国乳企在营养赛道的先发优势。[252]基于此项创新推出的瑞哺恩恩至4段配方奶粉，成为了首款应用中国自主研发HMO的奶粉。[253]此外，优益C全线产品使用的中国专利益生菌斩获了目前乳业在专利领域的最高荣誉——第24届中国专利银奖及2023年度国家科学技术进步二等奖。[254]

除了在传统乳制品领域不断创新外，蒙牛也在积极开拓新业务，从乳制品走向大健康。蒙牛旗下专注于运动营养的高端专业品牌迈胜在2023年推出了中国首款液体蛋白营养补剂迈胜运动蛋白饮，正式进军运动营养领域。[255 256]

在品牌力上，蒙牛坚持长期主义，通过耕耘体育营销，不断传递“天生要强”的品牌价值主张，与消费者产生强烈的精神共鸣。2024年巴黎奥运会期间，作为奥林匹克全球合作伙伴，蒙牛将“要强精神”从奥运赛场延伸至普通人的日常生活，致敬每个平凡人的要强。[257]随着《开幕》主题片、“我为家乡健儿上大分”、中国之夜等营销活动频频出圈，蒙牛也让“天生要强”的品牌理念深入人心，助推了品牌力的持续提升。[258 259 260]

在数智化转型方面，蒙牛对从饲养、加工再到消费者终端的乳制品全产业链进行数智化重塑，加速打造乳业新质生产力，激发产业链的效能潜力。作为供给侧数智化的标杆，蒙牛在 2023 年落地建成的全球首座全数智化工厂实现了“三个一百”，即一百人创造一百万吨年产量、一百亿年产值，打造出全球乳业工厂的最高年度人效比。[261] 该工厂获评世界经济论坛“灯塔工厂”，成为了中国乳业的首个灯塔工厂。[262] 在需求侧，蒙牛发布全球首个营养健康领域模型 MENGNUI.GPT，并基于这一模型发布营养健康管理平台“WOW 健康 +”，为亿万中国家庭提供个性化、长周期、多成员的陪伴型健康服务。[263]

蒙牛在产品创新、品牌建设和数智化转型上的不断突破，让蒙牛在消费者心中树立了创新、可信赖的品牌形象，助力蒙牛核心主业在行业震荡期依旧展现出强大的发展韧性，也为蒙牛在中长期的高质量发展奠定了坚实的基础。

蒙牛

2024 年品牌价值 **51.41 亿美元**

数据来源：凯度集团（Kantar）、《2024 年凯度 BrandZ 最具价值中国品牌 100 强》榜单及报告

特仑苏

2005 年，伴随着“不是所有的牛奶都叫特仑苏”的广告语，特仑苏开启了中国高端常温奶的新纪元。多年来，特仑苏坚守“更好”的品牌理念，通过产品创新、品牌营销双轮驱动，成为销售额突破 300 亿元大关的全球 UHT 奶第一品牌。[264]

特仑苏专业、创新、值得信赖的品牌形象，源自其对品质的坚守及旺盛的产品进化力。2005 年，在当时乳品蛋白质含量普遍为 2.9g 的时代，特仑苏打出了 3.3g 乳蛋白作为产品核心点，并以全新的包装形态，精准引爆中国高端乳品市场。[264] 在此之后，特仑苏针对不同细分人群对健康营养的不同需求，相继推出了低脂奶、有机奶、谷粒牛奶、嗨 MILK 牛奶、CBP 高钙牛奶、M-PLUS 高蛋白牛奶、沙漠·有机奶等一系列创新产品。[265 266] 其中，作为近年来标志性产品的沙漠·有机奶倡导“沙漠·有机就是更好有机”理念，奶源来自乌兰布和沙漠绿洲，每 100ml 含 4.0g 乳蛋白和 130mg 原生高钙，再次以强大实力推升了高端有机奶的品类标准。[267] 除了对牛奶品质的不断升级创新，特仑苏在产品包装上亦不断推陈出新。特仑苏首创的“梦幻盖”包装，实现了牛奶从吸到喝的饮用体验。[265] 有机系列产品上的“一瓶一码”做到了有机奶从种植、饲养、畜牧管理到生产、加工、运输各环节的全程可追溯。[264] 特仑苏沙漠·有机奶包装使用环保包材，包装无漂白涂层，用大自然的本色做外衣，同时瓶盖由甘蔗基代替化石材料，共同降低 19% 碳足迹，是迄今为止全球 250ml 规格中碳排放量最低的梦幻盖包装，充分诠释了“更绿色”的产品发展理念。[268]

在产品创新之外，特仑苏在品牌营销上亦不断发力，让“更好”的品牌理念逐渐深入人心，从精神层面与消费者建立连接。2023年春分，特仑苏携手代言人发布年度品牌态度广告片，以深刻的社会洞察，鼓励大众在后疫情时代“相信更好的力量”。[269] 2024年，特仑苏更是联合一条、《人物》、时差岛等多家内容媒体，共同打造《更好，从提问开始》《更好生长》、大地艺术等多个全新内容IP，将“更好”的品牌理念内容化，多维讲述“更好”的内涵，强化特仑苏永不止步、追求卓越的高端品牌心智定位。[270,271,272]

作为高端乳品行业的代表，特仑苏为消费者带来了更好的产品、更好的品质、更好的体验。随着提振消费的东风劲吹，屡次创造行业单品营收奇迹的特仑苏，未来或许还将书写更多传奇。

伊利

乳制品行业调整期，头部企业仍然展现出超强的抗压能力。

2024年，伊利在信任度、创新性、可持续和社会责任方面表现突出。这得益于伊利对品质的坚守，在前沿技术、创新产品上的不断突破，以及在可持续发展、社会责任上的深刻践行。

伊利始终将品质和安全视为企业生存发展的生命线，持续升级伊利卓越品质评价体系（YLQAS）。[273] 2023年伊利成为国内首家通过新版全球食品安全标准（BRCGS）认证的食品企业，截至目前共有28个实验室获得国家CNAS实验室认可证书。[273 274] 同时，伊利对涉及原辅料、生产过程和产成品的检验全流程进行数据采集，实现了从乳制品源头到消费者的全程追溯，致力于为消费者提供品质最放心、最值得信赖的乳制品。[273]

在创新方面，依托全球开放式创新平台，伊利在前瞻性技术及新品研发上不断创新，以满足消费者对乳制品营养、健康、美味、功能性等的多样化需求。[273] 伊利在全球首创乳铁蛋白定向提取保护技术，将常温纯牛奶乳铁蛋白保留率由10%提高到超90%，基于此项技术推出的金典活性乳铁蛋白有机牛奶不仅为消费者提供了更好的保护力，也大大降低了消费者摄取乳铁蛋白的成本。[275] 伊利独创的ADI无菌后添加专利技术，攻克了益生菌在常温环境下失活的技术壁垒，让安慕希常温活性益生菌酸奶一经面市便成为行业里程碑式的产品。[276]

除了在技术和产品上全面创新外，伊利还通过对乳业的全链数智化赋能，发展新质生产力。在上游，伊利向合作牧场免费开放了“伊起牛·智慧牧业生态系统”，随时为每一座牧场提供行业专家的“会诊”；在中游，伊利通过运用人工智能、物联网等技术实现了生产线的智能化生产，全面提升了生产效率；在下游，伊利开发了与 1.5 亿消费者在线协同共创新品的智能洞察系统，不断打造满足消费者多元需求的健康产品。[277]

在可持续发展方面，伊利一直积极践行 “绿色领导力”的发展理念，全力推进绿色制造，先后打造了 5 家零碳工厂，累计 41 家子公司获得了国家级“绿色工厂”认证。伊利推出的“零碳牛奶”“零碳冰淇淋”“零碳酸奶”等 5 款“零碳产品”，引领了低碳消费的新潮流。[278] 同时，通过长期开展的四大公益项目——“伊利营养 2030”公益行动、“伊利方舟”“伊利童梦同宇”和“伊利家园行动”，伊利积极履行社会责任，全力打造社会型企业。[279]

作为中国乳业的领军品牌，2024 年巴黎奥运会期间，伊利推出了一系列精彩纷呈的营销活动和多款奥运定制产品，让消费者在享受运动快乐的同时，更加深入地了解伊利品牌所代表的奥运品质和深厚的品牌文化。成功的奥运营销也助推了伊利在品牌力、活跃度上的良好表现。

根据《凯度 BrandZ 最具价值全球品牌 100 强》榜单显示，“伊利”的品牌价值连续多年蝉联全球乳业第一。[280] 在凯度消费者指数发布的《品牌足迹报告》中，伊利也连续 9 年位列中国市场消费者首选品牌榜榜首。[276 281]

核心指标

品牌力 242

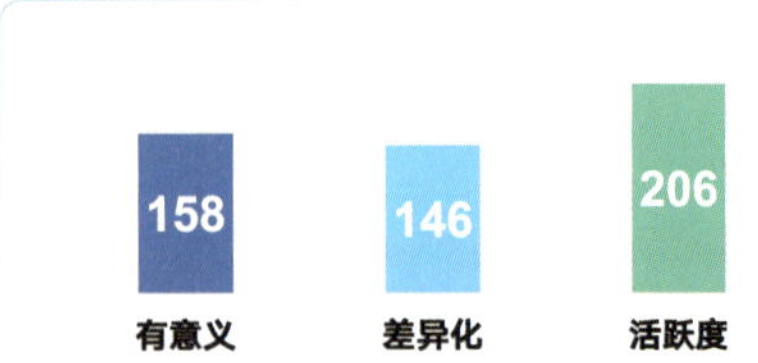

溢价力 111

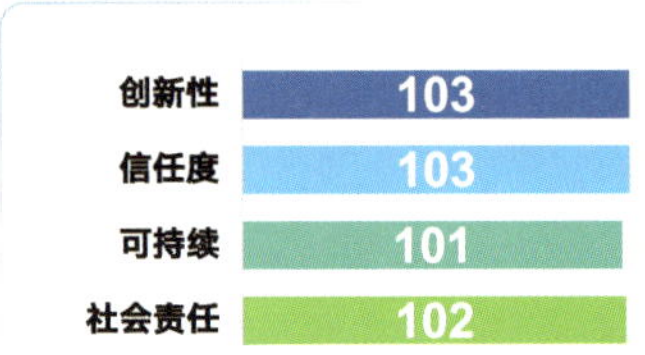

长驱力 121

伊利

2024 年品牌价值 **104.47 亿美元**

数据来源：凯度集团（Kantar）、《2024 年凯度 BrandZ 最具价值中国品牌 100 强》榜单及报告

◆ 优秀案例

突破新技术！安慕希抢占常温活菌酸奶新赛道

一、围绕健康美味，打造国民酸奶品牌

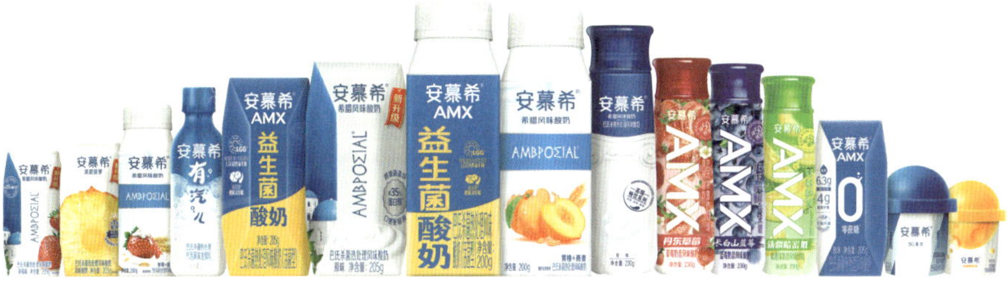

安慕希产品家族

安慕希诞生于 2013 年，致力于以浓醇的口感、更多的蛋白质含量，铸就品质营养好酸奶。在 11 年的发展中，安慕希紧跟时代消费者需求，不断创新和突破自我，长期坚持产品创新和年轻化的品牌营销，获得了从 0 到 200 亿的爆发式增长。2013 年，安慕希推出的首款常温希腊风味酸奶重新定义了高端酸奶和希腊酸奶，实现了从 7 亿到 40 亿的快速飞跃。随后推出的首款黄桃燕麦口味、焕新升级的利乐冠、pet 新包装酸奶在丰富优化产品口味、提升消费者体验感的同时，更为安慕希增添了活力、潮流的属性。如今，在国民健康意识迅速提升的大环境下，消费者对乳制品的需求也不再仅仅满足于口感的美味，而更注重其营养价值和健康功能。锚定此健康趋势，安慕希担起作为国民酸奶品牌的责任，品牌产品研发中心向健康方向实施创新，打造出了 0 蔗糖酸奶和行业首款常温活性益生菌酸奶，打破了行业天花板，引领了行业的创新发展。

安慕希始终秉承“以消费者为中心，以创新驱动发展”的理念，持续为全球消费者提供“好喝更有益”的好酸奶，真诚守护全球消费者的营养健康。

二、打造首款活性益生菌酸奶，探索产品创新的无限可能

安慕希坚持以消费者为中心，凭借精准的洞察和创新能力，不断推出深受消费者喜爱的产品，持续创新消费者的饮用体验。从大爆品到核心大单品，与时俱进、坚持创新是安慕希能够穿越消费周期的底层能力。

1. 首款常温活菌酸奶，颠覆市场常温酸奶认知

随着国民经济水平的提高，健康消费的观念日益深入人心，消费者对乳制品的需求已不再仅仅满足于口感的美味，大众健康观愈发注重以预防为主，强化免疫力的需求不断上升，健康观念的转变带动益生菌市场持续火爆。在产品迭代升级的过程中，具备改善肠道等功能的益生菌逐渐成为酸奶创新的关键词。洞察到这一消费需求，作为行业领头羊的安慕希率先依托强大的全球研发实力，以探索者姿态高标准切入益生菌赛道，打破行业发展技术壁垒，突破性地创造了全球首款常温活性益生菌酸奶，建立了活性益生菌常温应用的标杆。

作为全球首款新一代健康益生菌酸奶，安慕希活性益生菌酸奶全面满足了消费者对于健康与品质的追求。每包添加了 10 亿 CFU 全球知名 LGG 活性益生菌，首次实现了益生菌在常温条件下保持活性。同时，安慕希通过减蔗糖、多 35% 蛋白质的健康营养配比，让这款酸奶更加健康温和，契合中国人喜温少凉的饮食习惯。安慕希活性益生菌酸奶为包括老人、儿童在内的更多人群提供了健康酸奶的新选择，不仅拓宽了益生菌大类产品的应用场景，

也为酸奶赛道开辟了新蓝海。新品上市后，销量实现爆炸式增长，上市仅 3 个月即实现销售额破亿。消费者高度认可这款新品，复购意愿高达 97%。这款新品凭借“好喝更有益”的卓越产品力在同类产品中脱颖而出。

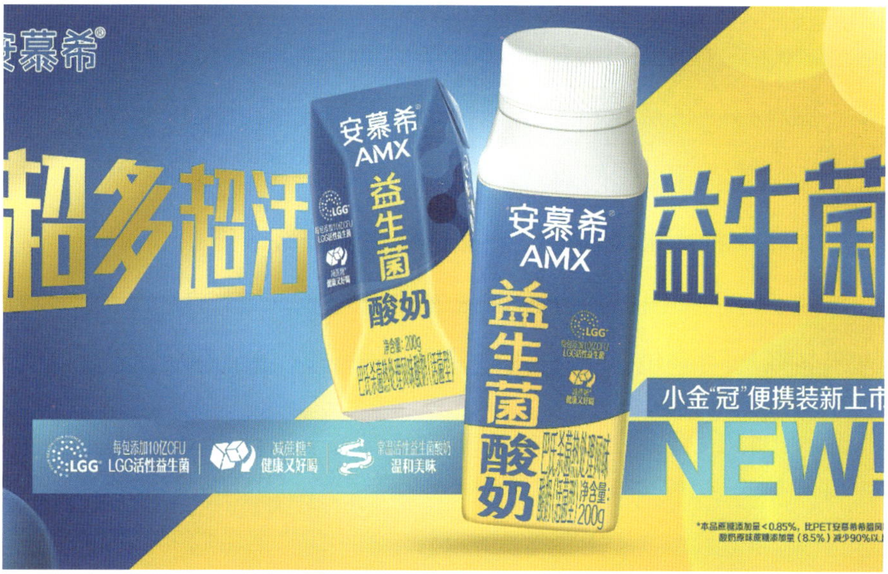

安慕希活性益生菌包装换新上市海报

2. 突破技术难题，实现颠覆性技术创新

安慕希活性益生菌酸奶是一款承载着原创性、颠覆性研发成果的新品。对于任何一款常温酸奶产品，同时实现益生菌“常温长时间存活”和“保持口感”这两大目标都是一个巨大的挑战。经过 5 年规划 2 年研发，安慕希研发团队终于找到了适用于常温酸奶且更容易活着直达肠道的 “宝藏”益生菌——LGG 鼠李糖乳酪杆菌。通过科研攻关，研发团队首次攻克了益生菌在高温灭菌环境下失活的技术壁垒，独家研发了 ADI 活菌瞬时添加技术，可以在常温下最大程度地保证菌种活性。安慕希的这一技术成功突破了常温长保质期酸奶产品在益生菌数量保持以及口感后酸等方

面的技术难题。

除了在益生菌技术上取得突破外，研发团队不断优化创新工艺、设备，制定出了一套既能保护菌活，同时也能确保无菌生产的工艺技术路线，并获得了国家专利。通过这些技术的应用，加上对产品严格的管控要求，安慕希构建了从原料引入到生产，再到产品下线，直至最终送达消费者手中的全程闭环式管控体系，在突破常温酸奶活菌化世界难题的同时，最大程度地保证了产品的品质，实现了行业首创的常温长保活菌酸奶产品的量产。

3. 精准把握市场需求，产品持续创新升级

除了近期推出的常温活性益生菌酸奶外，过去 11 年，安慕希的产品经历了超过十次的大小升级创新，以迎合不断变动的市场需求。

2013 年，安慕希推出的首款常温希腊风味酸奶，引入了希腊酸奶的概念，相比其它高端常温酸奶，特别添加了希腊雅典农业大学最新研制的菌种，拥有更加浓郁的口感和比普通酸奶高出 35% 的蛋白质。凭借口感好、营养价值高的突出产品力，安慕希常温希腊风味酸奶赢得了极佳的市场口碑。

随后推出的安慕希首款颗粒常温酸奶，率先突破技术壁垒，实现了口感与包装的双重升级。安慕希在常温酸奶中首创添加水果谷物颗粒，浓浓的口感、丰富的黄桃燕麦大颗粒，让希腊风味酸奶的体验不只是浓醇。同时，安慕希还契合消费潮流采用旋盖包装，让高端颗粒型新品的饮用体验更加便捷。

安慕希 5G 蓝胖子“勺吃”系列酸奶，创新了酸奶的场景化设计，其包装以高脚杯为原型，创造了“勺吃酸奶”的食用方式。在产品方面，5G 蓝胖子提高了酸奶中蛋白质的含量，每杯含有 5g 蛋白质，奶香悠长，入口即化。

安慕希“有汽儿”酸奶作为首款含汽酸奶，将跨品类的碳酸口感带给乳饮，经过近两年的研发创新，首次尝试 9 种菌种发酵工艺，凭借独特的气泡口感使安慕希更具年轻化特色。

安慕希“地域限定”口味酸奶，直采原产地新鲜水果，形成了以“地域限定”系列为纽带的良性循环生态，将中国的品牌、中国的原产地、中国的好味水果紧密相连，从原材料抓起打通供应链上下游的助农模式，形成了自有的“安慕希助农模型”，与各地农业产业带形成紧密合作，有效推动了乡村振兴。

安慕希奶酪爆浆球酸奶，首创爆珠概念，精选新西兰奶酪包裹进爆浆球中，每杯含有 18.75g 的奶酪球，为消费者带来了更多层次的口感享受。

从希腊风味酸奶、颗粒常温酸奶、5G 蓝胖子到“有汽儿”酸奶、地域限定酸奶、乳酪爆浆球酸奶……在给消费者带来高品质体验的同时，安慕希一次又一次重新定义了常温酸奶。

三、能超越安慕希的，只有安慕希

创新已经深深烙印在了安慕希的品牌基因之中。安慕希的创新突破既有渐进式的不断迭代，更有从 0 到 1 的颠覆式创新。以安慕希最新带来的活性益生菌酸奶为例，从行业发展来看，这款产品以颠覆式创新开辟了全新的蓝海赛道，极大地拓宽了活性益生菌的应用场景，为全民健康事业提供了技术更前沿、应用更便捷的新选择。从企业发展来看，这也是安慕希进一步打开大健康市场的里程碑。安慕希活性益生菌酸奶的诞生，不仅是安慕希打破行业壁垒强大研发实力的体现，更映照出它对守护消费者营养健康的高度重视。

从推出首个引爆市场的明星单品，到成长为穿越十年消费周期的国民品牌，安慕希正是凭借着对国人健康需求的敏锐洞察和对前沿科技的精准把握，不断将科研成果转化为创新产品，让品牌始终保持蓬勃的生命力，也为行业开拓出一个又一个全新的市场和升维的空间。

打造酸奶界的超级 IP，安慕希的营销进阶之路

在安慕希的成长史中，伴随着产品的推陈出新和品质升级，安慕希亦不断升级营销力，通过“娱乐 + 体育 +ESG”的多元营销模式，实现品牌与年轻群体的深度沟通，在全场景、多圈层上达成心智占领。

一、冠名热门娱乐综艺，引领年轻消费潮流

作为《奔跑吧》十年的冠名品牌，安慕希可谓娱乐营销的“老大哥”。十年来，安慕希通过广告植入、明星代言等方式，将品牌与热播剧、综艺节目等娱乐内容相关联，增强品牌的曝光度，持续打造年轻化的品牌形象。安慕希的娱综营销之路是一个从“广告化”到“人格化”、从“大开大合”到“精耕细作”、从“高举高打”到“贴地飞行”的不断进击的征程。

1. 冠名《奔跑吧 12》：优化综艺全场景植入机制，让品牌种草更软性

安慕希连续 10 年冠名《奔跑吧》，围绕产品卖点，结合综艺场景，将安慕希酸奶全场景植入综艺——贴合情景的品牌露出、融入情节的中插广告、呼应内容的使用场景。在《奔跑吧》的全景生态里，安慕希的品牌形象及功能展示更加软性，这让品牌种草有了“潜移默化”的效果。

“真心换真心”是品牌成功通过综艺对话粉丝的“不二法门”，在《奔跑吧 12》中，安慕希创新打造了新型营销链路：

在情感链接维度，安慕希通过代言人互动、节目路透、周边派送、社媒运营等形式，拉近与节目粉丝的距离，加强双向互动体验感。同时，安慕希将粉丝从公域引入品牌私域，进行长期细致化的运营，加强粉丝粘性，提升粉丝忠诚度。

在场景营销维度，安慕希进一步加强了产品与节目的关联度，围绕各地美食，根据节目内容，植入产品、传达卖点，实现种草。安慕希还特别安排了《奔跑吧》明星返场见面会，吸引观众近距离接触安慕希，缩短产品认知链路，加强与节目粉丝的互动。

在品牌变现维度，安慕希从消费者体验出发，开启艺人直播带货，把平台的高热流量转化为品牌的私域流量，通过“内容+IP+电商+线下”，让引流导流更加高效。依托娱综本身的艺人、内容，精准触发粉丝买单行为，同时借助综艺 IP 绑定节目粉，极大地提升产品的感知度和品牌好感度。安慕希借此在无形中实现了品牌资产的长期积累。

2. 冠名综艺《种地吧 2》：创新综艺互动方式，与年轻人“玩”在一起

作为《种地吧 2》的独家冠名商，安慕希在感知用户体验上，再次做大做强，通过创新性的综艺互动方式，成为了娱乐营销体验化的标杆。首先，在《种地吧 2》中，安慕希加强了艺人与品牌之间的关联，让艺人的商务担当身份更加凸显。安慕希在节目中进行了全场景的深度植入，这种紧密绑定又自然随性的“带货”方式，让观众在不知不觉中将对艺人的喜爱投射到产品上，对品牌产生了信任感，在短周期内实现了品牌形象的传播和认同。

其次，安慕希巧妙地将综艺势能转化为品牌 IP 的价值。安慕希以品牌 IP 形象安比为抓手，以粉丝体验为基点，提升网感、链接情感、增加好感。通过借势节目，安慕希将综艺流量引导至品牌，将节目粉变成品牌粉。安慕希首创“粉丝监工”，该活动可以直接送粉丝去见节目艺人，还可以拥有监督艺人的直播间、连线主播、成为“工头”、在个人平台定期汇报监工状况等独家特权，瞬间拉满了粉丝参与的积极性。

2024 年 4 月 12 日，《种地吧 2》安慕希益生菌酸奶共创包装亮相直播间

此外，安慕希还创新定制了节目衍生内容“禾作社”，作为共创平台，进一步完成与节目粉丝的心智绑定，让粉丝的身份感得到充分满足。安慕希通过“禾作社”征求粉丝建议，与粉丝深度共创益生菌四季装新品，让消费者全程见证、参与新品的诞生，沉浸式放大了粉丝对产品的认知体验。

无论是制造信任感、激活参与感还是建立身份感，安慕希在《种地吧 2》的娱综营销，都是在感知观众的真实感受，解决用户痛点，提供愉悦体验和情感共振，把流量“收缩”到人身上，最终实现产品销量的迅速增长。同时，这种打法破除了认知屏障，情感化了产品形象，让安慕希渐渐化身为年轻人触手可感、可及的好朋友。

二、积极入局体育营销，塑造活力健康的品牌形象

近年来，随着全民健康水平和生活理念的提升，大众愈发关注体育与健康，新消费时代下中国体育产业也迎来了前所未有的发展机遇，体育营销所带来的价值被逐渐放大。作为体育界的老朋友，多年来，安慕希深耕体育营销布局，通过品牌冠名、体育活动和联动代言人等一系列玩法，将品牌所提倡的健康生活方式逐步渗透进向上的体育精神之中，打通年轻圈层，塑造充满活力、拼搏向上的品牌形象，无形中实现了品牌与年轻消费人群的价值同频、情绪共振，大大提升了品牌的美誉度和好感度。

1. 签约 F1 中国赛车手，潮流运动引领风向

安慕希连续三年与 F1 头部赛车手展开合作，进一步展示了品牌对年轻一代的支持，同时也突出了品牌对体育运动的热情和追求。安慕希紧跟赛事和赛程，通过各种营销活动和社媒推广，为代言人打气喝彩。

2. 巴黎奥运牵手国家跳水队，玩转全民体育

2024 年巴黎奥运会，安慕希牵手中国国家跳水队，重磅上新跳水队联名限定款，将运动员不同的跳水姿态融于产品包装上，更结合运动员名字创意出美好祝福语，为中国跳水队加油助威。值得一提的是，安慕希摆脱了传统借势体育赛事的营销方式，另辟蹊径，为中国跳水队定制了时尚大片，让消费者看到运动员们时尚活力的一面。安慕希也因此从同品类的奥运营销竞争中脱颖而出。

同时，基于 2024 年奥运会举办城市巴黎“时尚之都”的属性，

安慕希联合品牌代言人打造了一系列充满浪漫和时尚感的物料，传递酸奶的美味，让消费者感受巴黎的活力与浪漫。

3. 举办体大男团活动，创新直播间互动体验

不同于惯常的运动主题大片和宏大的品牌叙事，在拥有众多体育兴趣用户的抖音平台，安慕希迎合年轻消费者的视觉审美偏好，巧妙抓住“体育生”“男大”等近期热门关键词，并充分结合品牌受众对“养成系”的喜好，首次携手全国高校体育生，发起“安慕希体大男团征集令”。安慕希围绕篮球、冲浪、排球、健身 4 大热门运动主题，通过“趣味挑战赛 + 自造体育热点 + 冠军直播间”等抖音产品组合玩法，将品牌热点与体育热点强绑定，不仅成功拉高了品牌声量，更有效触达高潜人群，推动安慕希酸奶的种草转化，让产品健康和营养的优势深入人心。活动期间，安慕希实现成交人数环比增加 50%、转化率环比增加 480%，达成从品到效的高效转化。

2024 年 7 月 22 日，安慕希体大男团直播

三、积极投身 ESG 实践，彰显品牌的责任与担当

在 ESG 营销方面，安慕希同样展现出其前瞻性和责任感。通过推出“环保减墨装酸奶”，开展“只为更蓝的海”环保可回收行动，安慕希以实际行动减少自身产品对环境的影响，同时提升公众对海洋保护的意识，彰显了安慕希在推动可持续发展方面的积极作用。

1. 减排低碳保护自然，创新推出“环保减墨装酸奶”

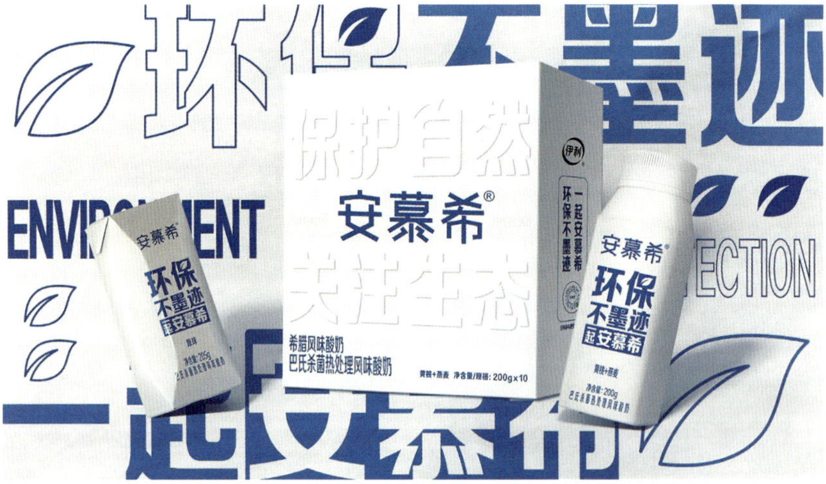

安慕希“环保减墨装酸奶”产品海报

安慕希积极响应环保理念，创新推出“环保减墨装酸奶”，以“保护自然，关注生态”为主题，通过减塑、减墨、可循环三大切实可行的环保减碳动作，体现“减墨少塑，回归简美”。该包装通过减少墨水使用和塑料消耗，以简化的设计唤起了消费者对可持续发展的关注，进而引导消费者践行低碳环保理念，养成绿色消费习惯。同时，安慕希携手中国最大的电商公司阿里巴巴打造环保联盟，通过全域共创充分落实环保行动。此外，安慕希还通过联合官媒发布环保宣传片、打造环保周边产品等方式，最大化地传播环保理念，扩大其感召力和影响力。

2. 世界海洋日，“只为更蓝的海”环保可回收行动

在世界海洋日和世界环境日，安慕希与国家海洋博物馆联合发起“只为更蓝的海”主题活动以推广减塑行动，鼓励人们从小事做起，保护海洋生态。安慕希推出环保新包装，该包装采用可回收的 PET 瓶身、植物基可降解垫片，以及海洋环境友好型纸箱，显著提升了产品的回收率。此外，安慕希还发布了创新的油墨可碱洗阻光标签，减少了传统印刷对环境的影响，通过实际行动减少安慕希自身产品对环境的影响，彰显了安慕希在推动可持续发展方面的积极作用。

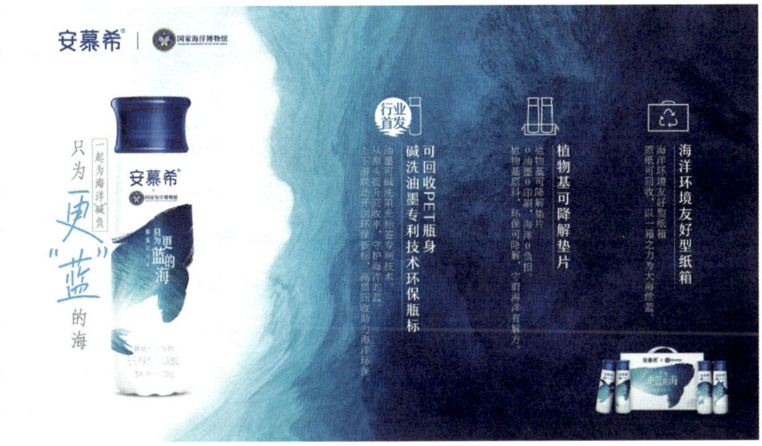

第 16 个世界海洋日之际，安慕希与国家海洋博物馆携手推出环保包装版安慕希希腊风味高端原味酸奶

四、营销模式不断升级，赋能品牌价值提升

安慕希的品牌营销是一个不断进化和创新的过程。从娱乐营销的流量借势，到体育营销的健康形象塑造，再到 ESG 营销的责任与担当，安慕希不仅在营销策略上展现了多元化和深度，更在品牌价值的传递上实现了层次的跃升。

以娱乐营销为起点，安慕希通过与热门综艺、明星代言紧密结合，成功吸引了大量年轻消费者的关注，实现了品牌的快速曝光和市场占有率的提升，迅速建立起了与年轻群体的情感链接，通过娱乐化的内容和形式，让品牌变得更年轻化、更有亲和力。

随着社会大健康趋势不断增强，安慕希将目光投向体育营销，这不仅是对品牌活力形象的进一步强化，也是对健康生活方式的积极倡导。通过与体育赛事、体育明星的合作，安慕希传递出积极向上、勇于挑战的品牌精神，同时也加深了消费者对品牌健康价值的认知。

安慕希在 ESG 营销上的探索和实践，则进一步体现了品牌对社会责任的深刻理解和担当。从“环保减墨装酸奶”到“只为更蓝的海”的环保行动，安慕希不再局限于商业价值的实现，而是将品牌的成长与社会福祉、环境保护紧密相连，展现了品牌对公共福祉的承诺和贡献。这些营销活动不仅增强了消费者的体验感和互动感，也加深了消费者对品牌价值的认同，助力品牌实现曝光度和市场影响力的双重提升。

十年磨一剑，安慕希在营销创新上不断进化突破，在坚持娱乐营销的同时，兼具体育营销及 ESG 营销，将品牌所倡导的年轻健康的生活方式与体育精神、社会责任相结合，在无形中实现了品牌与年轻消费群体的价值同频、情绪共振，让品牌成为了引领行业风尚、广受消费者认可的国民酸奶品牌。

金典：引领有机生活新风尚，推动行业品质升级

从“有机奶领军者”到“有机生活倡导者”，金典的有机理念深植于对中国社会与消费趋势的精准把握。随着中国特色社会主义进入新时代，消费者普遍向往一种更加健康安全、积极乐活、松弛自在、自然友好的生活方式。新中产阶级的崛起，也让追求品质与健康的有机消费蔚然成风。

洞悉到消费趋势的变化，金典以“有机生活”为品牌理想，倡导一种与自然和谐共生、融合健康、家庭幸福与低碳环保的高品质生活方式。为此，金典在产品端持续创新升级，细分产品功能，同时采用碳中和及环保包装，逐步完成全线产品品质的高质量升级；在内容端，金典全面打造高品质的营销内容，通过运用代言人、借助综艺资源、开展精准圈层营销、进行公益营销等方式，致力于构建一个立体、多面的有机品牌；在维护消费者粘度上，金典不断进行市场调研，深入了解消费者需求，独具匠心地推出高规格的会员专属活动，传递有机生活理念。金典的这些举措不仅帮助品牌赢得了市场和消费者的信任，使自身在行业中脱颖而出，更发挥了带头作用，推动了整个液态奶行业的绿色发展。

一、持续创新高质量有机产品，精细化区分产品有机功能

2007 年，金典推出了国内第一款有机奶。它的诞生不仅填补了中国有机乳品市场的空白，还推动了中国有机食品产业的发

展。18 年来，金典始终坚守“有机生活”的品牌理想，用实际行动践行着对有机生活的倡导与承诺，并取得了丰硕成果。2016 年 2 月，金典有机奶获得欧盟有机认证，达到了“中欧有机双认证”，同年 10 月又获得国家质检总局颁发的原产地认证，成为国内首个集齐三大认证的有机奶品牌。金典首创的全程有机可追溯系统，让消费者可在金典官网查询所购买有机奶从牧场到餐桌的全过程。

同时，金典坚持产品创新，不断为消费者提供功能更细分、品质更高的有机产品。

1. 优质奶源——呼伦贝尔有机

2022 年 10 月，金典以最美大草原呼伦贝尔为奶源地，创新性推出旗舰型新品——限定呼伦贝尔有机奶

后疫情时代，消费指数回暖但仍未完全恢复，审慎消费成了趋势。消费者不仅关注营养，也关注情绪价值，品牌需要给消费者更有价值的消费理由。金典敏锐洞察到高端白奶消费者对于“限定原生态稀缺牧场”的需求尚未被充分满足，因此以最美大草原呼伦贝尔作为奶源地，创新性推出旗舰型新品——限定呼伦贝尔

有机奶。呼伦贝尔有机奶源位于被誉为“牧草王国”的呼伦贝尔大草原，这里有 120 多种牧草、富含有机质的土壤和清澈的呼伦湖水，为奶牛提供了优质的牧草和纯净的水源，得天独厚的自然条件保证了牛奶的高品质。限定呼伦贝尔有机奶的出现及时满足了消费者对营养及产地的双重需求，打破了行业有机奶同质化的僵局。

2. 细分功能——有机乳铁蛋白

金典推出了全球首款常温活性乳铁蛋白有机奶，实现了乳铁蛋白这种珍稀活性营养在常温液态奶中的保存，攻克了国外资本对乳铁蛋白技术的垄断。此项技术的研发成功，意味着中国乳业即将迈入一个新阶段。

2023 年 5 月 5 日，经乳铁蛋白领域 16 年的研究积累，金典攻克乳铁蛋白定向保护技术，上市乳铁蛋白有机纯牛奶

3. 环保可持续——碳中和及环保包装

金典前瞻性地洞察了国家双碳大趋势，依托集团强大的供应链能力，上市了中国首款碳中和有机牛奶——“一瓶爱你，也爱地球的有机奶”，实现了中国食品饮料行业在碳中和产品上的“0”

的突破，率先实现了行业占位。在工厂方面，金典通过打造种养一体化的生态循环模式，实现了能源转型，采用电能供暖，减少碳排放；在牧场方面，金典使用清洁能源，持续推动生产过程的低碳化转型，减少大气污染；在包装上，金典碳中和有机奶内包装采用 FSC 认证的纸板，盖子原料则由可再生长的甘蔗制成；产品本身更是获得了碳中和产品认证，实现了温室气体的相对“净零排放”。

2022 年 3 月 12 日，金典正式发布了中国首款“零碳牛奶”——金典 A2β－酪蛋白有机纯牛奶，实现了全生命周期的碳中和

过去八年里，金典一直积极践行自然公益，将可持续发展的理念融入产品设计中，通过产品包装实现低碳环保，引领行业创新。近年来，金典陆续推出了植物基梦幻盖、“无油墨”环保装、0 铝箔、牛皮纸包装、纸塑提手等环保创新包装。

金典一直不断突破，坚持产品创新，打造多个国内首发，用实际行动践行可持续发展的理念，助力有机生活。

2024 年 815 全国生态日，金典发布国内首款植物基一体盖牛奶，盖瓶一体便于回收再利用，包装采用植物基可减少 33% 包装碳足迹

二、全方位打造高品质的营销内容，立体式构建品牌的有机理念

在当下竞争激烈的商业环境中，品牌的发展离不开有效的营销动作。金典通过运用代言人、借助综艺资源、开展精准的圈层营销、打造高品质内容和践行企业社会责任，立体构造品牌倡导的有机生活的理念。

1. 融合代言人形象和品牌价值观，塑造理想生活新典范

为使品牌的有机生活理念更加具象化，金典特意选择了个性、特质均符合品牌目标人群画像的明星代言人，通过她们塑造理想生活中的大女主形象，同时结合有机生活场景展现一种松弛有度的生活态度，传达金典做自己、不随波逐流的品牌个性。

在一系列宣传活动中，几位代言人生动诠释了品牌所倡导的追求自然和谐、健康可持续的生活状态，以及从容不迫、坚守自我、拒绝盲从的生活态度，形成了品牌与代言人之间的深度共鸣。借助几位明星代言人广泛的影响力与深厚的粉丝基础，金典不仅

扩大了消费群体，还有效提升了在有机产品领域内的市场竞争力与品牌影响力，引领了关于理想生活方式的全新讨论与追求，让消费者感受到有机生活的魅力。

2. 高质量综艺内容联动，引领有机生活新风尚

金典巧妙借力大型综艺节目，进一步提升品牌的市场影响力。通过与《乘风破浪的姐姐》《披荆斩棘的哥哥》及《歌手》等热门综艺强强联手，金典成功地将有机生活的理念融入大众流行文化的脉络之中。特别是与《乘风破浪的姐姐》（以下简称《浪姐》）的合作，金典利用姐姐们多元的身份角色与金典核心目标人群的高度吻合，实现了对潜在消费者的精准触达，乘“浪姐”之风，破品牌之浪。

在人们饱受年龄焦虑、性别焦虑困扰的当下，金典瞄准《浪姐》开创的正能量叙事——“内娱 30+ 女艺人积极开拓新事业版图，打破人们对 30+ 女性的年龄偏见与局限”，借助节目内涵本身的感染力，金典自然地向人们传递出自身的品牌态度：“悦享高品质的生活体验，不断实现自我提升、探索自己最好的生活状态。”姐姐们不仅在节目中展现出了松弛有度、做自己等有机生活的内涵，还在作为有机生活推荐官时，在线下与消费者互动，展示积极乐活的生活态度，成为金典有机生活理念的生动诠释。

此外，金典也携手节目共同创造外围传播势能，架起与观众的沟通桥梁，将节目内容转化为品牌资产。第一季围绕个性恣意的姐姐们种草花样有机生活方式；第二季打造音乐内容共创，联手知名女歌手唱响动人《回声》，引发网友强烈情绪共鸣；第三季携手超高人气歌手改编出朗朗上口的 Jersey 版《爱你》，歌曲中给娟姗牛加冕的过程给消费者留下深刻印象，引发全民回忆杀；第四季拓展内容立意，提升到“大美中国”的全新高度，在节目中嫁接起中外文化交流桥梁的同时，也向世界展示着中国有机奶的高标准。金典与《浪姐》乘彼此之风，每年创造着新的惊喜，在探索全新可能性的过程中不断成长，持续拓宽合作的边界与可能。

3. 融合体育精神与传统文化，精准营销拓展有机生活新场景

随着消费者需求的日益精细化，品牌纷纷把握时代脉搏，积极探索全新的市场版图。金典在拓展新的有机场景上展现出前瞻视野，不仅敏锐洞察到市场趋势，更以非凡的创造力将体育精神与品牌核心理念深度融合，持续强化“坚持”的品牌灵魂，巧妙地将有机理念延伸至运动场景之中，引领了一场关于品质生活与健康运动方式的全新风尚。自 2023 年开始，金典聚焦网球这类小众高端运动，强化品牌高端形象，通过网球对话新一代年轻消费者，并联动渠道打造社区网球活动，以高端小众运动发起全民运动号召。

2020 年 9 月 29 日，金典联合卢浮宫博物馆，推出六款联名限量装产品，让卢浮宫经典藏品形象活化

金典在精准营销赛道领域的又一亮点，体现在其对中国传统文化的匠心传承与创新表达上。从 2019 年起，金典便开启了与故

宫博物院、三星堆博物馆等在内的众多顶尖博物馆的跨界合作。通过联动博物馆 IP 推出限定装产品，与文化艺术圈层消费者进行深入沟通。另外，金典通过包装设计让年轻消费者感受到了传统文化的魅力，加上对重要节日的营销配合，金典让中华文化为品牌撑起了理想的内容空间，传递出了满载文化底蕴的节日祝福，让每一次消费都成为文化的深度交流与情感的温馨传递，进一步巩固了品牌在消费者心中的独特地位。

2024 年 1 月 30 日，金典在甲辰龙年携手故宫博物院，取院藏文物上五爪祥龙，为“龙的传人”献上龙年金典故宫联名特别版

4. 深耕高品质内容营销，塑造呼伦贝尔有机品牌新传奇

短视频时代下，高品质内容更能产生差异化的效果。近年来，金典聚焦呼伦贝尔有机原产地营销，打造出了《草原天堂》《草原孤勇者》等高品质内容。其中，《草原天堂》改编自知名歌曲《天堂》。金典通过创意视频和系列海报，将新品与“呼伦贝尔”的地域标签在大众心智上牢牢绑定。文旅局及央视网同步宣发，用呼伦贝尔的自然风光与人文风情，为金典“好草原孕育好有机奶”做背书，扩大品牌影响力并促进消费。同时，金典借机大力推广

呼伦贝尔的风光与文化，彰显了作为大国品牌的责任与担当。《草原天堂》获得了行业权威平台新片场、数英首页推荐及编辑精选，新片场榜单周精选，荣获 FBIF 人气营销 TOP 榜 TOP1、IAI 国际广告奖整合营销银奖，成为行业出圈的经典案例。

2024 年 12 月 26 日，金典联合内蒙当地乐队，将热门歌曲《孤勇者》改编成与产品高度契合的《草原孤勇者》，突破性通过纪录片形式记录冬季草原，诠释更强韧的有机生命力

《草原孤勇者》请到了蒙古原生态乐队，为雪原和这里的生灵献上一曲草原版的《孤勇者》。歌曲用蒙语和普通话双重演绎，配合蕴藏在呼伦贝尔雪原下的有机力量，展现出了冬日呼伦贝尔的豪放、广阔、壮大，诠释了一股强韧的有机生命力。《草原孤勇者》MV 上线后，人民日报、新华社等多媒体渠道同步宣发，总播放量超过 8.5 亿，总互动量突破 140 万，微信推文阅读量超过 10 万，同时荣登微博热搜榜第 16 名、新片场广告榜第一名、总榜第二名，并获得 IAI 国际广告奖—宣传片—金奖、新片场金雀广告奖金奖。

高品质内容的打造既展现了原生态的呼伦贝尔大草原，也是有机力量的最好体现，更展示了金典打造高品质有机奶的决心。

5. 持续深耕绿色公益路，引领企业有机环保赛道新升级

2016 年，金典开启关注自然的公益之路。8 年来，金典携手 WWF，守护草原湿地生态，监测湿地候鸟：在国际生物多样性日开启空瓶回流行动；在首个全国生态日共同打造纪录片《家园》；共同发起“中国有机种草节”；前往小兴安岭为中华秋沙鸭挂巢。金典还与新华社一起发起有机生活周活动，建设“低碳有机生活馆”，开启“每一步都算树”活动；同时，作为博鳌亚洲论坛连续 5 年的指定牛奶，金典致力于引领行业共创健康未来。从呼吁生态保护，到引领消费者参与，再到共建草原湿地生态，金典一步步唤醒消费者践行环保公益的共识。

2024 年 3 月 10 日金典有机种草节，携手 WWF 发起“呼伦贝尔智慧草原行动”，将传统放牧经验与数智化技术结合，既赋能新一代牧民有效管理牧场，同时也更好地实现草原生态可持续

在积极开展环境保护行动的同时，近三年来金典从自身产品着手，从生产源头减碳：2021 年“世界环境日”，推出国内首个环保可回收植物基梦幻盖产品；联合中华环境保护基金会推出无印刷、无油墨包装，不断减少自身的碳足迹；推出行业首款具有“碳中和”认证的“零碳牛奶”；在液态奶行业首创植物基一体箱；

2024年，金典还推出采用0塑纸箱、纸编提手、植物基梦幻盖的三重植物基减碳装有机奶和坚持从牧场到生产全链路低碳模式的低碳环保装纯牛奶，持续把“为地球减负”落到实处。

公益从来都不是一朝一夕的事，贵在持之以恒，难在坚持不懈，成在始终坚守。历经8年的时间，金典已从一位环保的践行者，成功升级为引领绿色有机生活的品牌代表，吸引并构建了更广泛的生态保护联盟，承担起了更为重大的绿色使命，进一步提升了品牌的价值内涵。

三、定制化推出高水准的会员活动，体验式深化有机生活哲学

作为有机生活的倡导者，金典致力于为会员提供独一无二的有机生活体验。2023年，金典通过有机生活节长线IP打造和一系列私人定制化的会员营销活动，让会员们全方位、多角度地感受有机生活的魅力。

例如，金典精心策划了独特的“呼伦贝尔放牛官招募活动”，邀请部分高质量会员前来“放牛”，为会员们准备了一场远离都市喧嚣、去除班味儿、深入自然怀抱、感受有机牧场大草原如何孕育出优质好奶的非凡创意体验。通过独一无二的呼伦贝尔牧场溯源之旅、绿色工厂参观、有机市集体验等，金典让会员们亲身体验了从源头到餐桌的全程有机过程，感受了金典对品质的坚持与承诺，进一步加深他们对有机生活的理解和认同。金典还特别设置会员专属交流环节，为有机爱好者们搭建起了一座沟通的桥梁，让彼此在分享与互动中，共同促进有机生活方式的传播与普及。

此外，针对普通消费者，金典将有机生活节布局到全国多个热点旅游城市，结合城市的特色、当地民俗文化和当下热点旅游事件，打造全国性的消费者互动体验活动，通过夏日有机生活节

七城巡游传递健康、舒适的有机生活理念。在线下，金典推出有机生活系列周边、有机 DIY 体验和有机美食盛宴，还邀请《乘风破浪的姐姐》节目中的明星姐姐担任线下活动的有机生活推荐官，调动消费者积极参与，感受惬意的有机生活方式，让美好的有机生活理念深入大众用户心智。

四、金典案例取得的成果

1. 获奖情况

金典凭借卓越的品质和严格的生产标准，在不同时期获得了不同领域的多个国际奖项，充分证明了其对品质的不懈追求和坚守。

在产品及包装方面，金典不遗余力地贴合消费者需求开发新品。金典活性乳铁蛋白有机纯牛奶获得 2024 年 IDF 乳品创新奖“新产品开发创新奖”，金典呼伦贝尔有机奶获得 2023MUSE 包装设计金奖、2024 年 pentawards 包装设计大赛乳制品铜奖。金典超滤牛奶获设计届奥斯卡——红点设计奖。金典龙年故宫联名特别版获 2024 年全球乳业大会最佳包装设计推荐奖，金典超滤景德镇中国陶瓷博物馆联名限定装获得世界乳品创新奖最佳包装设计奖，金典超滤虎年生肖瓶限量款获得了 Marking Awards 全球食品包装设计大赛最佳材料与结构设计奖……

在环保领域，金典以行业领导者的身份不断创新，彰显品牌对环境保护的高度责任感。营销项目中“金典空瓶回流——鸟中大熊猫安家行动”获虎啸奖公益营销铜奖、IAI 国际广告节公益营销奖、TopDigital 创新营销奖等多项大奖。金典无印刷无油墨环保包装获世界食品创新奖最佳包装设计一等奖、IDF 乳品创新奖可持续包装创新一等奖，金典有机生多保护限量装获得 Marking Awards 全球食品包装设计大赛最佳产品设计一等奖……而在重点产品金典呼伦贝尔的原产地营销上，夏日《草原天堂》营销项目获 IAI 国际广告节、FBIF 多项大奖，冬日《草原孤勇者》获 IAI 国际广告节宣传片金奖、内容营销铜奖。这些奖项不仅是对金典过往努力的肯定，更是激励品牌在未来不断进取、勇攀高峰的动力所在。

2022 年 9 月 1 日，金典联合景德镇中国陶瓷博物馆，推出超滤青花瓷限定产品，该产品获 2023 年世界乳品创新奖——最佳包装设计奖

2. 消费者和第三方角度：品牌资产积累

金典通过精准圈层渗透，以呼伦贝尔有机带全品，通过体育、文化艺术、环保公益等多维度的创新突破，提升新品市场认知，助力品牌向年轻化、高端化迈进，为有机品牌资产的累积奠定了坚实基础。

金典品牌力份额连续 4 年超越主竞品，在高端一线城市领先明显。在品牌形象维度，金典核心资产全部占位，其中“高品质的”品牌定位更是以压倒性优势领先市场，成为行业标杆；而围绕“有机”这一品牌理想，金典所塑造的“天然的 / 无添加的”“有益健康”及“低碳的 / 可持续发展”的品牌形象，在整个高端白奶品类优势明显。

进一步而言，金典通过持续的品牌建设和深度的社会责任实践，不仅满足了消费者对高品质生活的追求，更引领了一种超越物质层面的生活哲学，倡导了一种回归自然、追求健康、注重可持续发展的有机生活理想。这种理想超越了简单的消费选择，成为了一种生活方式的变革与升华。正是这些品牌基因引领着消费者向更加绿色、健康、和谐的生活形态迈进，激励着每一个人共同参与到这场美好变革之中。

五、金典案例的经验启示

金典在过去的 18 年发展历程中，展现出了一系列值得借鉴的成功经验。其一，顺应社会和国家的发展大势，积极响应国家政策，紧密贴合生活趋势，不仅通过倡导公益环保为社会的可持续发展贡献力量，同时提升品牌的社会形象和品牌价值。其二，始终坚持以消费者为中心的理念，精准洞察消费者需求，成功构建消费者所向往的有机生活。深入了解消费者需求，并将其转化为实际的产品和服务，是品牌赢得市场和消费者信任的关键。其三，金典品牌的坚持和长期主义精神令人钦佩。作为国内率先推出有机奶的品牌，金典坚守有机 18 年，这份坚持不仅使自身在行业中脱颖而出，更引领了整个行业朝着有机、健康的方向发展。

对于消费者而言，金典呈现出了特殊的意义，它为消费者提供了切实的途径去践行有机生活理念，使消费者更好地去拥抱健康、环保的日常生活方式。在当下人们对生活品质及健康追求不断提升的大环境下，金典满足了消费者对于优质健康有机产品的需求，也为消费者的生活增添了更多的品质感与安心感。

金典的成功也推动了整个行业朝着更加可持续、更加注重消费者健康和社会责任感的方向前行，促使更多品牌聚焦环保、有机，有利于提高行业的整体标准与品质，为消费者带来更多优良的选择。

在未来，金典仍将坚守初心，始终铭记为消费者提供优质健康有机奶的使命，从奶源的精心筛选，到生产全过程的严格把控，金典将始终以严格的标准要求自己，致力于成为消费者永远信赖的品牌，让每一个喝到金典有机奶的人都能感受到那份真挚的初心和无尽的关怀。

每日鲜语持续创新引领低温乳品 定义高端鲜奶新标杆

在健康意识日益增强的市场环境下，消费者对乳制品的需求不再仅仅满足于基本的营养供给，而是更加注重产品的品质、新鲜度等，高端鲜奶由此成为低温乳品行业中一个快速增长的细分领域。

每日鲜语从2018年成立至今，始终如一地追求卓越，旨在让中国消费者喝到优于欧盟标准的高品质鲜奶。每日鲜语用高品质的鲜活营养陪伴每个品质家庭，让喝鲜奶变成一件很享受的事，让美好的一天从清晨的第一杯好鲜奶开始。

一、以卓越的产品力树立高端鲜奶新标杆

每日鲜语自诞生起，就坚持做最好的鲜奶。每日鲜语推出的第一款产品原生高品质鲜牛奶即优选GAP一级认证牧场奶源，以从牧场到工厂的全程原生锁鲜，锁住鲜奶原生营养，确保每100毫升鲜奶含有3.6g鲜活乳蛋白、120mg原生高钙。这款产品更是通过颠覆性的包装设计——密闭性更优的PET瓶、冷烫金工艺的瓶标设计，为行业带来了“金箔香槟瓶”，重新定义了高端鲜奶的形象。

同时，每日鲜语始终坚守对高品质产品的要求，坚持“高标准牧场、高标准奶源、高标准管理”的原则，创造了好鲜奶的新标准。每日鲜语坚信“对牛越好，鲜奶越好”，其拥有的26座GAP一级奶牛幸福牧场让每一滴生牛乳都优于欧盟标准；每日鲜语采用1

纳米微膜原生锁鲜技术，锁住了鲜活乳蛋白和营养，让每一口营养都既新鲜又香醇。正因为每日鲜语聚焦每一个细节，才能斩获无数荣誉，用实力做背书，做到“好鲜奶不一样”。每日鲜语通过SGS认证，品质达到欧盟标准，并荣获顶级美味大奖及世界品质评鉴大会金奖。

卓越的产品力树立了每日鲜语高端鲜奶新标杆的品牌定位，也让每日鲜语成为了数千万品质家庭的营养之选。除了赢得大陆消费者的认可与肯定外，2024年每日鲜语更是成功获得了中国香港食环署的进口准入，正式登陆了香港市场。目前，每日鲜语旗下高端鲜奶产品已全面铺开至全港惠康、百佳、永旺、7-11等超千家超市门店，为香港消费者带来了高品质鲜奶的新选择。

二、以创新引领和驱动品类升级

自入局鲜奶赛道以来，每日鲜语始终将创新视为推动产品与品类进步的核心动力，通过6年坚持不断地研发与突破，持续丰富产品线，巩固其在市场中的竞争优势。

2020年，每日鲜语推出了全球首款获得了中国及欧盟双重有机认证的沙漠有机鲜牛奶。该产品旨在为消费者提供来自沙漠绿洲的纯净鲜活体验及原生自然营养，赋能消

每日鲜语蝉联世界品质评鉴大会金奖

费者享受有机生活。沙漠有机鲜牛奶以原生纯净、鲜活营养实力诠释了“高端鲜奶新标杆”的行业地位。该产品秉承每日鲜语一贯的原生有机高品质，甄选来自沙漠绿洲的欧盟有机认证纯净奶源，富含免疫球蛋白、乳铁蛋白等自然营养，带给消费者醇滑美妙的有机鲜口感体验，让齿间留香。沙漠有机鲜牛奶的上市不仅定义了真正意义上的高端有机品质，也标志着每日鲜语在追求极致健康生活理念方面迈出了坚定步伐。

2021 年，每日鲜语洞察到消费者对更高品质营养的需求，开启了中国鲜奶 4.0 时代。每日鲜语 4.0 鲜牛奶含有原生 4.0g/100ml 优质乳蛋白，同样一杯比普通牛奶的营养价值高 1.3 倍，且每 100ml 含 130mg 高钙，为消费者带来了更“高品质”的营养。每日鲜语 4.0 的问世，不仅在产品端给消费者带来了前所未有的高端消费体验，通过产品力引领了中国消费者的营养升级，更用实力树立了高端鲜奶新标杆。

每日鲜语优护 A2β- 酪蛋白鲜牛奶 KV

同年，每日鲜语还特别推出了优护 A2β- 酪蛋白鲜牛奶。每日鲜语优护 A2 鲜牛奶中的 A2β- 酪蛋白是自然原初的 A2β- 酪蛋白，奶源甄稀纯正。每日鲜语建立了 A2 牛奶鉴定技术及严苛的海选标准，包括建立专属牧场、专栏喂养、专利检测等。因此，该产品也被消费者们推荐为“宝宝的第一口鲜奶”“精致妈妈的品质之选”，上市后迅速成为热销产品。

2022 年，每日鲜语推出新生力量——“小鲜语”子品牌，特别针对年轻消费群体。小鲜语定位为一款更好喝的“轻”鲜奶，旨在为年轻人带来更轻负担的鲜奶新选择，打造首款“轻鲜奶”产品。小鲜语一瓶 450ml，其中每 100ml 含有 4.0g 优质鲜活乳蛋白，卡路里比娟姗鲜牛奶降低了 30%，满足了年轻人对健康、轻盈生活方式的追求，开启了鲜奶的新风尚。

每日鲜语小鲜语品牌 KV

2023 年，每日鲜语精选稀有的娟姗牛种，推出了 4.0 版娟姗鲜牛奶。娟姗牛的国内存栏率仅占约 1%，高品质的娟姗鲜奶为消费者提供了更高的营养价值和更精致的生活享受。4.0 娟姗鲜牛奶延续了每日鲜语家族一贯的高品质，采用 1 纳米微膜原生锁鲜技术，锁住珍稀鲜活营养。每 100mL 中含 4.0g 蛋白质和 130mg 高钙，原生蛋白质含量达 1.3 倍，更有免疫球蛋白、乳清蛋白、α－乳白蛋白和 β- 乳球蛋白等活性成分。作为奶中贵族，每日鲜语 4.0 娟姗鲜牛奶以与生俱来的稀奢营养，助力消费者健康生活品质升级，不仅有好营养，更有好口感。作为通过 SGS 品质认证、产品品质优于欧盟标准的鲜牛奶，4.0 娟姗鲜牛奶使用 100% 娟姗生牛乳原料，360 项管理标准全程严控，从挤奶到上架，每个环节都坚持高标准，造就适合国人的馥郁醇厚口感。

每日鲜语 4.0 娟姗鲜牛奶 KV

2024 年，每日鲜语特别推出双蛋白牛乳，“牛乳蛋白 + 巴旦木蛋白”的双源蛋白为消费者提供了更全面平衡的营养。这款“双蛋白牛乳”包含原生牛乳蛋白和美国加州进口的巴旦木坚果植物蛋白，双蛋白含量≥ 3.7g/100mL。一杯 350mL 牛奶中加入六颗巴旦木，产品成分结构中生牛乳添加量≥ 95%，0 乳糖、0 砂糖，配方简单。双蛋白牛乳新品的诞生是每日鲜语积极瞄准功能性需求、预判消费趋势的一个缩影。

每日鲜语秉承着“坚持做最好的鲜奶，让中国消费者都喝到优于欧盟品质的鲜奶”的初心，自创立以来，始终坚守对高品质产品的要求，坚持“高标准牧场、高标准奶源、高标准管理”。每日鲜语坚信“对牛越好，鲜奶越好”，百里挑一的奶牛幸福牧场成就了优于欧盟标准的生牛乳。同时，每日鲜语通过多平台、高频次与消费者的沟通，让消费者了解到好鲜奶从源头就有迹可循。每日鲜语独创的 1 纳米微膜原生锁鲜技术锁住了鲜活乳蛋白和营养，引领了品类的营养升级，驱动了销量的良好增长。作为中国首个经 SGS 认证品质达欧盟标准、荣获顶级美味大奖、世界品质评鉴大会金奖的鲜奶品牌，每日鲜语已成为数千万品质家庭的营养之选。

每日鲜语双蛋白牛乳 KV

6 年的成长历程中，每日鲜语始终坚持以品质为核心，以创新驱动发展，深入夯实“高端鲜奶新标杆”的消费者心智。每日鲜语通过产品的不断创新升级，满足消费者日益增长的健康意识和精细化需求，全面塑造高品质、更营养的品牌形象，持续夯实高端鲜奶的品牌定位。

创新营销组合拳，树立高端鲜奶新标杆

2024 年，每日鲜语围绕“好鲜奶不一样，每日鲜语创造好鲜奶新标准”的年度主张，创新性地使用了多样化的营销组合拳，与消费者建立了紧密的连接，进一步巩固了“高端鲜奶新标杆”的消费者心智。

一、紧跟热点剧综

自开年起，每日鲜语敏锐抓住东方卫视、江苏卫视的爆火大剧《繁花》进行品牌宣发，并创新使用富有地方特色的沪语广告与消费者互动，夯实了品牌在核心城市上海的高端鲜奶品牌定位。

随后，每日鲜语在鲜奶销售旺季紧跟热点趋势，与《庆余年 2》《歌手 2024》《玫瑰的故事》《长相思》等叫好又叫座的热点剧综合作，用追热追爆的硬广投放方式，形成大规模破圈，触达超过 24 亿人次， 收视表现超过行业平均水准。

二、发力节点营销

在特定节日和季节(如春节、樱花季)，每日鲜语通过跨界合作、营销创新，推出限量版包装产品，创造独特的消费体验，清晰传递品牌价值。

1. “金运新年奶 龙来运转”新年营销

在 2024 春节期间，每日鲜语携手周大福，推出“金运新年奶”，开启“龙来运转”的新一年，为消费者带来“黄金”营养。

该款产品的龙年限定包装由中国知名包装设计师设计，将色彩斑斓的龙头与流光溢彩的龙身首尾相接，盘旋在每日鲜语标志性的大金瓶上，诠释了传统与现代交融的设计之美。其标志性的金色元素代表着每日鲜语“黄金级”的营养品质，更彰显出品牌追求高品质的初心。合作品牌周大福，作为享有百年商誉的珠宝世家，代表着如同黄金一般的美好、福运与闪耀。“金”与“金”的巧妙结合，不仅为国人送上了美好的祝福，也让“金运新年奶”在众多新年主题产品中脱颖而出，成为新年品牌营销中的一道靓丽风景。新年期间，每日鲜语的品牌曝光达到了 3.1 亿人次，线下活动覆盖 400 万人次，销售额同比增长达到两位数。

2. “樱你而闪闪发光”早春樱花季限定营销

在早春“樱花季”，每日鲜语推出了樱花限定装。该产品采用独特的“黑科技”留香技术，将樱花香味融入瓶身花瓣标签中，手指轻拭花瓣即有樱花香味扑面而来，为消费者提供了视觉、嗅觉、味觉的三重感官体验。配合樱花闻香瓶的上市，每日鲜语发起“樱你而闪闪发光”樱花季营销活动。每日鲜语在上海南京西路太古汇核心商圈打造首个 AIGC 樱花闻香艺术装置展，超现实的浪漫花海盛放在上海 CBD，为路过的市民带来一份意外之喜，一时间成为上海新晋网红打卡地，吸引了众多市民拍照打卡，成为了现象级的活动。该活动不仅展现了每日鲜语的创新力和吸引力，也增强了每日鲜语与消费者之间的互动和情感联结。此外，每日鲜语联动核心城市举办早春马拉松樱花跑，持续打造创新的品牌体验。在活动中，每日鲜语在赛前、赛中、赛后全方位提供营养支持和保障，通过参加马拉松赛事，将鲜活品质生活的理念传递给广大消费者。樱花闻香艺术展、樱花跑不仅为消费者提供了高品质鲜奶的营养享受，更为他们打造了一处难得的栖息地，为他们带来了身与心的愉悦体验。在早春樱花季营销活动中，每日鲜语整体品牌曝光超过 1.2 亿次，多城品牌展区派样试饮、高效互动拉新覆盖超过 22 万人次。

三、奥运营销：创意之外更聚心意，点亮人文奥运

2024 年夏天，各大品牌纷纷投身奥运营销的竞技场，力争在国际顶级赛事的光环下脱颖而出。面对如此盛大的全球舞台，每日鲜语另辟蹊径，借势母品牌蒙牛奥林匹克全球 TOP 合作伙伴身份、结合自身高品质产品，通过巧妙的营销策略，用强产品力带动品牌影响力，实现以小博大的营销壮举。

在巴黎奥运会期间，每日鲜语以“标杆营养，让每个人闪闪发光”为主题，在为奥运喝彩的同时，也支持每个人实现闪闪发光的自身价值。每日鲜语没有选择“抢声量”的营销策略，而是从“立心智”的角度出发，通过产品创新、撬动资源、创意营销玩法及开展公益营销，巧妙布局，赢得了大众的赞誉与瞩目，以小投放、高效益实现了品牌声量与市场销量的双重飞跃，为品牌未来的长远发展奠定了坚实的基础。

每日鲜语产品 KV：标杆营养 让每个人闪闪发光

1. 产品创新

早在奥运倒计时 100 天之际，每日鲜语便推出了双蛋白牛乳新品，以双源蛋白、平衡营养助力运动健儿们以更好的状态上场，全力冲刺，为国争光。双蛋白牛乳采用植物蛋白与动物蛋白的科学配比，每一杯都含有优于欧盟标准（指生牛乳微生物，体细胞优于欧盟标准）的 100% 生牛乳奶源和精选自美国加州的巴旦木，0 乳糖 0 白砂糖，口感丝滑、风味醇厚。每日鲜语将高标准贯彻到每一个环节，引领品类创新，为消费者提供原生高品质的鲜活营养。

2. 撬动资源

运动员资源利用：在距巴黎奥运会倒计时 30 天之际，每日鲜语携手三位中国国家队运动员，正式拉开奥运营销的帷幕。每日鲜语与这三位运动员共同合作，不仅是因为他们在体育界的闪光成就，更是因为他们不断突破自我、不懈追求卓越的精神，与每日鲜语的品牌理念完美契合。

渠道资源置换：每日鲜语巧妙融合并运用线上线下资源，携手众多合作伙伴（盒马、天猫、京东、熊爪、奈娃等），共同宣发每日鲜语奥运专题营销，置换渠道资源。跨界的合作模式，不仅扩大了活动的覆盖范围，也实现了资源共享和互补共赢。每日鲜语加入了天猫开幕直播间，0 成本参与了天猫冲奥项目及地铁广告投放，进一步扩大了品牌声量。借助奥林匹克官方风味奶合作伙伴的身份，每日鲜语撬动多方资源，共创双赢局面，驱动销售增长，为业务发展注入了正能量。

3. 创意营销：创新 CG 视频 + 跨界营销

每日鲜语采用创新的 CG 视频，震撼呈现双蛋白牛乳，在社交媒体上产生了极大的影响力与话题性，席卷了朋友圈，引领了一场视觉盛宴。

奥运赛期，每日鲜语紧跟赛事推出“喝每日鲜语 中国夺金 每日鲜语就送金”系列营销活动。全平台多渠道皆参与活动，消费者有机会抽取每日鲜语定制版周大福足金龙头。在为中国奥运健儿们打气的同时，每日鲜语与广大消费者玩在一起，分享好运。活动引流至全网各大电商平台，直接拉动每日鲜语线上销量的显著提升。

4. 公益营销另辟蹊径

每日鲜语突破常规体育赛事营销，在巴黎更开放、更包容的奥运精神下，通过一系列公益活动，为奥运增添了更多人文关怀，将企业社会责任贯彻到底，在全球范围内形成品牌影响力。

借助世界顶级体育赛事的强大影响力，每日鲜语携手品牌代言人推出奥运公益宣传片。影片讲述了自闭症儿童对奥运的美好期待及富有创意的畅想，展现了孩子们对体育和奥运精神的理解和憧憬。同时，每日鲜语将自闭症儿童对奥运畅想的画作带到法国巴黎，在奥运赛事全世界瞩目之际，呼吁大众关注自闭症儿童群体，发现他们身上闪闪发光的绘画天赋和无限的想象力。

每日鲜语还邀请全国消费者参与助力自闭症儿童的活动，通过 H5 欣赏自闭症儿童的绘画作品，转发他们的专属奥运画作，传递关爱与支持，让全世界见证他们独特而纯净的创造力。这一举措真正实现了奥运赛场内外联动的爱的接力，也为品牌赢得了跨国界的赞誉与支持。

此外，每日鲜语以公益撬动渠道，联动熊爪咖啡、奈娃咖啡等多家核心 B 端客户，实现了全国多客户同项目的齐曝光。每日鲜语以公益挂签瓶、咖啡杯为载体，在更广泛的线下渠道布局营销触点，让消费者深度参与传播。这一营销策略为每日鲜语吸引来了一批新的支持者。这些与品牌形成共鸣的消费者积极并持续地参与到活动中，自发地为自闭症儿童发声，最终引发了第二轮的社会热议。

每日鲜语通过一系列独特的奥运营销，在此次传播中收获了极佳的市场反响。每日鲜语奥运会期间整体曝光接近 9 亿，社交媒体上互动超过百万，获得国内外超 122 家媒体的报道，多次登上微博、抖音热搜榜。巴黎奥运会微博词云收录了“每日鲜语”“公益”“自闭症儿童”等品牌关键词，意味着每日鲜语已成功植入公众的讨论与心智中，实现了品牌与巴黎奥运的高度捆绑、奥运资产的有效沉淀。

奥运双蛋白新品一经上市，首月销量即达百万级。新品荣登鲜奶多个核心渠道（天猫、京东、盒马）口碑推荐 TOP 榜，成功跻身平台爆品。奥运会期间，新品整体销量以每月双位数环比强势增长，对比其他核心单品上市同期的表现，双蛋白新品上市销售额增长接近 135%。与此同时，每日鲜语整体品牌线上线下全渠道销售额同比增长 100%，电商份额排行第一，“夺金送金”活动带动电商销量同比增加 206%，效果广告投放回报率（ROI）接近 3.0。

四、每日鲜语创新营销的经验启示

1. 紧跟时代脉搏，创新营销策略

出圈的营销活动能够促进品牌与消费者之间的频繁互动，创造情感共鸣。每日鲜语紧密贴合消费者需求和市场趋势，勇于尝试创新的营销手段，实现了品牌与消费者之间的深度互动。同时，每日鲜语用优质的广告素材来置换终端资源，实现了品牌和销售的协同增长。

2. 深化品牌社会责任，塑造正面形象

充满正能量的品牌在追求生意成功的同时，也应不忘回馈社会，实现经济效益与社会效益的双重提升。每日鲜语积极参与可持续发展和社会公益活动，不仅体现了企业的社会担当，也进一步巩固了其高端品牌形象，吸引了与品牌价值观契合的消费者。

以奥运营销举例，每日鲜语在本次奥运营销中以公益入心，开展“自闭症儿童公益云画展”，打造可持续的标杆公益 IP。相比于高举高打的热血竞技，每日鲜语将聚光灯投向场外，聚焦人文奥运，照亮那些不善言辞的自闭症儿童们，让世界看到他们鲜活的内心世界和多彩的奥运想象，向公众宣扬了“奥运更开放”的巴黎奥运精神。每日鲜语通过呼应新奥运人文精神，从社会情绪出发，找到品牌的专属立场，做出了与公众产生深度情感共鸣的公益营销活动，树立了富有社会责任感的品牌心智。

作为高端鲜奶的标杆品牌，每日鲜语通过一系列创新的营销方式获得了高频的曝光，向消费者传递了鲜活、美好、高品质的生活方式，吸引了众多认可品牌价值观的忠实消费者。在未来，每日鲜语还将以更好的营养、更长情的陪伴，助力每一位消费者在人生的赛场上熠熠生辉、闪耀每一天。

蒙牛：打造营养、智慧、绿色的乳业新质生产力

作为乳业国家队，蒙牛高度重视创新驱动，在产品、研发、数智化以及可持续发展方面不断创新突破，持续打造新质生产力，近年来取得了显著成效。

一、产品创新：多元化产品矩阵，服务人民群众美好生活

1. 特仑苏

蒙牛高端品牌特仑苏推出中国首款沙漠有机奶，该产品倡导“沙漠·有机奶，就是更好有机”的理念，以其有机身份和优质口感赢得了广大消费者的喜爱。

该产品产自乌兰布和沙漠绿洲的黄金奶源地。特仑苏坐拥乌兰布和沙漠绿洲 30—80 公里天然沙漠隔离带，守护纯净生态，开辟更好的有机产地；以黄河上游天然地下水灌溉有机牧草，年均 3200 小时充沛日照让牧草饱含养分；凭借得天独厚的牧场环境，孕育出每 100 毫升 4.0g 乳蛋白、130mg 原生高钙的更好有机营养产品。

从种植、饲养到生产、加工及运输，特仑苏将有机理念贯彻到从奶源地保护到消费者端的每一个环节，兑现全产业链无污染、无残留、无添加的天然有机承诺，缔造出原生珍贵、自然有机的高端牛奶。

凭借优质品质和严格的有机生产工艺标准，特仑苏沙漠·有机奶荣获中国与欧盟有机双认证，并十一次蝉联中国国际有机食品博览会金奖，获得业内高度认可。

2. 冠益乳

冠益乳作为“中国保健酸奶领跑者”，聚焦功能赛道，以专业功能和日常功能满足消费者不同的功能需求，夯实功能酸奶定位。冠益乳“健字号”功能产品持续创新，斩获2024年亚太功能食品行业大奖——年度免疫功能产品奖。

3. 每日鲜酪

每日鲜酪占位高端美味酸奶赛道，首创酪酸奶品类，被誉为“好吃到舔勺的酪酸奶”，品牌全线产品广受消费者的喜爱和好评。2024年上半年，每日鲜酪持续聚焦场景营销，深化消费者认知，销量同比增长125%，份额提升0.4pt。其中，森林牛油果作为行业爆款，持续霸占各大平台酸奶榜单第一名；青青柚子酪、桂花马蹄酪斩获国际美味最高奖、世界食品创新奖等5项重磅行业大奖；苏丹王榴莲酪酸奶上市即热卖。爆款频出的每日鲜酪不断引领高端美味酸奶新风向。

4. 优益C

优益C持续打造“适合中国人的益生菌”，连续四年品牌力位居行业第一。优益C全线产品使用中国专利益生菌PC-01，斩获了第二十四届中国专利银奖及2023年度国家科学技术进步奖二等奖，是目前乳业在专利领域唯一且最高荣誉。新品优益C畅快采用行业首创的5株复合中国益生菌，通过分众媒体曝光、小优寻菌之路主题营销、大优奥运主题营销拉近与消费者的距离，让“一方水土养一方人，中国人就补中国益生菌”的概念深入人心，上市后即好评如潮。

5. 绿色心情

蒙牛旗下冰淇淋品牌“绿色心情”和百胜中国旗下“肯德基”携手推出了联名产品“绿色心情奶乎乎冰淇淋”。强强联合，不仅拓宽了蒙牛与肯德基的市场疆域，更精准而高效地触达了更广阔的消费群体，极大地提升了品牌的市场认知度与美誉度。

6. 瑞哺恩

作为蒙牛旗下的高端婴幼儿奶粉品牌，瑞哺恩携手顶尖大学研究机构共同发布了全球首个专利亲和配方实证成果。对中国宝宝进行的临床喂养研究表明，瑞哺恩独创的专利亲和配方（MLCT结构脂＋新型OPO）展现出了卓越的喂养成效，引领了婴配粉全行业的高质量发展。瑞哺恩恩至系列是全球首款添加了MLCT和OPO的明星大单品。2024年该系列奶源迭代为A2-β酪蛋白奶源，全面升级了配方的亲和性，更深刻地展现了专利亲和配方的卓越理念。瑞哺恩菁至系列是市面上唯一一款拥有三重有机认证的珍稀沙漠有机奶粉。

7. 一米八八

为满足儿童在不同成长阶段的需求，蒙牛一米八八首创添加初乳碱性蛋白（CBP），锁钙入骨，致力于为中国儿童骨骼成长发育提供专业的解决方案。上半年，蒙牛一米八八与中国学生营养与健康促进会进行了科研实证。结果显示，使用了蒙牛一米八八的学龄前儿童干预组在60天内身高增长明显，相较于对照组，身高差异高达30%。凭借强大的科研优势及产品品质，蒙牛一米八八荣获世界乳品创新奖儿童乳制品优秀奖，夯实了在儿童骨骼发育营养领域的权威地位。

8. 悠瑞

基于对中老年群体健康需求的精准洞察，蒙牛悠瑞致力于为中老年人提供专属的营养解决方案。悠瑞骨力金装创新性添加了HMB，助力肌肉细胞繁殖并抑制肌肉流失，双向增强肌肉的体积和力量，从而实现骨骼关节肌肉的全面养护，守护中老年人的行动力。蒙牛悠瑞骨力系列自上市以来受到市场高度认可，荣获2024年亚太区年度健康老年营养产品奖。

9. 妙可蓝多

今年以来，妙可蓝多大力推动面向消费者市场和企业市场的双轮驱动战略。一方面，面向成人消费市场的奶酪休食创新反响热烈；另一方面，妙可蓝多深耕企业市场，一系列奶酪产品被餐饮企业选用。

新品慕斯奶酪杯，营养丰富且一杯仅有一颗苹果的热量，是职场女性的甜品首选。在金山沙滩啤酒节上，妙可蓝多带来的鳕鱼奶酪条、花酪棒、奶酪布丁、乳酪小方等产品，与啤酒碰撞出了完美的“新火花”。

在奶酪发展的2.0新时代，妙可蓝多还将推出更多面向不同年龄层次的、更为丰富的奶酪产品，覆盖更多的消费群体。

10. 迈胜

2023年，蒙牛打造的运动营养品牌迈胜，通过国内首创的液体蛋白科技，使蛋白营养更完整，全面开拓运动营养新赛道。2024年以来，迈胜品牌首创上市多项创新技术，完善了液体蛋白品线、有氧运动品线、蛋白棒品线等产品矩阵，全面满足了有氧运动人群、无氧运动人群、大众运动人群的运动营养需求，上半年销售同比增长超过三倍，持续引领中国运动营养领域发展。

11. 三只小牛

蒙牛推出的“三只小牛”致力于打造更适合中国人体质的软牛奶。“三只小牛”采用EHT酶水解技术，添加了乳糖酶分解牛奶中的乳糖，主打“空腹也能喝”“冷热都能喝”“乳糖不耐随意喝”，破解国人饮奶痛点。高钙软牛奶还额外添加了来自牛奶的乳钙，让整个牛奶的钙含量比普通牛奶高出50%，另外添加了维生素D，使肠胃对钙的吸收率提升 30%~40%，不仅解决了乳糖不耐受问题，还大大提升了产品的营养价值。

二、研发创新：攻坚关键核心技术，激发乳业增长新动能

1. 益生菌“中国芯”获乳业专利领域最高荣誉及国家科学技术奖二等奖

蒙牛集团多年来坚持自主研发创新，推动科研成果的有效转化。针对中国乳制品产业优良国产益生菌缺乏、高活性加工技术落后的“卡脖子”问题，蒙牛联合内蒙古农业大学进行关键技术科研攻关，建立了 17000 余株的蒙牛菌株资源库，并成功筛选出包括副干酪乳杆菌 PC-01 在内的多株自主知识产权益生菌菌株，通过校企联合技术攻关最终突破了功能性益生菌靶向筛选技术、高活性益生菌发酵乳制品加工等关键技术，实现了高活菌数益生菌乳制品的制备和进口菌株的替代，打造了益生菌的“中国芯”。

国家科学技术进步奖

证　书

为表彰国家科学技术进步奖获得者，特颁发此证书。

项目名称：优良乳酸菌种质资源挖掘与产业化关键技术创制及应用

奖励等级：二等

获 奖 者：内蒙古蒙牛乳业（集团）股份有限公司

中共中央　国务院

2024 年 6 月

证书号：2023-J-251-2-01-D05

蒙牛提报的乳酸菌项目荣获国家科学技术进步奖二等奖

2024年，蒙牛作为主要完成单位提报的“优良乳酸菌种质资源挖掘与产业化关键技术创新及应用”获得国家科学技术进步奖二等奖，成为行业唯一两次获此殊荣的企业。自主菌株PC-01实现了产品中活菌数500亿cfu/100ml的突破，于2023年获得中国专利银奖，是目前乳业在专利领域的最高荣誉。

上述该项目成果已在蒙牛优益C等产品中实现应用转化，取得了显著的经济效益和社会效益。优益C系列产品主打消化和通畅的良好体验，从单一菌株逐步升级到复合菌株，设计出了“益生菌+益生元”的双效组合方案。“优益C畅快”更是采用5株复合中国专利益生菌配方，以自主菌株作为核心菌株，每瓶含500亿活性益生菌，并特别添加2大膳食纤维，0蔗糖0脂肪，功能强，体感优。相关产品开创了引领行业突破的细分品类，推动了益生菌行业的创新发展。

2. 自主研发的母乳低聚糖(HMO)获国家卫健委审批及美国FDA GRAS认证

蒙牛控股公司虹摹生物自主研发的母乳低聚糖（HMO）于2023年获国家卫健委审批，2024年获得美国食品药品监督管理局（FDA）GRAS（Generally Recognized As Safe，公认安全）认证，虹摹生物中国HMO领跑者地位持续巩固。

目前，虹摹生物已布局多达十余种产品线，覆盖生物医药、绿色农业、健康食品等多个领域。经大量应用验证，虹摹生产的HMO品质上乘，具有粒径均匀、纯度高、无醋酸气味残留等特点，且应用便捷，适配干法及湿法多种工艺。

此次成功通过GRAS认证，标志着虹摹生物在HMO领域的国际化布局进入新阶段，也意味着其在产品质量和安全性方面达到了新高度。

U.S. FOOD & DRUG ADMINISTRATION

CENTER FOR FOOD SAFETY & APPLIED NUTRITION

Certificate of Generally Recognized As Safe (GRAS)

Based on the information that Synaura provided, as well as other information available to FDA, we have no questions at this time regarding Synaura's conclusion that 2′ -FL is GRAS under its intended conditions of use. This letter is not an affirmation that 2′ -FL is GRAS under 21 CFR 170.35. Unless noted above, our review did not address other provisions of the FD&C Act. Food ingredient manufacturers and food producers are responsible for ensuring that marketed products are safe and compliant with all applicable legal and regulatory requirements.

In accordance with 21 CFR 170.275(b)(2), the text of this letter responding to GRN 001157 is accessible to the public at www.fda.gov/grasnoticeinventory.

Sincerely,
Susan J.
Carlson -S
Susan J. Carlson, Ph.D.
Director
Division of Food Ingredients
Office of Food Additive Safety
Center for Food Safety
and Applied Nutrition

Digitally signed by Susan J. Carlson -S
Date: 2024.08.07 14:36:17 -04'00'

蒙牛自主研发 HMO 获得美国 FDA GRAS 认证

三、数智创新：数实融合全链打通，提升乳业全要素生产率

打造新质生产力，要大力发展数字经济，促进数字经济和实体经济的深度融合。蒙牛乘势而上、抢抓机遇，制定发布了数智化 3.0 战略，形成了 AI 驱动的供给侧和消费侧“数智双飞轮”，实现了覆盖全产业链的全要素数智化转型升级，不仅形成了数实深度融合的蒙牛实践，也为行业发展提供了全新蓝图。

在供给侧，从牧场到餐桌，蒙牛的数智化已覆盖饲养、加工、销售终端等乳业全链条。蒙牛的“云养牛”智慧牧场通过物联网技术，监测奶牛每日活动量、产奶信息等实时数据，并进行精准饲喂，实现了牧场的数智化、精准化管理，在提高牧场运营效益的同时，也提高了牛奶质量。

蒙牛宁夏工厂成功认证 WEF“灯塔工厂”称号

蒙牛宁夏工厂

2023 年 5 月 28 日，蒙牛在宁夏建成的全球乳业首座全数智化工厂投产，依靠数智化指挥中枢“自动驾驶”系统，打造了管控一体、系统指挥、系统决策的智能制造新模式，实现了牧场到餐桌的全产业链、生产制造商的全设备链、ERP 到生产线的全系统链“三个彻底打通”，创造了全球乳业生产最高年度人效比，即 100 人创造 100 万吨年产量、100 亿元年产值。2024 年 10 月，该工厂被评为世界经济论坛（WEF）“灯塔工厂”，成为世界液态奶首个灯塔工厂，也是中国乳业的首座灯塔工厂。蒙牛率先通过数实融合推动全要素生产效率提升，形成了新质生产力推动乳业高质量发展的第一实践。

在消费侧，蒙牛推出了全球首个营养健康领域的大语言模型 MENGNIU.GPT，并基于该模型提出了 AI 营养师，为亿万家庭提供全天候的专业营养服务。该模型已通过包括注册营养师、中医执业医师等 21 个国内外专业营养健康认证考试，并在儿童精准营养等多个场景实现落地应用，以 AI 驱动让营养健康成为家庭常态，助力建设健康中国。

四、绿色创新：生态优先绿色转型，引领乳业可持续发展

绿色发展是高质量发展的底色，新质生产力本身就是绿色生产力。蒙牛集团坚定不移地走生态优先、绿色发展之路，扎实推进蒙牛 GREEN 可持续发展战略和“双碳”战略，守护人类和地球的共同健康。

蒙牛集团引领全产业链践行 ESG 理念，从可持续的公司治理 G、共同富裕的乳业责任 R、环境友好的绿色生产 E、负责任的产业生态圈 E、营养普惠的卓越产品 N 五大支持发力，全面推动 GREEN 可持续发展战略落地，提出“2030 年实现碳达峰，2050 年实现碳中和”的双碳目标，承诺力争在 2030 年前实现“零毁林”，

与产业链上下游共同打造乳业绿色价值链，树立了乳业绿色低碳转型发展的示范标杆。

在上游牧场，蒙牛旗下的中国圣牧，十余年瀚海耕绿，累计种植沙生树 9700 万棵，绿化沙漠 200 多平方公里，开创了防沙治沙与循环经济结合的世界级范例。在生产环节，蒙牛累计打造了 30 座国家级绿色工厂，在云南曲靖建设了中国乳业首家国际、国内双认证的零碳工厂，实现了净零排放。在下游环节，蒙牛践行绿色环保理念，优化包装材料和设计，降低产品碳足迹，蒂兰圣雪冰淇淋等多款产品均实现了碳中和。

2024 年，蒙牛推出了“1+N”可持续发展报告披露体系，发布了中国乳业首个《自然相关信息披露报告》（TNFD 报告），彰显了绿色转型的决心。2024 年 5 月，蒙牛旗下现代牧业采购的中国首单“零毁林”大豆到港交付，助力蒙牛打造了更加绿色的全球供应链。

基于在可持续发展方面的出色表现，蒙牛在国际权威机构明晟（MSCI）的 ESG 评级连续多年保持“AA”，为行业最高等级。蒙牛连续 3 年蝉联恒生可持续发展企业指数成分股，位列国资委“央企 ESG・先锋 100 指数”第三名，并被标普全球（S&P Global）评为“行业最佳进步企业”。

面向未来，蒙牛集团将坚定围绕“更营养、更智慧、更绿色”的领先战略目标，持续做好创新这篇大文章，在培育和发展新质生产力上勇当“领头牛”，为创造人民美好生活不懈奋斗，为推进中国式现代化贡献蒙牛力量。

蒙牛奥运营销：营养世界的要强力量

2024 年巴黎奥运会期间，蒙牛以“营养世界每个人的要强”为营销主线，将视角从奥运赛场延展至生活场景，致敬每一个努力拼搏、要强生活的普通人，与大众产生强烈的情感共鸣，实现品牌力的大幅跃升。

一、预热期：突显奥林匹克全球合作伙伴（TOP）身份

在奥运会预赛、奥林匹克日、中国队出征的重要时点，蒙牛在新华社、人民日报、央视新闻等权威媒体上发布“TVC（电视广告片）+ MV（音乐短片）”，传递“蒙牛不仅是奥运 TOP 伙伴，还要做每个人的运动合作伙伴，营养每个人的要强”的品牌主张。

蒙牛上海奥预赛发布 Slogan“成为每个人运动合作伙伴”

1. 奥运会预赛：亮出蒙牛奥运全球合作伙伴的身份，通过品牌口号“蒙牛是奥林匹克全球合作伙伴，也是你运动的合作伙伴”，反复强调蒙牛的“合作伙伴身份”，并关联每个人的生活场景。

2. 奥林匹克日：蒙牛发布主题 TVC，向奥林匹克精神致敬。这支 TVC 由运动员、明星和普通人的运动时刻混剪而成，讲述了奥林匹克精神不只属于赛场，更属于每一个要强的人。

3. 国家队出征：在中国队出征之日，蒙牛为中国队献上了《一路生花—出征版》，讲述中国队的出征也是每个人的出征。每个中国人在自己岗位上的要强拼搏，都代表着我们的“中国队”。

二、正赛期：奥运全热点周期持续占位，引发广泛互动及深度共鸣

蒙牛在巴黎奥运会开幕之际发布 TVC“让世界看见中国人的要强”

1. 开幕：蒙牛携手“双奥”导演发布《开幕》大片，与权威媒体联合发布，中国日报、内蒙古日报在重要位置报道，让世界看见中国人的要强。在影片中，类似蒙牛牛奶一样的白色幕布跨

过山海、跨过沙漠，来到巴黎，既暗示着蒙牛的来处，又象征着百年奥运的征程，也暗喻了中国企业走向世界的丝绸之路，而征程路上则是每颗要强的心。这支奥运开幕主题片，不仅宣告了中国体育健儿正式拉开奋战巴黎赛场的序幕，还向全球亿万观众发出了共同见证中国人要强精神的邀请。

2. 首金日：蒙牛发布核心奥运主创宣传片《营养世界每个人的要强》，联合众多民间要强 KOL——70 多岁跑马拉松的大爷、义肢的舞者、嘉陵江边跳水的民间梦之队等，有力传递了“胜利不只属于冠军，更属于每个不服输的人”。

蒙牛在巴黎举办“中国之夜”推动中法文化交流

3.赛期追热：结合中国队重要夺金点，蒙牛以“要强不分赛场”“要强不分性别”系列“要强”切片，与观众共情“要强”；夺牌时刻以“蒙牛请你一杯”活动，与金牌互动，让消费者更有参与感、荣誉感，实现“要强”品牌精神与消费者的共鸣。

4.海外线下活动：蒙牛“中国之夜”活动汇聚了国际奥委会及各方奥运力量，通过嘉奖平凡人的要强、讲述要强故事、致敬要强精神，促进文明的交流互鉴；“我为家乡健儿上大分”快闪主题活动在巴黎塞纳河畔蒙牛艺术跑道展区举行，蒙牛携手旗下26个品牌代言人共同为家乡体育健儿打call，展现中华文化的风采；蒙牛还用15万个废弃回收的牛奶盒在塞纳河畔铺设了一条由“牛奶盒”制成的跑道，鼓励公众参与体育运动，倡导绿色环保的生活及发展理念。

蒙牛在赛纳河畔举办活动为中国奥运健儿加油

三、收尾期：拔高总结，让“要强”之火生生不息

蒙牛联合腾讯合力推出聚焦奥运冠军背后故事的纪录片《要强不止金牌》，聚焦6组冠军运动员与“奥运二代”的家庭生活，让“要强”的品牌精神跳出“金牌”的狭窄定义，引申为“拼出自我”“突破自我”和“坚持”“勇敢”等成长主题，从传承视角深刻诠释“蒙牛营养世界每个人的要强”，触发观众的情感共鸣。

在巴黎奥运闭幕之际，蒙牛发布《要强，不止这一场》TVC，并在人民网、南方周末等主流媒体做拔高总结，让“要强”之火生生不息。

四、母子品牌协同，产品换装借势奥运营销

全集团子品牌一起联动，各大子品牌换装奥运装；在赛期蒙牛发布“金牌装”奥运定制装，展现中国各行各业的人群，主打“你我都值得一枚金牌”，把奥运健儿的金牌奖励，也带给每个消费者。

五、蒙牛奥运营销取得的成果

从预热期的奥运助威曲《一路生花——出征版》、开幕式的《开幕》大片，到首金日的《营养世界每个人的要强》、夺牌时刻的“蒙牛请你一杯”活动，再到燃动奥运后半程的定制纪录片《要强不止金牌》、收尾期的《要强，不止这一场》，蒙牛围绕奥运全周期的不同阶段，以“要强”的品牌精神为基石，策划了一系列爆款内容和品牌大事件，实现了品牌力的全面领先。

根据数据显示，巴黎奥运期间蒙牛声量全网第一，收获了超过1000次热搜曝光及讨论，美誉度、用户正面评价占比位列行业第一，销量转化遥遥领先，数字资产沉淀位列秒针奥运榜单第一。

六、蒙牛奥运营销的经验启示

1. 更要强：蒙牛将“天生要强”的企业精神与时代精神、体育精神同频共振，不唯金牌、不止赛场，品牌传播力以消费者为核心，力求与每个人共情，与大众共鸣。

2. 更开放：巴黎奥运的 Slogan 是“奥运更开放”。作为奥运 TOP 合作伙伴，蒙牛在整个奥运周期积极响应这一主题，立足企业品牌、着眼大局传播，通过举办“中国之夜”、“我为家乡健儿上大分”等独具中国文化特色的活动，结合线上系列 TVC 发布，让世界看见中国人的要强，在世界舞台讲好中国民族品牌故事，全面彰显中华文化自信。

3. 更可持续：呼应“绿色奥运”，蒙牛在巴黎地标——塞纳河畔、埃菲尔铁塔打造绿色跑道和沙漠休闲区，展示其绿色发展理念和成果，号召更多人加入绿色行动，共同守护蓝色星球，将企业 ESG 与奥运有机结合，又将蒙牛的奥运营销提升了一个高度。

特仑苏的品牌深耕之路：用“更好”成就高端白奶传奇

2005 年，特仑苏开辟了国内“高端牛奶”市场，以“不是所有牛奶都叫特仑苏”的口号建立了品牌的差异化定位。2015 年起，特仑苏以具有普适性的“更好”作为品牌的价值主张，在品牌建设上持续深耕，市场占有率约 53%，至今仍稳居高端白奶市场第一品牌的位置，持续引领行业的创新发展。

一、聚焦：不断深化品牌价值主张，多形式输出品牌理念

在 20 年的发展历程中，特仑苏一直牢记高端奶行业第一的品牌身份，始终如一地共情国民社会的大众情绪。2015 年，洞悉到大众对于“更好”的追求和渴望，特仑苏以具有普适性的“更好”作为品牌的价值主张，并根据时代及消费者认知的变化，不断更迭延展“更好”的涵义。

从 2015 年“找到属于你的营养，开始你的更好 2015”，到 2019 年“做更好的自己”，再到 2021 年“支持每一个更好的你，更好没有标准答案”，特仑苏紧跟时代脉搏，从更好的营养到更好的精神，从做更好的自己到更好地做自己，从相信更好的力量到发现身边的更好，不断变化丰富着“更好”的内涵。

伴随着品牌理念的不断深化，特仑苏通过大量的营销活动，向外界密集输出品牌的价值主张。特仑苏携手三位作为各自年龄圈层中引领者的代言人，每年推出一支贯穿全年的品牌态度 TVC，不断深化“更好”的主张。2023 年春分时节，特仑苏发布年度品牌态度

TVC，以深刻的社会洞察，鼓励大众在后疫情时代“相信更好的力量”，持续夯实“不是所有牛奶都叫特仑苏”的品牌心智。在片中，品牌使用经典奥斯卡金曲《Can You Feel The Love Tonight》作为背景音乐，让整支片子更加大气和振奋人心。

特仑苏限定专属牧场，图片来自特仑苏年度 TVC

2024 年新年期间，特仑苏持续聚焦消费者情绪至高点，进行多媒体整合营销。为树立品牌正向认知，重磅引爆品牌势能，特仑苏尝试了冠名跨年晚会的创新举措。通过冠名台网双端三台（江苏卫视、东方卫视、抖音跨晚），特仑苏打造了极致声量。节目内外，特仑苏联合强大的明星阵容，以“让更好发生”为主题，深度诠释品牌的“更好”主张和价值观，同时通过高频触达目标人群树立正向认知，净化舆情负面影响，让特仑苏成为新年期间消费者的首选品牌。晚会中，特仑苏以创新性的深度植入形式，在三台跨年晚会中统一推出品牌专属节目——由多位实力歌手隔空同唱品牌 TVC 主题曲《Can You Feel The Love Tonight》，让整体传播更具穿透力及影响力，赢得了广泛的好评，并成功冲上自然热搜榜。同时，结合节目中丰富的明星资源，特仑苏在适宜沟通“更好”的时间节点，通过软性且多维度的方式传递品牌价值观，让“更好”真正成为2024年的主旋律及关键词。卫视双台跨年晚会凭借强劲的明星阵容及精彩的节目，成功夺得了收视率的第一和第二名，直播观看人数突破4亿。抖音独立跨年晚会直播观看量高达1.4亿人次。特仑苏在跨年季期间全网话题热搜量超过2200个，实现了全国性、全平台的高强度曝光和全人群覆盖，品牌声量大幅提升。

特仑苏 2023 年底冠名抖音美好奇妙夜跨年晚会

新年期间，特仑苏还携手新生代代言人，联合内容媒体平台一条拍摄了跨年情绪短片，让“更好”回归内心、回归当下。借势内容媒体平台精准的社会洞察能力及创意能力，此次情绪短片以真实感的人物专访形式在网络上掀起了巨大声量，获得了消费者的一致好评，在新年到来之际给消费者带来了更朴素而动人的鼓励和希望。

此外，特仑苏连续两年邀请著名喜剧演员拍摄以“欢乐”“感动”“鼓舞人心”为基调的品牌大电影，借势艺人的超高知名度及其自带的喜感和欢乐形象，通过剧情化的故事情节，让观众“笑着笑着就哭了”，从而将“更好”的品牌理念润物无声般地植入消费者心智。

同时，为稳定品牌声量、夯实品牌吨位，特仑苏持续保持在机场、央视、卫视渠道的长线资源曝光。机场作为高端人群的核心阵地，是长线基础曝光的重要一环。通过在机场等高端媒体阵地的广告投放，特仑苏不仅增强了品牌的曝光量，也夯实了高端定位，提升了品牌的高端溢价性。特仑苏还通过与央视和卫视的长期战略合作，有效触达了核心目标人群及下线市场。央视本身的公信力、传播力及影响力为特仑苏带来了国家级背书，助力特仑苏品牌形象的提升，而卫视对当地消费者的广泛影响及全面覆盖，则助力特仑苏品牌认知度和美誉度的提升。

特仑苏 2023—2024 年联合著名喜剧演员产出更好系列跨年大电影

二、沟通：将“品牌理念”内容化，多维度讲述品牌“更好”的价值观

为了传递“更好”的价值主张，从精神层面和消费者建立联结，特仑苏顺应内容营销时代，与多家调性契合的内容媒体进行系列化共创，迈向“长线、深度”营销，多维度讲述品牌“更好”

的价值观故事和有机产业链故事，同时借助各内容平台自带的粉丝群体实现“创、编、推”一体化。

特仑苏 2024 年携手各领域意见领袖与内容平台《人物》合作 24 节气“更好生长”IP

在价值观方面，特仑苏通过各内容平台与多领域意见领袖合作，借助文化名人的“内容创作者”属性及其自身的精神内核和丰富的人生经历，挖掘内容资源，产出有深度、有流量的短片，激发群体共鸣，强化用户连接，实现与目标群体的有效沟通，真正建立起属于特仑苏与消费者之间的文化、精神私域，实现长效影响。2024 年 5 月，特仑苏联合一条，携手复旦大学哲学院，共同打造全新内容 IP《更好，从提问开始》，发起以真问题为导向、有真内容做支撑，能激发真共鸣、真讨论的全民事件。多位资深教授用哲学的眼光，为“年轻”提供全新的视角，以解答年轻人困惑的方式阐述“更好”，回应消费者的精神所需。该系列共发布了 5 支话题短片，在全网引发了广泛讨论，并 2 次登上微博自然热搜。6 月至 12 月，特仑苏联合《人物》，共同打造了全新内容 IP《更好生长》。节目在每个节气时间点，邀请一位代表性嘉宾，借自然智慧讲述“更好”理念，以个人经历和信念强化品牌表达，期望为精神困顿的当代人提供一些新的生活方法论。

特仑苏 2024 年 818 会员日聚焦乌兰布和与内容平台时差岛合作“大地音乐”项目

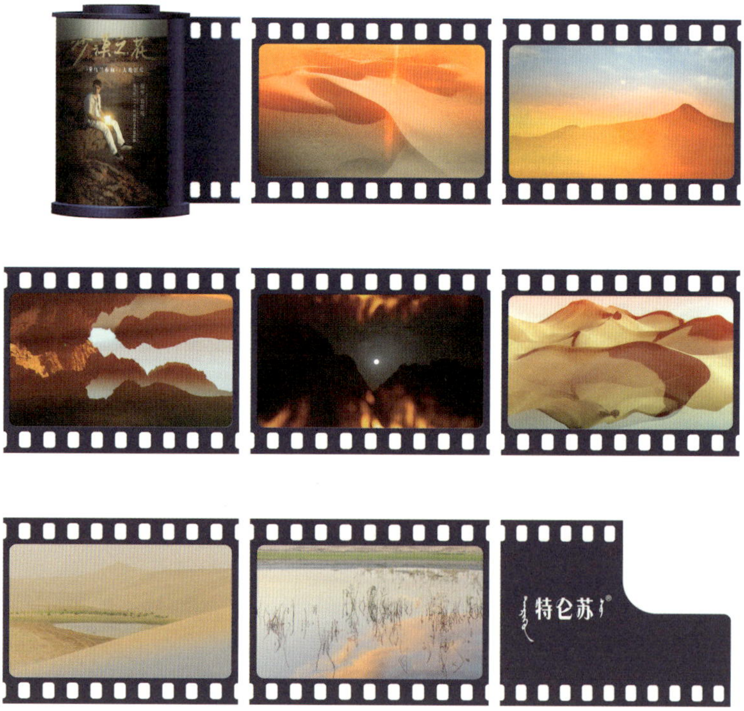

特仑苏 2024 年聚焦乌兰布和与内容平台时差岛合作“大地摄影”项目

在有机产业链方面，7 月至 10 月，特仑苏联合时差岛，用大地艺术解构乌兰布和，通过大地演讲、大地摄影、大地音乐等多种方式全方位展现乌兰布和的人文故事。其中，大地演讲邀请品牌代言人、法国高奢摄影艺术家，以微纪录片的形式与消费者进行深刻的精神共鸣和情感链接。大地音乐“沙漠绿洲音乐会”邀请多位歌唱大自然的知名民谣歌手，在乌兰布和沙漠中举办了一场与自然交融的音乐会。通过沙漠之歌、绿洲之歌、沙漠绿洲之歌三个乐章，特仑苏以音乐为媒介，生动展示了乌兰布和沙漠变绿洲的生态奇迹。

三、玩法：多元化营销方式，沟通不同圈层

在消费者关注分散的碎片化媒体时代，话题营销、联名、周边等多元化、年轻化的玩法赋予了品牌打入不同圈层的可能。这些符合年轻人审美又有新鲜感的营销方式，很容易让消费者建立起“品牌懂我”的认同感。特仑苏的品牌理念也在这样的过程中渗透进了更多不同的圈层。

特仑苏 2024 年携手遇见博物馆打造 30 款梵高 & 莫奈艺术限定装产品

在跨界营销风靡的当下，特仑苏精准洞察目标受众，紧密关联产品核心利益点，选取不同类别高度契合的IP进行跨界营销。2023年以来，特仑苏联合上海迪士尼疯狂动物城、加菲猫等经典IP，UCCA马蒂斯大展、遇见博物馆等艺术类IP，以及中网等赛事类IP，推出限定产品，在给消费者带来极具张力的视觉享受的同时，拓宽了牛奶的边界，提升了品牌的年轻化形象。

特仑苏的社媒营销平台在十余年的发展历程中，以“更好”的精神内核，不断应对媒介形式与手段的多样变化，经历了“双微平台中心化，品牌内容的聚合阵地”“多平台矩阵化，内容分平台定制，围点打援赋能品牌建设”“社媒生态化，做社媒生态中具有更好生命力的长期主义者”三个阶段，在社会化媒体的环境中，始终保持独立性和差异化，不断践行、延展、扩充“更好”的理念，与更多努力追求“更好的自己”始终站在一起，做品牌社媒建设的长期主义者。2023—2024年，特仑苏积极拥抱新科技并将其快速应用到内容建设中。特仑苏利用AIGC技术高频率产出高质量的热点海报，利用AI虚拟现实技术快速制作产品短视频，大幅扩充了品牌社媒营销的内容维度。此外，在品牌事件营销中，特仑苏实施了分平台区隔化的整合营销，对小红书、抖音、B站等不同平台圈层的人群进行精细颗粒度运营，同时充分理解各平台的底层计算逻辑，对小红书KFS、抖音A1-A5人群等进行分层打透，完成了真正的破圈营销。除此之外，在新媒体平台上，特仑苏进行了更细分、更定制化的日常运营：微博采用日更+节日热点的发布形式，增加粉丝运营的黏性；微信打满每月公众号频次，联动特仑苏名仕会小程序，实现拉新引流的持续贯通；抖音统一视觉，保持品牌高调性进行内容更新，同时通过品效合一的竞价投放多次实现ROI（投资回报率）登顶行业峰值；小红书深耕平台生态，聚焦目标人群标签制作高审美内容，互动量和口碑均优于行业平均水平。

四、社会责任：品牌故事、产品理念与 ESG 融合，提升品牌形象

特仑苏携手各方，在乌兰布和坚守 10 余年，让沙漠逐渐变成绿洲，改善了当地的生态环境。特仑苏在沙漠中种植了 9700 万棵沙生植物，超过 100 种生物群落在此栖息，降水量从 70mm 增加至 380mm，重新构建了区域小气候，让乌兰布和成为了动植物更好的栖息之地。同时，特仑苏建立了有机产业链，形成了有机种植、有机养殖、有机加工三产协同发展的局面，造就了可持续的有机生态循环。

特仑苏 2023 年冠名大型公益环保纪实节目《一路前行》

聚焦乌兰布和有机生态链故事，在综艺营销方面，特仑苏在《向往的生活》收官季突破了传统台网冠名 + 硬广曝光的合作方式，通过三期节目深入特仑苏专属有机牧场，以品牌定制化的内

容讲述了“向往的乌兰布和”故事。这种深度合作不仅增强了品牌的曝光，也让消费者通过明星的视角，感受到特仑苏有机奶源地的独特魅力和品牌对环保的承诺。同时，2023 年四季度，特仑苏与大型公益环保纪实节目《一路前行》合作，通过常驻嘉宾的实地探访，不仅以纪录片的形式真实记录了乌兰布和的生态变化，展现了特仑苏“以奶治沙”的故事，还前往青海、可可西里等地，关注当地的自然环境问题及治理成果，呼吁公众一起守护地球。

除了综艺节目营销，2024 年，特仑苏依托沙漠绿洲的自然奇迹，推出了乌兰布和大地艺术系列，用演讲、音乐、摄影多种艺术化的体验，传达人与自然共生共荣的理念，多维讲述特仑苏乌兰布和沙漠绿洲的 ESG 产业链故事。在产业链 ESG 营销上，特仑苏不仅让消费者“看到”，还让更多的消费者“吃到”。今年“818”会员日，特仑苏随单赠送了 10 万份来自乌兰布和沙漠绿洲的贝贝南瓜，以此回馈为沙漠绿洲治理做出贡献的消费者，让他们沉浸式感受特仑苏“以奶治沙”的 ESG 理念。通过这样的活动，特仑苏完成了一次又一次与消费者的深度沟通，传递了“沙漠·有机，让地球更好”的品牌主张。

2024 年 7 月—9 月，特仑苏邀请大区客户、导购、消费者、媒体及 KOL，组成了 20 个团队共 2181 人，从各地奔赴特仑苏沙漠·有机奶源地——乌兰布和，开启了一场以“共赴乌兰布和之约”为主题的 4 天 3 晚的有机溯源之旅。在此次溯源之旅中，参与者们可以看到见特仑苏在过去 16 年间协同各方“以奶治沙”所建立 “有机种植—有机养殖—有机加工”在内的有机生态循环产业链，深切感受到乌兰布和作为奶源地所拥有的得天独厚的日照、水源及沙漠隔离带等地域优势，揭开“为何沙漠能种出牛奶”的答案，亲自见证“沙漠变绿洲”的生态奇迹，更好地理解特仑苏“沙漠·有机，让地球更好”的品牌主张。“共赴乌兰布和之约”不仅是一场以“看到+体验”为核心的打造品牌认同的营销活动，更是一场从所见、所尝到所得、所信再到更好有机理念的 ESG 价值共鸣之旅。通过此次活动，特仑苏不仅赢得了客户和消费者的认同，也积累了宝贵的品牌地域资产和良好口碑。

特仑苏 2024 年邀请各相关方共赴以“共赴乌兰布和之约”为主题的有机溯源之旅

在产品环保方面，2023—2024 年，特仑苏聚焦沙漠·有机奶这一核心单品，向公众传达“沙漠·有机就是更好有机”的产品理念。沙漠·有机奶采用了 FSC 认证的环保如木包材和植物基新型材料瓶盖，减少了 19% 的碳排放，有效降低了对环境的影响。2023 年新春，特仑苏沙漠·有机奶推出了“更好出彩限定款”，汲取乌兰布和沙漠绿洲的绚丽色彩，呈现了 9 色不同的包装，让新年“更好出彩”。《一路前行》节目期间，特仑苏沙漠·有机奶特别推出了“地球好友限定款”，将雪豹、藏羚羊、奶牛画上包装，号召更多人关爱地球朋友圈。2024 年地球日，特仑苏聚焦保护地球的热点话题，以“使用原生态包装，守护地球家园”为主题，对特仑苏苗条有机奶从包装到运输全链条环保内容进行科普传播，吸引了公众对特仑苏产品及地球生态的关注。

通过将品牌营销、产品开发与 ESG 实践相融合，特仑苏塑造了具有高度社会责任感的品牌形象，也增强了消费者对品牌的信任与共鸣。

特仑苏以“更好”的品牌价值主张助力每位消费者，通过多形式输出品牌理念、多维度打造优质内容、多元化沟通圈层人群以及将品牌建设、产品开发与 ESG 相融合，塑造了“有温度、有态度、有品质”的品牌形象，实现了市场份额和品牌力的双冠军。近年来，特仑苏品牌力持续提升，“高端化”“国际化”“领导品牌”等形象深入人心，有机品类取得双位数增长的佳绩，夯实了高端奶市场第一的地位。

从先行到引领：伊利二十年奥运之路树立奥运营销标杆

早在2005年，伊利便与奥运携手，成为中国首家唯一符合奥运会标准、为2008年北京奥运会提供服务的乳制品企业，这一举动引领了中国品牌与奥运合作的新风潮。2017年伊利又再度成为北京2022年冬奥会和冬残奥会官方唯一乳制品合作伙伴，此举让伊利成为中国唯一一家同时服务过夏季奥运和冬季奥运的乳制品企业，也让伊利拥有了“双奥乳企”这个响亮的名号。从2005年到2024年，历经北京奥运会、伦敦奥运会、索契冬奥会、里约奥运会、平昌冬奥会、北京冬奥会、东京奥运会、巴黎奥运会等大型赛事，伊利为近40支奥运国家队提供营养保障。20年长情相伴不仅体现了伊利对奥运精神的认同和支持，更体现了其作为民族企业对国家体育事业发展的责任与担当。

作为推动奥林匹克运动在中国深入发展的先行者，伊利不仅通过自身的产品和服务为消费者提供了更多健康和营养，也通过传播奥林匹克运动精神，在行业内树立起奥运营销标杆。其独具特色的奥运营销风格，为民族品牌建设历史写下了浓墨重彩的一笔。

本文将以回溯伊利二十年奥运之路为开篇，展现其独具特色的奥运营销先行之路，并重点分析伊利在2024年巴黎奥运会中的营销亮点，从营销主线、营销辅线和取得成果等方面展现其作为双奥乳企的格局与能力。

一、案例背景及目标

自 2005 年至 2024 年，在这 20 年间，伊利积极支持奥运事业发展，以奥运标准引领行业前沿，以先行精神助力国家经济社会发展，进一步推动民族品牌走向世界。2024 年是中国加快推进体育强国建设新征程的关键节点。值此巴黎奥运年，伊利作为 2024 年奥运会中国体育代表团官方乳制品，依托双奥企业丰富的大赛服务经验和过硬的产品品质，以“打造事件营销、巩固奥运认知、助力业务增长”为核心目标，持续为中国体育健儿提供高品质的产品，实现了品牌影响力的提升和业务的强整合。

二、案例主要做法

作为奥运事业先行者，伊利始终与奥运精神共生。伊利健康向上、勇于创新、关注社会的发展理念成为了行业先行典范。

北京 2008 年奥运会赞助商签约仪式

2008 年北京奥运会期间，伊利推出“有我中国强”系列奥运活动，大幅提升了人们的奥运认知；2012 年伦敦奥运会，伊利向全球推广“平凡中国人不平凡的故事”，向世界传递出中国人对生命和健康的新理解；2016 年里约奥运会，伊利提出“活出活力，投入今天”号召，推出“奥运不围观”和“千万人活力开动”的阶段活动；2017 年，伊利与北京冬奥组委正式签约，成为北京 2022 年冬奥会和冬残奥会官方唯一乳制品合作伙伴。至此，伊利成为中国唯一同时服务过夏季奥运会和冬季奥运会的双奥企业；2021 年东京奥运会，伊利打出“蓄过的力，是此刻的光”这一铿锵有力的传播主题，致敬“蓄力一代”；2022 年北京冬奥会，伊利开展了“奥运品质 我耀此刻”主题推广，将“更快、更高、更强、更团结”的奥林匹克精神融入企业社会责任，带动更多人顽强拼搏、追求卓越。

北京 2022 年冬奥会和冬残奥会官方乳制品合作伙伴签约仪式

2024 年巴黎奥运营销可以说是伊利奥运营销的关键之战，作为 2024 年奥运会中国体育代表团官方乳制品，伊利以运动员资源撬动营销势力，借奥运时刻讲好品牌故事，打造出最具影响力的一届奥运营销，成为快消行业标杆，向全世界传递属于中国乳制品的健康品质。

2024 年巴黎奥运营销，伊利布局主线和辅线两大营销线路，在赛场内外同步发力：赛场内强势绑定中国体育代表团资源，最大化曝光官方身份，承接重点项目爆点时刻和金牌运动员的高光时刻；赛场外紧追大众观赛情绪，承接巴黎热梗，打造系列出圈案例。两线并进，促成声量共赢。

（一）营销主线：先发制人绑定中国体育代表团资源，最大化曝光官方身份

伊利始终占位身份制高点，积极布局运动员资源，联动多位体育明星，围绕奥运主题，做出一系列精彩的营销动作。通过借势不同节点，充分结合资源，实现了热点的全面承接。在巴黎奥运会倒计时百天、巴黎奥运会上海资格赛、国际奥林匹克日、巴黎奥运会开幕前夕、巴黎奥运会赛时等关键节点，伊利通过富有创意且具有互动性的营销活动成功吸引了年轻消费者的注意力，激发了消费者与体育迷的共鸣，在奥运营销上积累了丰富经验，实现了断层领先。

“双奥伊利 共赴巴黎”2024 年伊利新品上市发布仪式

1. 巴黎奥运会倒计时 100 天：上市巴黎定制装新品，“伊利之队”正式亮相

2024 年 4 月，在巴黎奥运会倒计时 100 天之际，伊利集团举行了“双奥伊利 共赴巴黎”主题活动。中国奥运首金获得者、亚洲第一位网球大满贯女子单打冠军、羽毛球世界冠军获得者共同见证了伊利巴黎定制装新品发布，“伊利之队”正式亮相。

伊利之队官宣视觉海报

2. 巴黎奥运会上海资格赛：以“巴黎请多指教”为题，开启国风营销

伊利之队国风新装登陆上海

5月，巴黎奥运会上海资格赛期间，伊利以“巴黎请多指教”为主题，携手16位签约运动员，将中国红、国风服饰、传统武术三大元素相结合，用中国文化赋予了体育内容新的生命力。伊利不仅开展了国风大巴城市巡游活动，在上海、重庆等地为运动员加油，引发大巴营销热，还在消费者的强烈呼声下推出了“巴黎限定功夫装”产品，进一步为中国体育与传统文化增加新叙事。

3. 国际奥林匹克日：致敬中国体育先行者，展示双奥乳企历史担当

6月，在国际奥林匹克日，伊利携手四位中国体育里程碑式人物，以“致敬中国体育先行者”为主题，通过四位运动员的先行故事带领大众一同回顾中国体育几十年间的发展轨迹，并向大众展示伊利集团作为第一且唯一双奥乳企的历史地位与企业责任。

致敬中国体育先行者视觉海报

4. 巴黎奥运会开幕前夕：上线中国体育代表团宣传片，推出夺金免单活动，上市百款巴黎定制产品

在中国体育代表团成立之日，伊利将以牛奶盒为串联强化品牌身份，上线为代表团拍摄的宣传片，为运动健儿加油；在巴黎

盛会倒计时 10 天，伊利推出“夺金 + 免单”双重活动，场上场下为中国加油，实现了真正的品效合一，既调动国民情绪，又切实助力电商及终端侧销量持续飙升，引领奥运营销业务增长。

中国体育代表团宣传视觉海报

“中国夺几金 伊利送几金”活动视觉海报

在巴黎奥运会即将开幕之际，伊利史无前例地推出百余款巴黎奥运定制装产品，贯穿旗下母子品牌全品类，共同打造品类“最全面”、设计元素“最丰富”、产品形态“最多样”的新产品，全产品线、全事业部倾情投入，伊利对巴黎奥运会的产品支持力度可见一斑，充分展现了其作为中国奥运事业先行者的自驱力与创新力。

百款巴黎奥运定制装产品视觉海报

5. 巴黎奥运会赛时：聚焦代言资源，抓金牌及里程碑节点打造高光事件

从7月27日首战到8月11日闭幕，伊利创造营销历史，打造超158个代言资源赛事话题内容，贯穿全赛期每一天每一场代言资源赛事及外围话题热点，争做奥运品牌“显眼包”。伊利凭借一系列创意十足的营销活动，成功打破了传统营销框架。

在2024年巴黎奥运会上，伊利与多位中国运动员及国家队建立了紧密的合作伙伴关系。在射击、游泳、跳水、网球、乒乓等多个项目上，伊利押宝奥运冠军，展现了其眼光的快准狠：开幕式之际，伊利以“中国加油”为主题，聚焦金牌资源，全网上线《中国加油》态度片；赛时抓巴黎“奥运首金”热点和中国“首金40周年”历史性里程碑打造高光事件；抓乒乓“中国混双历史首金”

里程碑热点，以创新情绪向内容与球迷共情庆祝；抓“打破西方垄断”，游泳队夺两枚金牌，以“破纪录”家乡话巧妙切个人权益；抓网球运动员上场到巴黎夺金创“中国网球历史”里程碑事件，为中国网球运动加油……在所有的奥运金牌爆点的历史性时刻，伊利都稳稳地接住了这些夺金名场面。

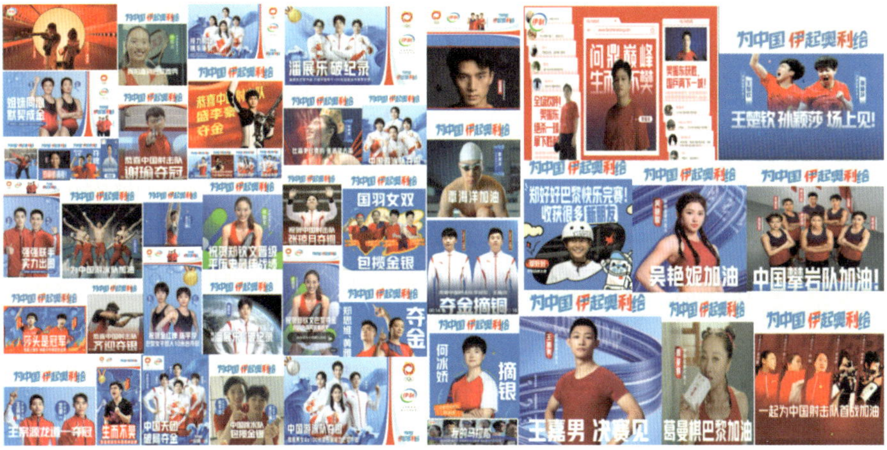

巴黎奥运会赛时运动员视觉海报合集

巴黎奥运会闭幕之际，伊利以“中国健儿笑傲巴黎”为主题，以经典歌曲《沧海一声笑》为载体，打造闭幕式收官事件，以独特方式在消费者心中留下了深刻印记。

巴黎奥运会闭幕视觉海报

（二）营销辅线：紧追巴黎热梗，深挖消费者兴趣，抢占先机者遥遥领先

“巴黎有什么梗，伊利就玩什么梗”，伊利主打接梗听劝营销。一正一侧，并行辅助，相互照应，共促声量。在主战场之外，伊利也关注着巴黎奥运赛场外的热点内容。伊利重复热梗，对网友二创进行再创作，把握转瞬即逝的热点，打造出“想你的沙，还是吹向了巴黎”的沙师弟营销。不论是以品牌 IP 小奶人为抓手追热奥运流量，还是上线态度片关注女性力量，伊利都积极参与到消费者的话题中，将网友声音变为可视化的创意。品牌与用户之间的联系不再是单向价值输出，而是双向奔赴。这不仅增加了品牌好感度，塑造了年轻化的品牌形象，也打造出数个出圈案例，掀起了奥运营销热。

1. 打造沙师弟撞色玩梗营销，成为奥运出圈案例

伊利敏锐洞察网友对巴黎田径场撞色沙师弟服装的热烈讨论，快速邀请沙师弟扮演者作为伊利巴黎时尚大使，助力品牌与奥运信息实现强绑定，在同质化的营销中出圈。伊利的顶级造梗、接梗能力，连接了年轻的消费者，在泛娱乐消费者中收获了自来水式的传播流量。

沙师弟撞色玩梗营销海报视觉

2. 以品牌 IP 小奶人为抓手，追热奥运高光流量，打造年轻化营销

奥运赛事期间，伊利品牌小奶人 IP 与品牌代言人合拍短视频超 60 条，同时产出大量网感海报。其官方社交媒体账号在赛时前后紧追热搜话题，伴随超 30 个热搜词发出品牌内容，共计产生 3549 万以上的阅读量，奥运小奶人系列内容深受年轻消费者喜爱。

伊利品牌小奶人 IP 视觉海报

3. 上线态度片关注女性力量，与巴黎奥运女性平权精神高度共鸣

伊利及时抓住巴黎奥运会首次男女比例实现 1:1 的信息点，上线《因妳在场》态度片。作为整个奥运期间唯一提出女性平权的品牌，伊利关注女性力量，与巴黎奥运女性平权精神高度共鸣。

《因妳在场》视觉海报

三、案例取得成果

（一）奥运身份认知位列全品牌榜单第一位

从 2005 年与北京奥组委正式签约，到 2008 年成为北京奥运会赞助商，再到巴黎奥运会担任中国体育代表团官方乳制品，伊利是中国第一家、也是唯一一家同时服务过夏季奥运和冬季奥运的双奥乳企。伊利与奥运一路相伴，坚持长期投入，与奥运强绑定。经过 2024 年巴黎奥运营销建设，伊利奥运身份认知较以往显著提升，位列全品牌榜单第一位，远超众多国际奥委会体育赞助商。

（二）二十年奥运营销助力企业品牌价值引领乳品行业

品牌是企业核心资产之一，对企业战略发展具有重要影响。

多年来，伊利始终坚持以消费者为中心，占位身份制高点，积极布局运动员资源，围绕奥运主题，以先行者姿态开展奥运营销，助力品牌价值持续升高。2024 年巴黎奥运会，在多个第三方奥运营销榜单中，伊利位居前列。根据《凯度 BrandZ 最具价值全球品牌 100 强》榜单显示，“伊利”的品牌价值连续多年蝉联全球乳业第一。

2024 年凯度 BrandZ 最具价值全球品牌榜

（三）消费者口碑攀升，品牌破圈屡登热搜

多年来，在伊利与奥运合作中，不仅为运动员和消费者带来

了健康的生活方式与高品质的营养支持，还不断配合不同奥运节点研发上市了满足消费者需求的各类健康乳品。在巴黎奥运营销中，伊利在没有任何投放的情况下，历史性五次登上自然热搜，其中“伊利 莎头”登上热搜第一。6 月 20 日，凯度消费者指数发布《2024 品牌足迹报告》，伊利集团以领先的品牌渗透率、消费者触及数和年均选择次数再次蝉联“中国消费者十大首选品牌榜单”首位。

中国消费者十大首选品牌榜单

2023排名	品牌	2023消费者触及数（百万）	渗透率% 2023	年均选择次数 2023
1	伊利	1178.6	90.0	6.4

中国消费者十大首选品牌榜单

（四）借助全球顶级赛事 IP，创造业务增长奇迹

在稳健崛起的过程中，伊利的奥运长线战略功不可没。借助奥运这一全球顶级赛事 IP，伊利实现了滚雪球式增长。奥运会仿佛超级加速器一次次推动伊利业绩快速增长。伊利市值从 2005 年

的35亿增至如今的1700多亿，近20年大涨50倍，领跑中国乳业。在中国资本市场，伊利创造了持续增长的神话。在这个稳健崛起的过程中，伊利的奥运战略功不可没。8月26日，荷兰合作银行发布“2024全球乳业20强”榜单，伊利再度蝉联全球乳业五强、连续11年稳居亚洲乳业第一，再次成为唯一进入全球五强的中国乳企，展现了中国乳业龙头企业的强劲实力。

Global Dairy Top 20, 2024

					Dairy turnover, 2023*	
2024		2023	Company	Country of headquarters	USD billion	EUR billion
1		1	Lactalis	France	30.2	27.9
2	▲	3	Nestlé	Switzerland	24.1	22.3
3	▼	2	Dairy Farmers of America	US	21.7	20.1
4		4	Danone	France	19.7	18.2
5		5	Yili	China	17.5+	16.2+
6	▲	9	Fonterra	New Zealand	15.1	14.0
7	▼	6	Arla Foods	Denmark/Sweden	14.8	13.7
8	▼	7	FrieslandCampina	Netherlands	14.1	13.0
9	▼	8	Mengniu	China	13.9	12.9
10		10	Saputo	Canada	12.8	11.9
11		11	Unilever	Netherlands/UK	8.7	8.1
12	▲	16	Schreiber Foods	US	7.4	6.8
13		13	Savencia	France	7.4	6.9
14	▼	12	Gujarat Cooperative Milk Marketing Federation Ltd	India	7.2	6.6
15	▼	14	Müller	Germany	6.7	6.2
16	▲	17	Sodiaal	France	6.3	5.8
17	▼	15	Agropur	Canada	6.1	5.6
18		18	DMK	Germany	5.9	5.5
19		19	Froneri	UK	5.7	5.3
20	▲	#	Grupo Lala	Mexico	5.6	5.2

2024全球乳业20强榜单

作为全球乳业五强、亚洲乳业第一，伊利未来仍将秉承对全球消费者的健康承诺，以高品质滋养生命活力，将优质的产品和服务传递给更多消费者。在实现自我稳健发展的同时，伊利还将引领中国乳业做大高质量发展蛋糕，坚定迈向“全球乳业第一、健康食品五强”的战略目标。

软饮

Soft Drink

百事（Pepsi）

东鹏饮料

康师傅

可口可乐（Coca-Cola）

农夫山泉

行业分析

在后疫情时代，中国经济发展进入了复苏的轨道，社会消费态势总体向好，人们也逐步活跃于各大消费场景和社会活动场合，例如家庭聚会、外出聚餐、健身运动等。得益于此，软饮行业重拾往日开阔的市场，在 2023 年取得了 6546 亿元市场规模的成就*，创过去五年新高。

以往，软饮更多是以高糖分、高热量的结构来满足消费者的口腹之欲；如今，软饮行业转型升级，从“去除糖分近水化”和“添加有益元素功能化”这两方面来满足人们对健康的追求。

根据“凯度消费者指数”的研究发现，76% 的中国城镇消费者会在日常生活中减少糖分摄入。[282] 为迎合这股健康风潮，各大软饮品牌先后推出了无糖新品：民族品牌康师傅上新了高端无糖茶饮“茶的传人”，精准切入健康饮品市场，以传承与创新并重的方式致敬中国茶文化[283]；农夫山泉品牌在“东方树叶”系列中不断创新，推出季节限定口味和新口味“黑乌龙”，获得消费者的认可[284]；元气森林则推出了“麦茶”植物饮料，进一步扩大了其无糖饮品的品类[285]。2023 年，中国无糖饮料的市场规模已达到 401.6 亿元，同比增长了 101.2%。[286] 未来，软饮的无糖近水化趋势还将进一步延续。

此外，根据欧睿国际的数据显示，2023 年中国功能饮料市场规模达到 570.863 亿元，对应 2019 年—2023 年 CAGR 为 3.85%，高于软饮行业整体 2.25% 的平均增速。各大品牌也趁此趋势加大创新力度，于 2023 年间陆续推出具有健康属性的功能饮料：东鹏

* 数据来源：欧睿国际（Euromonitor International）中国市场 2023 年软饮零售总额

饮料上新了电解质饮料“补水啦”，富含钾、钠、氯等离子元素，电解质含量每升≥ 400mg ，应对各种电解质流失场景 ，为身体快速补充流汗所失水分和电解质[287]；元气森林为控制体重人群研制了“超级燃”新品，添加左旋肉碱帮助维持新代谢水平，增加运动消耗[288]。目前，中国功能饮料的人均消费量仅为美国的 9.9%、日本的 22.4%、英国的 26.9%。[289] 在未来，功能饮料的人均消费量和市场规模具有较大增长潜力。

除了通过实力过硬的产品来吸引消费者，各品牌在营销手法和渠道推广方面也紧贴时代变化。根据欧睿国际的数据显示，过去五年间，软饮主要依赖于线下的小型社区杂货店及非大型超市进行销售。与此同时，得益于电商的蓬勃兴起，软饮的线上零售渠道亦展现出显著的增长态势。此外，当面向企业顾客时，各大软饮品牌亦积极寻求与线下餐饮店的合作机会，实现销售渠道多元化。另外，随着新一代中国消费者文化自信的增强，软饮品牌在产品设计与品牌营销中积极融入传统文化和中式元素。例如，康师傅深谙国人饮用开水的习惯，创新性地将《本草纲目》中记载的“太和汤”（古时指经过充分沸腾烧开的水）智慧融入现代生产工艺，向大众推出“喝开水”系列包装饮用水，在竞争激烈的纯净水市场凭借差异化的优势脱颖而出。[290] 这些创新做法不仅更加契合中国消费者的饮食习惯，也增强了消费者的民族认同感与自豪感，同时也在品牌与消费者之间建立了更深层次的情感联结。

在未来，得益于经济的进一步复苏、人均可支配收入的回升，消费者将增加软饮购买频次来提高生活质量，提升软饮购买品质来满足内心对于健康生活的追求。因此，中国软饮行业在将来有机会进一步扩大市场、提升规模，塑造亚洲软饮行业新格局。

百事

百事（Pepsi）凭借创新与信任的深度融合达成了多项重要里程碑。品牌以健康化为方向，成功推出中国首款无糖“生可乐”，引领碳酸市场新热点。[291] 同时，百事通过创新的跨界合作，深入挖掘品牌与传统文化及新兴潮流的契合度，不断拓展品牌边界。此外，百事严格执行全球质量管理体系，并主动引入第三方质量和食品安全审计[292]，确保产品品质的实时严格管控，从而赢得了消费者的长期信赖。

东鹏饮料

近年来，消费市场在逐步复苏的基础上正呈现出品类、口味、场景多元需求的变化。在此趋势下，东鹏饮料以消费者需求为导向、以数字科技为动能、以“让爱更有能量”为公益理念，通过在专业性、创新性和社会责任方面的良好表现成功从激烈的市场竞争中脱颖而出，赢得了消费者的广泛青睐。

时至今日，东鹏饮料在能量饮料领域的专业深耕已有二十余载：敏锐捕捉消费者需求，东鹏特饮首创 PET 塑料瓶包装和防尘盖设计，2009 年一经问世就凭借着差异化优势在激烈的市场竞争中脱颖而出；近年来，为满足多元的市场需求，品牌持续推出包括东鹏 0 糖特饮等产品。凭借丰富的产品矩阵与巧妙的营销宣传，东鹏饮料不断强化了其在大众心目中“专业能量饮料”的品牌形象，成为消费者“累困”时刻的第一联想。2023 年，东鹏特饮的销售额首次跨越百亿大关，持续引领能量饮料市场的发展。[293]

在扎根能量饮料这一基本盘外，东鹏饮料也积极开发多品类产品，在多个细分功能饮品品类中展现出强大的创新活力。2023年，东鹏饮料抓住疫情后消费者对于加强锻炼、运动健身的重视和需求，推出电解质饮料“补水啦”。同时，东鹏饮料还将产品版图扩展至咖啡领域：“东鹏大咖” 在为消费者带来提神醒脑的功能性体验之外，也为消费者带来了独特的味觉享受。此外，东鹏饮料融合中国茶文化，匠心打造无糖茶系列“上茶”，满足当代消费者对健康、轻盈生活方式的追求。[294]

除了产品的创新外， 东鹏饮料也在数智化建设上不断升级，以构建一个高效、智能的营销与管理体系，加强从供应端到消费端的全链路沟通和协作。通过将智能化设施与大数据分析技术深度结合，东鹏饮料不仅提升了市场需求预测的精准度，还优化了资源配置，确保了生产与销售环节的高效协同与平衡，为品牌的稳健发展奠定了坚实的基础。[295]

东鹏饮料在做强产品和品牌的同时，也始终秉持着高度的社会责任感，主动投身于各类公益活动中。在医疗领域，东鹏饮料联合韩红基金会通过捐赠救护车、协助建立复明中心的方式，助力乡村医疗发展。在体育教育方面，东鹏饮料携手姚基金发起“青出于篮”计划，以每年覆盖百所乡村小学的速度，捐赠篮球场、篮架、篮球、球服等硬件以及用以支持大学生志愿者支教、集训和联赛的软件，激发青少年对体育运动的热爱，惠及了超过 18 万受益者，共同促进乡村体育教育事业的发展。面对河北洪涝灾害、甘肃地震等社会灾害，东鹏饮料更是迅速行动，第一时间捐赠急需物资，积极参与灾后重建。这些公益行动强化了品牌的温度和责任感，提升了东鹏饮料的社会影响力和消费者认可度。[296]

凭借卓越的市场表现与持续的创新活力，东鹏饮料在 2022 年至 2024 年间连续荣登《凯度 BrandZ 最具价值中国品牌 100 强》榜单，并实现了排名逐年攀升的不凡成就。[297] 进入 2024 年，根据凯度消费者指数最新发布的《品牌足迹—中国家外食品饮料消费市场品牌排名》榜单，东鹏特饮更是以高达 30.4% 的消费者触及数脱颖而出，荣获“年度极具增长力品牌”称号，展现了其强劲的实力与无限的潜力。[298]

核心指标

品牌力 74

有意义 80
差异化 105
活跃度 79

溢价力 97

专业性 120
创新性 105
社会责任 107

长驱力 95

东鹏饮料

2024 年品牌价值 **24.35 亿美元**

* 数据来源：凯度集团（Kantar）、《2024 年凯度 BrandZ 最具价值中国品牌 100 强》榜单及报告

康师傅

康师傅作为食品饮料行业的民族品牌，一直坚持“以消费者为中心，一切为消费者服务”，始终秉持“真诚、务实、创新”的企业经营理念，以“弘扬中华饮食文化”为使命，努力为消费者带来更丰富、更优质的饮食体验。康师傅不断挖掘新的消费需求和增长空间，在产品创新方面持续升级迭代，满足消费者对健康与品质的追求。在追求商业成功的同时，康师傅亦将绿色发展、安全生产及扶危济困融入品牌基因，全方位履行社会责任。2024年，康师傅在信任度、创新性、可持续发展及社会责任四大维度上表现突出，在大众消费者心中树立了 “信赖之选、创新先锋、绿色典范、责任担当”的品牌形象。

在品牌建设层面，康师傅秉持“弘扬中华饮食文化”的使命，紧密贴合消费者多元化、个性化的需求，以高端化为核心驱动力，持续推动产品创新。康师傅深谙国人饮用开水的习惯，创新性地将《本草纲目》中记载的“太和汤”（古时指经过充分沸腾烧开的水）智慧融入现代生产工艺，向大众推出了“喝开水”系列包装饮用水，在竞争激烈的纯净水市场凭借差异化的优势脱颖而出。[299] 此外，康师傅潜心深耕中华茶文化，从中汲取创作灵感，以守正创新的茶饮产品向世界传播中国茶道。备受追捧的 “康师傅纯萃零糖”系列精选多款上乘中国茶叶，运用冷萃慢滤工艺，满足了现代消费者对多元美味健康饮品的需求。[300] 2024 年，康师傅在茶饮市场再添力作，重磅上市 “茶的传人”高端无糖茶饮。该系列在运用传统制茶工艺保留茶韵的基础上，巧妙结合现代生产技术满足了低糖健康的消费需求。“茶的传人”不仅以其醇厚的风味获得了消费者的青睐，更以“茶农之心”的纯粹理念激发了大众对茶文化的共鸣，推动了饮茶风尚深入日常生活。[301] 除了大力弘扬中国茶文化，康师傅亦致力于中华面食文化的传播。自推出首款销售额达百亿的红烧牛肉面以来，康师傅研发团队遍访中国各地，挖掘中华美食文化精髓，推出了近 300 种具有地方特色口味的方便面，让消费者在快节奏生活中体验传统美食的温暖。在追求口味多样化的同时，康师傅还通过改进食材和提升生产工艺，上新了多款高端方便面产品，包括配料丰富且根据不同口味搭配相应面体的“干面荟”系列、采用独创水煮 + 高风速对流干燥工艺还原现煮风味的“速达面馆”系列[302]，以及在制肉技艺上有所精进的“御品盛宴”系列[303]，在速食领域中树立了行业标杆。

作为民族品牌，康师傅一直坚守“永续经营，回馈社会”的企业宗旨，依托自身资源和渠道，通过专业化、多元化的企业公益体系，参与社会公益事业，履行企业社会责任。在可持续发展领域，康师傅推出的“万物皆有 yuán”项目通过高效整合产业链资源并引入前沿的绿色创新技术，有力促进了农业与食品饮料行业的生态化转型进程。在食品安全领域，康师傅主动承担起培养青少年食安意识的社会责任，通过开展“味来馆”体验项目[304]、“食安网课”以及“食安专家讲座”等一系列活动，为作为消费新生力量的青少年群体提供了更加沉浸且富有教育意义的科普体验。在社会公益领域，康师傅主动投身乡村学校基础设施建设、心系青少年体育运动发展、推行产业助农计划，并在危难时刻踊跃参与救灾行动，利用广泛的销售网络及时输送救援物资。康师傅将社会责任内化于心，外化于行，以实际行动诠释了民族品牌的责任与担当，进一步提升了康师傅的品牌形象，赢得了社会各界的广泛赞誉。

凭借深厚的品牌底蕴、持续的创新力及对社会责任的深度践行，康师傅连续 12 年位列凯度消费者指数发布的《品牌足迹报告》“中国消费者首选品牌榜单”前三甲，成为了广受认可、屡次穿越消费周期的强韧性品牌。[305]

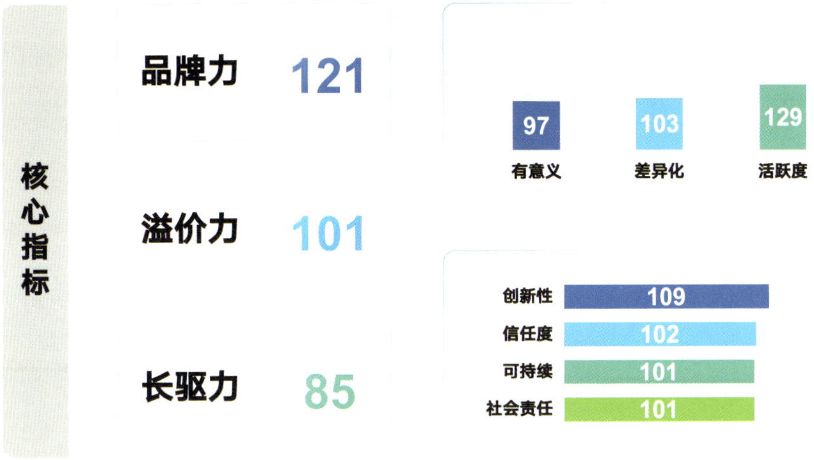

可口可乐

可口可乐（Coca-Cola）在品牌建设中坚守严格的质量控制标准，确保所有装瓶工厂均通过多项国际标准认证，赢得了消费者的长期信任。在追求高品质的同时，可口可乐亦投身于可持续发展计划，在中国试行热水中心项目，回收利用生产设备的废弃热能。[306] 此外，可口可乐积极履行社会责任，在中国多地区推动建设低碳社区，助力乡村振兴及文化保护。这一系列举措使可口可乐在品牌信任度、可持续发展及社会责任方面取得了显著成就。

核心指标

品牌力	132
溢价力	105
长驱力	96

有意义	差异化	活跃度
110	108	142

信任度	102
可持续	104
社会责任	104

可口可乐

2024 年品牌价值 **1064.53 亿美元**

* 数据来源：凯度集团（Kantar）、《2024 年凯度 BrandZ 最具价值全球品牌 100 强》榜单及报告、可口可乐品牌价值包括 Lights 和 Diets

农夫山泉

农夫山泉不仅在产品领域屡创佳绩，亦在可持续发展与社会责任方面树立了典范。通过践行绿色环保理念，农夫山泉实现了碳排放强度和用水强度的显著下降，同时成功将可回收塑料包装的使用比例提升至99%。[307] 此外，农夫山泉积极投身乡村振兴事业，通过产业支持、科技创新等多角度赋能乡村发展，并依据各地实际情况灵活开展公益项目及建立灾害救助应急响应机制，展现了品牌的责任与担当。

核心指标

品牌力	109
溢价力	101
长驱力	96

有意义	差异化	活跃度
106	98	109

可持续	103
社会责任	103

农夫山泉

2024 年品牌价值　**189.18 亿美元**

* 数据来源：凯度集团（Kantar）、《2024 年凯度 BrandZ 最具价值中国品牌 100 强》榜单及报告

◆ 优秀案例

东鹏饮料：数字化时代的营销创新之旅

一、营销数字化创新：从 1 到 100 的飞跃

在存量时代，营销数字化已经成为快消行业增长的关键驱动力。作为深度分销的行业，快消品牌面临着分销链条长、难以直接触达消费者、无法即时感知终端动销变化、缺乏对终端的有效掌控等问题。2015 年之前，饮料行业普遍采用“开盖有奖”的传统促销方式，但这种粗放式营销方式引发了瓶盖造假的黑色产业链，给品牌带来巨大损失。

东鹏饮料敏锐地意识到，以创新方式解决沟通链路和流通数据痛点是实现业务增长的当务之急。一方面，品牌需要缩短与消费者之间的沟通链路，提升消费者黏性、复购率，并实施直通商户的激励政策，提高营销管理的效率和精准度；另一方面，品牌也需要通过实现销售相关数据的在线化，对终端和渠道形成“体感”，以真实数据指导生产、供应、营销等各项决策与执行，实现产销一体化。

自 2015 年起，东鹏饮料积极回归业务场景，以解决真实的业务问题为目标，开启了营销数字化的创新实践。在 9 年时间内，东鹏逐步构建起企业从生产端到消费端的全链条数字化营销网络，实现了品牌与消费者之间的深度连接。

（一）初期探索：一物一码的创新应用

2015 年，智能手机已经普及，微信红包刚刚兴起。东鹏饮料

及时洞察到市场上全新的“一物一码”技术中蕴含的营销创新潜力，迅速完成系统开发，推出基于微信红包的二维码营销活动，首次实现与消费者的直接互动，为东鹏饮料带来了爆发式的增长。

东鹏饮料率先颠覆传统路径，与消费者直接握手

直接触达，赋能用户： 东鹏饮料基于“一物一码”技术，将微信红包嫁接在二维码中，无需任何中间环节，直接将实惠发放到消费者的手中，让二维码成为流量入口。这种创新的营销方式提高了消费者的参与度，增强了品牌粘性。2015 年春晚，微信与春晚的合作成功将微信红包带火，微信红包用户在一夜之间猛增至 1 亿 +。提前切入与布局的东鹏饮料借势这一契机，让消费者“扫码赢红包”“摇一摇抢红包”，借进一步火爆的活动打开品牌知名度。

多元形式，花式让利： 配合营销策略，东鹏饮料演变出多种多样的促销新玩法，包括红包裂变、“一元乐享”等营销活动，覆盖现金奖励和产品奖励等多种形式。为了切实让利消费者，东鹏饮料简化了参与流程，消费者只需登录授权并提供位置，便可轻松参与抽奖；同时，瓶盖内标识奖项信息，确保消费者即时知晓中奖情况，且中奖承诺 100% 兑现，从而深化了品牌与消费者之间的信任。

东鹏饮料利用“一物一码”技术积累的数据流量与经验，为营销端支持精准的定向促销和创新营销策略，为渠道端实现了全域动销的在线化和实时数据追踪奠定了基础，更为未来的发展开辟了广阔的空间。

（二）深化应用：五码关联的数字化进阶

在数字化探索初期，东鹏饮料主要针对消费者（C 端）开展扫码营销，未能覆盖到零售商（B 端）。为了激发终端门店的销售积极性，东鹏自 2017 年 12 月启动商户会员注册，并在 2020 年启用“东鹏饮料商户会员小程序”和“一元乐享”活动，旨在通过返利激励终端销售，推动 bC 一体化，实现分销与动销的协同。

在“一物一码”的应用基础上，东鹏饮料发展出了“五码关联”（包括盖内码、盖外码、箱内码、箱外码和垛码），实现了产品从生产到消费全生命周期的数字化管理。这使得东鹏饮料能够精准追踪产品的流向，实现渠道的透明化管理，并为营销决策提供了实时数据支持。

打造商户会员体系，多重利益驱使终端卖货：在探索链接商户的初期阶段，东鹏推出了箱码，让终端商户开箱扫码即得红包，但这种做法导致商户仅在活动期间大量进货以兑现红包，并未加速产品的实际销售。为解决这一问题，东鹏饮料推出了“一元乐享”活动，并从最初的“瓶盖回收版”升级为叠加二维码的“商户核销版”，即消费者只需支付 1 元即可享受额外一瓶饮料，终端店老板通过注册东鹏的商户会员，以获得核销券，由上游完成核销，以及一系列品牌福利，从而将商户纳入数字化营销体系，并建构起真正的商户会员体系，实现了从消费者（C 端）到商户（b 端）再到品牌（B 端）的链路贯通。

为了简化加入流程，减少商户的顾虑，东鹏饮料利用产品外包装纸箱的侧面空间清晰展示了系统的好处和注册流程。此外，品牌还制作了短视频，由业务代表在拜访时直接展示给商户老板，并有专人提供进一步的协助和指导，以确保商户会员系统的顺利推广和实施。

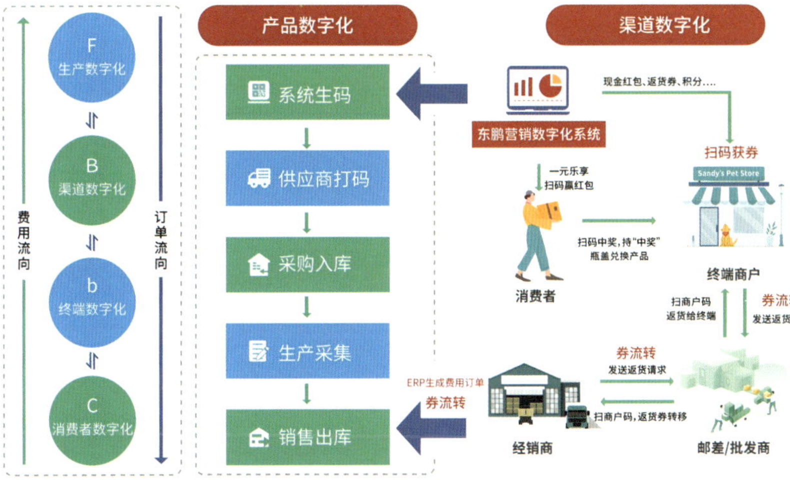

东鹏饮料营销数字化逻辑：实现品牌全渠道在线连接

数字化赋能员工，提升工作效率与积极性：东鹏饮料还通过数字化手段施行可视化、精细化的有效管理，提升一线销售人员的工作效率和积极性。公司标准化工作流程，智能规划拜访路线，并通过系统记录和考核销售人员的表现。此外，东鹏饮料实现了薪酬结算的自动化，将一线业务员的业绩与薪酬直接关联，激励员工提升业绩。公司还引入了 AI 图像识别技术，用于销售管理，包括店内陈列检查、竞品分析和销售预测，实现了线上线下渠道的一体化管理。这些措施不仅提高了管理效率，还增强了员工的工作积极性和拜访效率。

凭借“五码关联”，东鹏饮料握手2.1亿消费者与360万终端商户，实现了对产品流向的精准追踪和渠道管理的透明化，并构建起企业的营销数据驾驶舱。这一系统将所有销售数据在线化，通过分析终端商户和消费者的扫码行为以及经销商的出库数据，精确计算渠道库存，指导生产与供应，实现了产销一体化。公司各级人员，包括董事长和管理层，都能实时访问动销数据，确保决策和执行的高效性。

高效的数字化能力目前已成为东鹏饮料抢占市场和营销建设的一把“利刃”，是企业业绩增长和效率提升的核心动能，更支撑企业战略落地，保证企业持续领跑市场的核心竞争力。在营销数字化的赋能下，东鹏饮料在2023年实现百亿营收突破，旗下大单品东鹏特饮成为唯一一个百亿级本土能量饮料品牌，名列尼尔森全国饮料单品排名Top3，连续三年占据国内能量饮料市场销量第一。

二、工具媒介化创新：从无到有的突破

在信息过载的时代，东鹏饮料通过创新的“工具媒介化”策略，将工具类产品转化为媒介，精准触及高粘性用户群体，实现有效传播。面对数亿潜在消费者，东鹏饮料专注于通过高德、滴滴、悦动圈等平台进行场景化沟通，培养品牌忠诚度和用户粘性，推动长期增长。这一策略使东鹏饮料在竞争激烈的市场中脱颖而出，抢占了品牌营销的先机。

（一）东鹏特饮：抢占驾车人群心智，跨界高德、滴滴、满帮等平台工具

联合高德地图首创语音包，击穿自驾场景：在现代社会快节

奏的工作和生活中，疲劳、困乏等成为常态，东鹏特饮作为一款抗疲劳饮料，因其提神醒脑的功效特性，已经成为广大建设者、奋斗者在开会、加班、驾驶等商业及职业场景下重要的能量补给。在此基础之上，东鹏特饮开展场景化营销，精准定位驾车人群，通过与高德地图的合作精准触达了自驾用户群体。

高德地图作为国民地图 APP，有着庞大且精准的自驾用户群，洞察到这一价值的东鹏特饮自 2016 年起便开始主动与高德地图探讨商业合作，在多次接洽与沟通后，双方最终在 2019 年达成协议，推出定制沉浸式语音包。“开车出行，累了困了喝东鹏特饮”精准锁定导航开启和途经服务区等关键驾驶时刻，在春节和国庆等交通高峰期间，打造温馨关怀的出行场景和氛围，还持续提醒公众注意驾驶安全，实现了对驾驶人群的深度场景教育和有效沟通。

此次合作不仅实现了平台功能与品牌诉求的完美结合，还为高德地图的广告商业化开辟了新路径。东鹏特饮通过这一创新营销策略，显著提升了品牌的传播力和市场影响力。2020 年春节至 2024 年五一，东鹏特饮在高德地图上的语音总播报次数达 43 余亿次，覆盖超 19 亿车主，成为行业内实现共赢的经典创新案例。

携手平台深度推广，切入职业驾驶场景：东鹏特饮通过与满帮平台的紧密合作，成功吸引了数千万货车司机的关注。通过深入了解物流园内货车司机的需求，东鹏特饮发现运满满和货车帮等接单工具对他们至关重要。因此，东鹏特饮连续五年与这些平台合作，打造了专属于卡车司机的节日，如新春拉货节和能量节等等，并在这些节日期间提供加油卡、饮品等多重福利，深受 3000 万以上卡车司机的喜爱。

同时，东鹏特饮也与滴滴出行合作，深入职业司机的接单场景。通过锁定滴滴出行司机端 APP，东鹏特饮在一年半的时间里成功挖掘并实现了该平台的商业化价值。双方联合推出的语音播报功能，在早中晚高峰时段为司机提供路段提示、天气状况等温馨提醒，这种持续而高频的合作方式影响了 3300 万以上的职业司机。

东鹏特饮联合运满帮：精准切入司机职业驾驶场景

（二）补水啦：聚焦汗点场景，绑定跑步健身类 APP

东鹏饮料将东鹏特饮的成功营销策略应用于旗下的电解质饮料品牌“补水啦”。这款饮料富含钠、钾等电解质，每升电解质含量不少于 400 毫克，能有效迅速补充因出汗而流失的水分和电解质，帮助人体恢复体液平衡。鉴于电解质饮料与运动场景的天然契合性，补水啦特别关注“汗点场景”，并与跑步健身类 APP 如悦动圈、悦跑圈等合作，共同开发了语音陪跑产品。用户在跑步时打开这些 APP，就会收到提醒他们“补水啦”的语音提示。自语音广告推出以来，已累计触及 3000 万运动爱好者，语音播报的总曝光次数超过 37 亿次。

东鹏饮料通过精准的“工具媒介化”传播策略，成功覆盖了超过 4000 万的核心消费者群体，有效占领了消费者的心智，从而实现了品牌知名度和销量的同步增长。根据业绩报告，东鹏饮料在 2024 年的前三季度营收达 125.58 亿元，这一数字已经超过了去年全年的营收总额。其中，东鹏特饮已经成为一个销售额超过百亿的超级单品，并且连续三年保持中国能量饮料销量的领先地位。此外，补水啦自 2023 年 1 月推出市场以来，在激烈的市场竞争中崭露头角，2024 年前三季度的营收达到了 12.1 亿元，同比增长了 292%，成为名副其实的明星产品。

在快速变化的市场中，创新是品牌脱颖而出的关键。东鹏饮料通过不断探索和实践，将“先锋精神”和“敢拼敢闯”融入品牌文化，不仅在功能饮料市场中脱颖而出，更成为行业的创新标杆。这提示我们，品牌建设需要长期投入和耐心，通过精准的营销手段和对产品特性的深入挖掘，才能找到并满足目标消费者的需求。此外，与时代同步，不断打磨产品品质，细致入微地与消费者沟通，品牌才能以真诚和质量赢得市场。

在数字化时代，东鹏饮料的营销创新实践不仅为自身带来了增长，也为整个快消品行业提供了新的增长模式。随着技术的不断进步和消费者需求的多样化，东鹏饮料将继续以数字化为驱动力，探索品牌增长的新路径，与消费者共同开启美好生活的新篇章。这不仅是东鹏饮料的承诺，也是所有追求卓越品牌应该遵循的发展方向。

康师傅：坚守社会使命，构筑可持续未来

康师傅多年来充分发挥其在食品饮料行业的领军优势，聚焦社会关怀，通过实际行动服务社会，创造可持续价值，与社会各界伙伴共享“欢乐饮食，美好生活”。作为行业的龙头企业，康师傅利用其业务实践，积极推动社会和环境的可持续发展。他们通过支持上游农业的发展，提高农产品的附加值，增加农民收入，并推动建立可持续产业链，力求实现经济效益与环境保护的有机结合。同时，康师傅充分利用自身影响力，开展各项社会责任活动，以实际行动回馈社会。

打造可持续发展产业链

康师傅推出“万物皆有 yuán”项目，将可持续发展理念融入产业链上下游，全面覆盖源头种植到生产过程，再到消费终端循环利用，深度赋能全产业链实现绿色增长

2024 年，康师傅推出了“万物皆有 yuán”项目。该项目通过创新的生产方式，联合产业链上的各利益相关方，整合资源并深度赋能，推动农业和食品饮料行业绿色转型。这一举措不仅推动了农业现代化，更为整个行业的可持续发展铺就了新的道路。

陕西神木，康师傅联合蔬菜供应商与农科院养土改地，利用煤泥生物发酵技术，将废弃煤泥转化为有机肥，提升了土壤肥力

康师傅蒸汽余热回收系统，通过自主技术回收方便面蒸箱余热，使工厂每年能够减少高达 17.3 万吨的二氧化碳排放量

康师傅历时多年与高校合作开展“农作物主动保障体系”研究，先后在河北省康保县康巴诺尔地区、陕西神木地区、新疆喀什地区建立了“环境友好蔬菜基地”，并持续利用自身的技术和规模优势，构建了“企业 + 基地 + 农户”的产业链模式，将农户的经济收益和农田的环境效益有机结合，为行业探索普惠的可持续发展之路提供了宝贵经验。

新疆喀什，康师傅更突破了跨区域种植技术极限，为当地引进蔬菜新品种莲花白，带领农户走上绿色致富新路

在河北省康保县康巴诺尔地区，康师傅派遣技术人员调研当地自然环境，为农户提供种植辅导。同时，康师傅通过加强农作物的检测监管，严格控制产地端品质，并持续推动农业技术升级，助力当地农民打造全新生态农业。目前，康师傅已累计帮助康巴诺尔草原及周边地区建立蔬菜基地 20 万亩，收购农产品约 50 万吨，带动约 15 万农户就业。

在陕西神木地区，康师傅联合蔬菜供应商与农科院进行“养土改地”，利用煤泥生物发酵技术将废弃煤泥转化为有机肥，在解决废弃物处置问题的同时提升了土壤肥力，使荒废的盐碱地重焕生机，为当地农民拓展了耕地，提高了农户的收入潜力。

在新疆喀什地区，康师傅突破了跨区域种植技术极限，为当地引进蔬菜品种——莲花白，带领当地农户走上新的绿色致富道路。2024 年，该地区种植的 400 多亩莲花白预计亩产能达到 6 吨，有望为当地农户带来 68 万元左右的纯收入。

同时，康师傅联合供应商在蔬菜基地中引入智慧农业技术，采用“AI 自动化农业”运作模式，在蔬菜种植、收割、加工的全过程中实现了蔬菜全程不落地。康师傅还指导农户在种植过程中使用创新的可降解地膜技术，有别于废弃后会残存在土壤中难以降解的传统塑料地膜，可降解一次性地膜在埋入土地数月后，能够完全自然降解，避免了对土壤和环境的持续污染。

除此之外，康师傅还向农户承诺以优厚的价格收购农产品，为他们带来实际的经济收益。据悉，康师傅每年的农产品采购量可达数百万吨，逾 4000 万农民直接从中受益。

积极承担社会责任

康师傅积极践行救灾救难、扶危济困的企业社会责任。经过多年的实践与积累，康师傅已经成功建立了一套完善的急难救助快速响应机制。在历年的救灾行动中，康师傅注意到，灾区普遍面临水资源短缺和电力供应中断的问题，对于受灾群众而言，保障饮食饮水尤为重要。凭借多年积累的救灾经验，康师傅自主研发并改装了一种专用的急难救助车辆。该车辆采用“水电气”全自备的设计方式，能够突破环境限制，为灾区提供热水，或利用车载发电机自主发电，抑或使用气罐进行方便面的烹煮。急难救助车的使用，不仅有效缓解了灾区群众的困境，同时也给予他们心理上的慰藉和支持。

2023 年，甘肃、青海、重庆、黑龙江及沿海一带多地受到洪涝、高温、地震、台风等灾害的影响。在政府部门的引导下，康师傅利用自身销售网络，迅速统筹一切可用力量，发出多批紧急物资，为受灾人员和持续奋战的救援团队提供了能量支持和后勤保障。

此外，康师傅还参与了多项社会公益活动，赢得社会各界的广泛认可：

在 2023 年的“食安守护行动”公益活动中，康师傅为广东、福建、湖北、河北等地 492 所小学的逾 58 万名学生提供了精彩的食品安全知识课程，该活动作为唯一的食品饮料企业案例，被选入“2023 年北大创新评论案例库”；

康师傅食安守护行动

康师傅食安科普现场

康师傅在湖南省华容县开展的“乡村赋能、你我同行”产业助农项目，形成“村集体 + 合作社 + 农户”的合作模式，助力乡村产业发展和乡村综合治理，有效提升了芥菜等农产品原材料的附加值，使湖南省逾 13 万菜农受益。该项目荣获《财经》杂志颁发的“ESG 实践先锋奖”，入选人民网“2023 乡村振兴创新案例”，并获得“中国乡村发展基金会善品公社年度合作伙伴”称号。

2024 年是康师傅开展“水教育”项目的第 10 年，该项目已成功推广至全国 10 余座城市、30 余所学校，吸引了近万名学生参与。通过全方位的媒体渠道，项目触及更多社会群体，进一步扩大了其社会影响力。

康师傅水教育进校园活动

康师傅在可持续发展和社会责任方面的努力，为食品饮料行业树立了标杆。康师傅在这些领域的投入不仅促进了企业与社会的共赢，还激励了同行企业提升实践，共同推动行业进步。康师傅的这些行动，对环境和社会的积极影响将是长远而深刻的。

康师傅：中华饮食文化的传承与创新

康师傅三十年来秉持“弘扬中华饮食文化”的初心，精准捕捉市场发展趋势，洞察消费者日益增长的多元化与个性化需求，将中国博大精深的饮食文化与现代创新巧妙融合，不断推陈出新，既传承经典又引领潮流。

洞察市场趋势，引领产品创新

康师傅敏锐捕捉到消费者健康意识提升带来的对无糖、低糖饮料需求增长的趋势，康师傅与中国农业科学院茶叶研究所合作成立了“康师傅茶研院专家委员会”和“茶技术创新联合研究院”，推进产学研合作新模式，推动茶饮的科学创新与健康升级，引领全球未来茶饮品的发展方向，为行业开启群策群力、共研共融的新篇章。2024 年，康师傅推出“茶的传人”高端无糖茶饮，精准

2024 年 5 月，康师傅推出全新单品“茶的传人”，致力于追求原生态中国好茶，让无糖茶回归自然本味

定位健康饮品市场，以传承与创新并重的姿态，展现了对中国茶文化的深刻理解与尊重，成为品牌深耕茶文化的新象征。通过精选全球优质茶源，融合传统制茶工艺与现代科技，康师傅打造出既保留传统韵味又符合现代健康理念的无糖茶饮，满足了消费者对高品质健康茶饮的期待，并回应了消费者对传统文化的认可与热爱，同时树立了健康、高端的品牌形象，赢得了更多年轻和注重健康的消费者的青睐。

同时，回归“中国人喝开水”千年承袭的民族习性，康师傅推出 “喝开水”系列包装饮用水，基于中国健康饮水市场发展的深刻洞察之上精准布局的同时，尊重民族习惯，打造中国人的健康饮用水。采用独特的熟水工艺，确保每一滴水的安全与纯净，为消费者提供了更安心、便捷的饮水选择。这一创新定义了健康饮水的新标准，树立了健康饮水的新标杆，并引领了回归自然、追求健康的生活风尚，进一步巩固了康师傅在软饮领域的市场地位，为品牌注入了更多健康、活力的元素，用实际产品履行康师傅中华民族品牌为中国人民的品牌承诺。

开水即熟水，古称太和汤，李时珍在《本草纲目》中称其“味甘性平”，水经高温煮沸后，饮用温和不刺激，舒适不作胀，入口柔顺，口感甘甜

挖掘细分市场，打造差异化

面对激烈的市场竞争，康师傅巧妙运用市场细分策略，为不同消费群体量身打造专属产品，满足消费者的多元化与个性化需求，着力实现市场版图的全面覆盖，稳固并扩大了市场份额。在方便面领域，康师傅针对不同消费群体和市场需求推出的“干面荟”与“速达面馆”，是品牌创新实力的集中展现。“干面荟”以其丰富的配料和独特的拌面体验，打破了传统方便面的单调口味与形式，为消费者带来了更加新颖、有趣的味觉享受，成功吸引了众多追求新鲜体验的年轻消费者。“速达面馆”则聚焦于高端市场，精选优质食材，模拟现煮口感，实现了高品质与便捷性的完美结合，满足了消费者对高品质生活的追求，进一步提升了康师傅在方便面市场的竞争力与品牌形象。康师傅“速达面馆”系列荣获了“2022—2023 年度中国方便食品行业优秀创新产品”大奖，并获得多项国际食品创新奖项的提名与认可，成为推动行业向健康化、品质化转型的先锋力量。这不仅是产品创新的实际行动，更是康师傅品牌与时俱进，满足现代生活方式与用户需求做出的跟进战略，以“用户”为中心的创新才是有价值的“差异化”。

康师傅速达面馆运用航天领域 RP 技术锁鲜，让大肉块中的氨基酸等保持长时间稳定，最大化锁住肉块新鲜口感与营养成分

传承经典，创新融合

“弘扬中华饮食文化”是康师傅的品牌使命。从清爽启航的冰红茶成为几代人心中清凉解渴的代名词，到“茶的传人”紧跟健康无糖趋势的创新，康师傅传承中华茶文化精髓，精选茶叶并配合精湛工艺，引领了茶饮健康新风尚，让传统茶文化焕发出新的生机与活力，让年轻一代在品味茶饮的同时，感受到中华茶文化的独特魅力。通过传统文化元素与现代创新理念的巧妙融合，康师傅不仅赋予了产品深厚的文化底蕴，还激发了消费者的民族自豪感与认同感，进一步巩固了品牌的文化影响力与市场地位。

康师傅推出“冰红茶味的红烧牛肉面”，引发大量年轻用户尝鲜

自推出第一款销售额达百亿的畅销产品——红烧牛肉面以来，康师傅研发团队遍访中国各地，深入挖掘中华美食文化，陆续推出了近300种具有地方特色口味的方便面。这些产品不仅让消费者在快节奏的生活中感受到传统美食的温暖和满足，也传承和弘扬了中华民族的经典面食文化。同时，“速达面馆”和“御品盛宴”等创新产品系列通过不断精进面和汤的配方、工艺和口感，最大程度地还原了中国面食的风味，在满足消费者对口味和品质的更高追求的同时，以与时俱进的方式继续传承和弘扬中华饮食文化。

康师傅深植于中华饮食文化的深厚底蕴之中，敏锐地捕捉时代发展的脉搏，紧跟消费者饮食习惯的变化。以高端化创新战略为引领，康师傅不断推出多元化的产品，不仅极大丰富了品牌的产品矩阵，满足了消费者对美好生活的多元化需求，而且通过持续的技术革新和品质提升，展现了其作为行业领导者的远见卓识，为康师傅在竞争激烈的市场环境中保持领先地位奠定了坚实的基础，并为其未来的发展开辟了更广阔的空间和更多的可能性。康师傅是经典的康师傅，是国民的康师傅，也是与时俱进的康师傅，更是引领未来欢乐饮食的康师傅。

商业科技与服务平台

Business Technology and Services Platforms

海思

英特尔（Intel）

行业分析

生成式 AI 正在席卷千行百业，没有任何企业或品牌能够置身事外。在商业科技与服务平台行业中，云计算、SaaS（Software as a Service，软件即服务）等多个领域都在以积极的姿态，主动拥抱这波 AI 浪潮。

生成式 AI 已经成为云计算市场新的驱动力，随着大模型进入云端，全球云计算巨头正在掀起新一轮的"军备竞赛"。在云基础设施层，各大云计算巨头正通过自研芯片或与顶尖芯片厂商合作，确保在算力底座上不落下风。亚马逊云科技（AWS）开发了专门用于生成式 AI 领域的芯片 Amazon Trainium 和 Amazon Inferentia 芯片，可以提供在云上训练模型和运行推理的最低成本。[308] 阿里云则与英特尔（Intel）展开深度合作，基于英特尔最新的至强®6 性能核处理器，迭代出 ECS 第九代企业级计算实例组合，可实现高达 20% 的性能提升。[309]

在中间的模型层，多数云厂商采用了开放平台的策略，为合作伙伴和客户提供了关于基础模型的多元选择，以帮助他们根据需求选择最适宜的基础模型构建各类应用。亚马逊云科技的 Amazon Bedrock 支持来自亚马逊（Amazon）、Anthropic、Stability AI 等七家公司的 27 个基础模型。[310] 华为云昇腾 AI 云服务"百模千态"专区除了支持华为自研的盘古大模型外，还适配了 Llama、ChatGLM、StableDiffusion 等多家业界主流的开源大模型。[311] 阿里云的百炼平台也集成了包括通义千问、Llama、ChatGLM、零一万物、百川智能在内的多个国内外主流大模型。[312]

在最上层应用层，各家云厂商也进行了战略布局。尽管多数云厂商并未直接打造超级应用，但为了推动大模型在千行百业的集成落地，也纷纷“打样”推出行业大模型甚至更细分的应用场景模型。华为盘古大模型 3.0 的“5+N+X”三层架构在大模型的基础上，提供了使用行业公开数据训练的 N 个行业大模型，同时还为客户提供了包括先导药物筛选、传送带异物检测、台风路径预测等在内的 X 个细化业务场景的模型，为客户提供开箱即用的模型服务。[313] 阿里云针对当下应用较多的垂直场景，发布了涉及金融、医疗、传媒、法律等多个领域的 8 大行业模型，希望借此把模型的能力开放出来，让更多的开发者、合作伙伴去使用。[314]

除了云计算之外，人工智能对 SaaS 行业的影响力也在日益增强。通过接入 AI 大模型，SaaS 品牌能够提供更多智能化、个性化的服务。AI 版的钉钉可以自动生成群聊摘要、总结会议记录，还能在零代码的情况下根据提示生成小程序。[315] Adobe 推出的创意生成式 AI Adobe Firefly 可以帮助设计师通过文字描述快速生成图片、艺术字体或实现对现有的图片的内容替换和重新着色。[316] Salesforce 推出的 Einstein GPT 能够为销售人员提供一系列个性化的服务，包括分析客户的数据和需求、根据资料为客户推荐相关的产品和服务，以及为不同客户定制专属的销售话术。[317] AI 的加入让 SaaS 品牌从简单的办公软件逐渐变为更加智能化的平台，帮助用户在工作中提升效率、保持创意和灵活性。

一场关于生成式 AI 的竞赛已经开启，不确定性中蕴含着大量的机会和价值。在未来，AI 与云计算、SaaS 的融合还将催生出许多新的商业模式和服务形态，进一步重塑整个行业的格局。要想在这场技术变革中立于不败之地，商业科技与服务平台品牌们需要从现在开始更加积极地播撒未来之种，启动一些更具探索性的“登月计划”，开足马力、勇立潮头，加速驶向令人惊叹的未来。

海思

海思以“使能万物互联的智能终端”为愿景，致力于为消费电子、智慧家庭、汽车电子等行业智能终端打造安全可靠、性能领先的芯片与板级解决方案。海思坚持自主科技创新，利用人工智能、8K 超高清等前沿科技以及 20 余年的技术积累与沉淀，海思已经研发出 200 余款具有自主知识产权的芯片，如面向移动终端的麒麟系列、面向云计算处理器的鲲鹏系列、以及 AI 芯片昇腾系列等，专利数量累计超过 8000 项。[318] 这些成就展现了海思强大的自主研发能力，获得了众多 B 端用户的支持与信赖。

英特尔

英特尔（Intel）深耕中国市场近40年，始终坚持本土化战略，携手中国合作伙伴推动数智化发展，铸就了坚实的品牌力。同时，秉持着“创造改变世界的科技，造福地球上每一个人”的品牌理念，英特尔持续践行可持续发展理念，弘扬科技向善并积极履行社会责任。

人工智能的迅速发展推动了整个商业科技领域进入高速变革期，越来越多的企业开始深度应用、融合人工智能技术进行科技创新，计算需求的爆炸增长对底层的基础设施提出了更高要求。面对这一趋势，英特尔围绕市场需求进行产品的研发和升级，并与中国本土企业展开深度合作，为中国企业的数智化转型提供了坚实支撑。例如，在互联网领域，2023年英特尔助力中国云计算领域某知名企业对其自研的云服务器进行了迭代升级，基于第五代英特尔®至强®可扩展处理器，其新一代服务器的整体性能相较于上一代提升了23%。[319]依托此次升级，该企业能够更好地处理智能客服、数字人等AI场景，为终端用户提供更多样化的智能服务。在智能智造领域，2024年英特尔携手中国半导体显示领域某知名企业成立了智能制造联合实验室。该企业利用英特尔的端边技术能力，实现了设备端取图、端边计算、终端显示、结果反馈等闭环方案的打通。[320]

在可持续发展方面，英特尔在着力实现自身绿色发展的同时，还致力于携手合作伙伴共同打造绿色产业生态圈。英特尔秉持“以可持续计算，通往可持续未来”的使命与承诺，在企业生产与经营中积极践行可持续发展的目标。在废弃物循环利用方面，2022年，英特尔成都工厂重复利用了978台电脑、服务器等电子设备，并实现了危险废弃物的零填埋处理，其无害废弃物回收利用率也达到了99%。[321] 在减少温室气体排放方面，英特尔在2023年继续扩大可再生能源购买量，包括中国成都工厂在内的多个国家的生产基地已经实现100%使用可再生能源发电，其全球使用可再生能源发电的比例也提升至99%。[322] 同时，英特尔还与合作伙伴共同推动行业绿色发展的进程。2024年，英特尔与合作伙伴共同成立的绿色计算机标准工作组发布了关于绿色计算机整机、电源及可降解刚性印制电路板的三项新标准，填补了国内绿色计算机领域的标准空白。[323]

此外，英特尔坚持科技向善，以科技力量赋能美好生活。自2022年起，英特尔中国研究院开展了多项数字医疗领域的研究。利用数字人和大语言模型技术，英特尔推出了一系列能够辅助医护人员的AI工具，用于解答患者的常见问题或为其提供专业建议：比如，医生助手工具可以辅助医护人员进行自动化问诊，收集患者的基本信息，并指导其康复过程，从而减轻医护人员的工作负担。[324] 在教育赋能方面，2023年，英特尔携手教育部教育技术与资源发展中心推出了“英特尔创新能力培训”项目，为中小学教师提供包括“数字技术的学习者”“学习过程的引领者”“创新自信的催化剂”等在内的数字素养课程，提升了近12,000位乡村教师的信息技术应用水平。[325]

凭借深入的本土化战略和卓越的科技创新能力，英特尔携手合作伙伴助力千行百业进行数智化变革，不断夯实其在中国市场的品牌影响力。英特尔对科技向善的承诺与实践，也为其塑造了践行可持续发展、富有社会责任的品牌形象。

核心指标

品牌力	134
溢价力	110
长驱力	106

有意义	差异化	活跃度
123	123	131

信任度	101
可持续	102
社会责任	101

英特尔（Intel）

2024 年品牌价值 **429.70 亿美元**

* 凯度集团（Kantar）、《2024 年凯度 BrandZ 最具价值全球品牌 100 强》榜单及报告

◆ 优秀案例

英特尔：科技引领品牌发展

随着数字经济的飞速发展和人工智能（AI）技术的突飞猛进，英特尔依托其深厚的科技实力，以“芯生无限”为核心理念，从致力于推动“让AI无处不在”“数字化转型”和“科技向善”三大战略领域发展，持续塑造英特尔值得信赖的品牌形象，逐步建立并增强品牌与人工智能技术的紧密联系，巩固品牌的科技领导力。在塑造自身品牌形象的同时，英特尔也期望能为行业提供灵感和借鉴，为共同发展创造更多契机。

一、让AI无处不在

英特尔打造覆盖云、网、边、端的AI产品组合，构建了从算力、基础设施到软件、应用的生态系统，致力于让AI无处不在。凭借卓越的品牌技术领导力，结合一系列精准有效的传播活动，2023年品牌与AI的关联度持续增长。

1. AI让体育无限精彩

作为奥运会的长期官方合作伙伴，以及2024年巴黎奥运会和残奥会的官方全球人工智能平台合作伙伴，英特尔致力于推动人工智能技术在奥运赛事中的应用，通过科技的力量为运动员、教练员和观众创造一个更沉浸、更有趣、更便利、更精彩的奥运体验。

在2024年巴黎奥运会的赛事转播中，英特尔与中国移动咪咕合作，在咪咕直播间推出了“AI诗人评奥运”和“AI逐梦时刻”

等特别环节。这些环节利用 AI 大模型技术，将中国传统文化元素与奥运赛事热点相结合，向奥运健儿突破自我、勇于拼搏的体育精神致敬。以“AI 诗人评奥运”为例，英特尔技术团队收集并整理了数十万首古诗文及其释义，并在搭载英特尔®酷睿™Ultra 处理器的 AIPC 上构建了语料库，经过多轮细致的训练，AI 诗人能够准确理解体育项目和运动精神的相关问题，为之匹配语义贴切的古诗词。此外，英特尔还运用了业内领先的文生图大模型技术，用户可以输入诗句中的元素、运动项目，生成融合了传统卷轴、中国传统文化风格与现代运动场景的图像，生动展现运动员的卓越风采。

同时，英特尔也全力赋能 2024 年巴黎奥运会现场，带来一系列创新的科技体验。例如，利用英特尔®至强®处理器，2024 年巴黎奥运会实现了端到端的 8K 超高清直播。在英特尔®Geti™平台的支持下，广播商可以为体育爱好者提供定制化的比赛高光时刻集锦。英特尔还利用 AI 技术推动赛事场馆的无障碍环境建设，在残奥会关键室内区域为视障人群进行语音导航服务。作为科技奥运的践行者和推动者，英特尔坚持用科技之力，带来数智时代的独特奥运体验。

2. AI 让产业加速前沿科技落地

英特尔与央视网联合打造了《AI 先行者》这一 AI 行业应用专题片，以教育和医疗两大行业为代表，从 K12 到高等教育，从辅助医疗到康复养老，深度讲述了英特尔与合作伙伴在推动 AI 技术赋能行业发展方面的典型案例，充分展现了英特尔以全链路 AI 平台推动新生应用落地，不断释放 AI 潜能，让 AI 无处不在的能力。

AI+ 医疗：随着人工智能技术的进步，医疗行业正逐渐成为

AI技术应用的重要领域。面对该领域的专业性强、情境复杂多样、数据私有化部署、信息共享程度低等问题，英特尔携手合作伙伴，从辅助医疗到康复养老全方位赋能行业发展，促进人工智能在医疗领域的落地实践。在辅助医疗方面，利用英特尔®至强®处理器和全新AI加速器，英特尔助力合作伙伴开发出了兼顾高性价比、更强数据隐私保护和高性能的AI产品。该产品在提高医生工作效率、医院管理效率的同时，也改善了患者的就医体验。在康复养老领域，英特尔中国研究院与合作伙伴合作研发了一款针对老年人防跌倒评估的智能魔镜。依靠英特尔强大的AI算力和处理器，这款智能魔镜显著提升了被测者的识别准确性，减少了护理人员在辅助老年人进行测试时的干扰。

AI+教育：英特尔与合作伙伴协同共创的交互智能平板，通过部署英特尔®酷睿™Ultra处理器与OpenVINO™解决方案，不仅将信息化、AI、大模型的技术引入教育行业，更为师生提供了一个强大的、无感的、智能化的教学平台。课前，老师可以在备课时轻松借鉴课件库中的教学思路，并与其他教师在线集体备课；课中，通过交互智能平板的教学互动游戏，老师能够以趣味、直观的方式帮助学生夯实基础知识概念；课后，AI可以生成一份详细的教学报告，该报告可以打破主观记忆和经验主义的桎梏，让老师根据具体数据进行分析和改进。

二、数字化转型

英特尔根植中国、深耕产业、共创价值，以更快的速度，提供更全面的解决方案和定制化服务，促进更多满足本土需求的创新，并聚焦数字产业化和产业数字化，助力数字经济和实体经济深度融合。

英特尔助力千行百业数字化转型

智慧零售：英特尔智能边缘计算联合研究院——英麒智能开发出基于大模型的数字人解决方案，该方案采用英特尔®酷睿™Ultra 处理器和 OpenVINO™深度学习工具套件，打造了低成本、高质量的智慧零售平台。基于该解决方案打造的快速、准确的高精度数字人适用于智能客服、导购和数字助理等零售场景，能够在助力提升运营质量与效率的同时，推动零售进入 AI 时代。此外，这款高精度数字人还可支持多模态驱动，满足客户定制化需求，在教育、医疗、公共服务等众多领域也存在广泛应用场景。

三、科技向善

英特尔始终致力于弘扬科技向善，通过充分释放科技力量，改善人们的生活。

1. 科技育人

英特尔持续积极推动教育领域的数字化创新，打造“新基建”下的数字教育环境，让“互联网 + 信息技术”红利惠及乡村，为乡村教育发展插上“智慧翅膀”，助力乡村振兴。英特尔在不断提升乡村学校的硬件条件、加强数字化教育资源的建设与利用的同时，通过互联网、开放教育资源以及教育平台，为乡村教师和学生提供丰富的学习材料和教学工具，并开发更适合乡村的数字教学内容及数字化教学模式。为解决师资和教育资源匮乏、远程教学互动不足等问题，英特尔推出了基于英特尔技术的双师课堂解决方案。英特尔联合新华网组织了主题为《千里共同窗》的双师课堂，让北京五中与贵州望谟县实验高中的师生们实现跨地区的课程联动，共同探索北京中轴线和贵州苗族文化的魅力，实现两地文化的双向交流。这一智慧教育项目受到了教育界的高度关注。

2. 科技助力心理健康

心理健康问题已经成为全球关注的焦点和亟需解决的社会性问题。英特尔联合产、学、研于 2024 年 6 月共同推出了“心会跟AI一起走——AI助力的心理健康”公益活动，基于英特尔跨云、边、端的 AI 算力，与合作伙伴共同带来从诊断到疗愈的全链路解决方案。该公益活动一方面借助产业研讨会，为业内专家提供深入探讨的平台；另一方面，创新打造“心灵 SPA”快闪空间，让公众、媒体等能够尽情体验 AI 技术带来的心理放松时刻，并普及心理健康常识，引发社会的关注与讨论，推动全社会心理健康发展。在该活动中，英特尔借助平台优势，将不同合作伙伴的优势进行互补，与之共同打造更全面的大健康解决方案，形成从心理健康到身体健康的更为完备的就诊和治疗闭环体系，拓展了英特尔算力平台应用的同时，也为合作伙伴带来更多商机。

3. 科技创造可持续的未来

面对气候变化挑战，作为全球领先的半导体设计和制造商之一，英特尔凭借自身的丰富经验和广泛影响力，以“可持续计算，通往可持续未来”为绿色发展使命，通过系统性变革、技术创新及全行业合作，一方面致力于在生产经营中减少碳足迹，提升产

英特尔，可持续计算，为了可持续未来

品能效，推动绿色计算；另一方面联合产业行动，扩大技术手印，助力推动全行业迈向更具可持续的未来。

2023 年，英特尔联合产业举办了可持续发展论坛，与央视频、人民网、新华网、财新等多家媒体展开战略合作，以明星节目、对话、深度解析等形式，分享了英特尔“以可持续计算通往可持续未来”的愿景、行动和成果，塑造了英特尔“科技向善”品牌形象的同时，为行业带来借鉴与参考。其中，与央视频合作的“云顶对话”，以深入独到的见解、人文化情怀和有温度的科技，收获一众好评。该节目播放量多达 3 千万次，内容阅读量超过 1.4 亿。

英特尔的科技创新之旅从未停歇，其在推动 AI 应用与落地、助力数字化转型和科技向善等领域的努力，不仅拓宽了技术的边界，也为社会带来了深远的影响。英特尔将持续携手众多合作伙伴，以全球领先的技术与洞察力，推动人工智能广泛应用。在助力企业加快数字化创新步伐的同时，更让 AI 等领先科技惠及每个角落、每一个人，为推动企业成长和提升民生福祉开拓广阔前景。

生活服务平台

Lifestyle Services Platform

饿了么

美团

同程旅行

携程

行业分析

后疫情时代，消费者对效率、便捷体验和个性化享受的需求日益增长。同时，技术的创新迭代，尤其是人工智能技术的广泛应用，为各行业的发展带来了新的机遇。面对这些变化，生活服务平台的品牌玩家在过去两年中快速响应，通过拓展品类、开发新功能等举措，重构运营、营销模式，积极适应并满足消费者不断变化的需求。

近年来，消费者对本地生活服务平台的需求逐步增强，愈发渴望更多样化的产品和服务。顺应该变化，本地生活平台大力拓展品类，以满足“万物到家”的消费趋势。疫情期间，消费者对外卖的需求已不再局限于餐饮品类，逐渐扩展到日用品和医疗物资等领域。而在疫情之后，消费者愈发追求生活的便利性和舒适度，对本地生活平台的期望也随之转变为希望在其上实现“一站式产品购买”。[326] 为此，本地生活平台的服务范围从餐饮外卖、生鲜电商、药品配送和日常用品，扩展到数码产品、美妆服饰、宠物用品等更为广泛的品类。2024 年，美团通过与迪卡侬的合作，实现了迪卡侬全国门店上千款运动商品的即时配送服务。[327] 2023 年，饿了么与 500 余家 Apple 授权专营店合作，上线了 Apple 全线产品品类，将数码产品带到了即时零售平台。2024 年，饿了么首次支持苹果 iPhone 16 的新品预售。在首发当日，饿了么的用户最快半小时内即可获得新机，解锁了贵价商品即时配送的新体验。[328]

本地生活的蓬勃发展也吸引着新玩家的加入。近两年，社媒平台如抖音、快手、小红书等纷纷入局本地生活这一蓝海。这些新玩家凭借其庞大的用户流量基础和丰富的内容生态，构建了从

“内容种草，到囤货团购，再到店消费”的全新消费链路，颠覆了传统的“人找货”的玩法，将“货找人”的新模式应用到本地生活中。面对新玩家带来的挑战，传统本地生活玩家开始积极创新，补足短板进行“反攻”。2023年，美团上线了短视频和直播的一级入口，打造了直播IP“神枪手直播”与“爆团团直播”[329]，前者主打到家，后者则主打到店，成功将流量转化为实实在在的订单。和社媒平台不同的是，美团凭借其在外卖领域多年积累的经验和优势，将直播订单快速转化为外卖订单，实现快速配送[330]，为消费者提供了更加便捷的服务，进一步提升用户体验。

对于文旅平台而言，后疫情时代，消费者对旅行的渴望推动了文旅平台的快速复苏。2023年以来的旅行市场，节假日出行热度回升，跨省游热度明显走高，呈现出“淡季不淡，旺季更旺”的特征。[331]出境游复苏势头也非常强劲，2024年上半年的跨境游人数已恢复至疫情前的水平。[332]在中国消费者“走出去”的同时，外国游客“走进来”的步伐也在加快。自2024年中国对多国实施单方面免签政策以来，外国游客能够更便捷高效地进入中国，为中国的文旅市场注入了新的活力。

消费者对高质量、个性化旅行体验的追求，推动了定制游市场的发展。各大文旅平台均在积极研究如何利用AI技术满足消费者的定制游需求，努力为消费者提供旅行前、中、后的全方位、个性化支持服务。2023年7月，携程推出了“携程问道”大模型，在旅行前高效地给用户种草，帮助用户节省决策时间。不管用户是否有明确的出行需求和目标，模型都能基于用户提出的模糊的、非结构化的问题，逐步分析和交互，帮助用户明确需求，并给予结构化的答案，提供定制化的行程推荐，让漫长的决策流程变得更加简短。[333]

随着技术的不断进步和消费者需求的持续演变，生活服务平台正站在新的发展起点上。无论是本地生活服务还是文旅行业，都在致力于以更加个性化、智能化和便捷化的服务，为中国乃至全球消费者的生活和体验带来更多可能。

饿了么

饿了么自 2008 年成立以来，已迅速成为中国领先的即时电商平台，其战略核心聚焦于“科技 + 生态”。公司不断创新商业模式，致力于向生态中的各行业商家提供更优质的服务和体验。2024 年，饿了么持续推出最新战略级项目，帮助品牌商家打破即时商业中时间和空间的限制，进一步拉近与消费者的距离，也为消费者带来更优质的体验。经过多年的耕耘，饿了么在创新性、信任度和社会责任方面均有出色的成绩。

核心指标

指标	分值	细分指标
品牌力	131	有意义 106；差异化 100；活跃度 123
溢价力	103	
长驱力	84	创新性 104；信任度 102；社会责任 102

饿了么

2024 年品牌价值　　**32.41 亿美元**

* 数据来源：凯度集团（Kantar）、《2024 年凯度 BrandZ 最具价值中国品牌 100 强》榜单及报告

美团

美团，以“科技 + 零售”为核心战略，秉承“帮大家吃得更好，生活更好”的使命，持续推动科技创新以满足消费者对本地生活服务的需求，并提升他们的生活品质。美团助力合作商户实现高质量发展，通过产品创新能力，激发新需求、提供新供给。同时，美团将社会责任体系深度融入企业战略，从共享美好生活、共荣美好行业、共建美好社会三个维度出发，为用户、行业乃至整个社会创造持续价值。

核心指标

品牌力	243
溢价力	111
长驱力	137

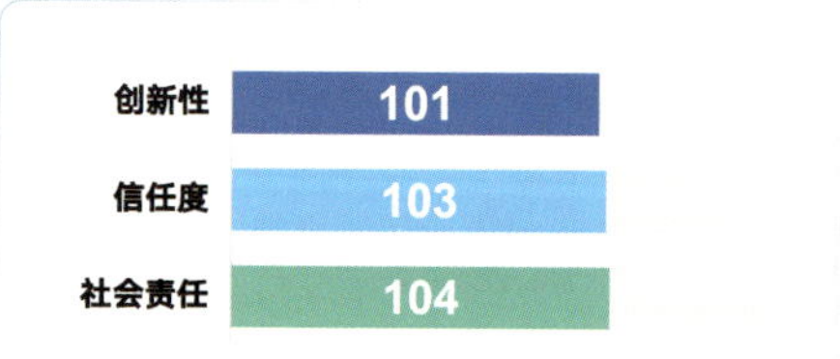

美团

2024 年品牌价值 **190.54 亿美元**

* 数据来源：凯度集团（Kantar）、《2024 年凯度 BrandZ 最具价值中国品牌 100 强》榜单及报告

同程旅行

同程旅行以“让旅行更简单、更快乐”为使命，以科技驱动，借助大数据和人工智能，为游客提供全面而个性化的产品与服务。同程旅行不断扩展服务场景，从出行到生活玩乐，全方位提升用户体验，确保用户在旅行中的每个环节都享受服务，从而赢得了较强的消费者信任。此外，同程旅行肩负起社会责任，积极探索新模式，从用户信息安全到员工发展，再到整体生态保护，推动整个旅游业的可持续发展。

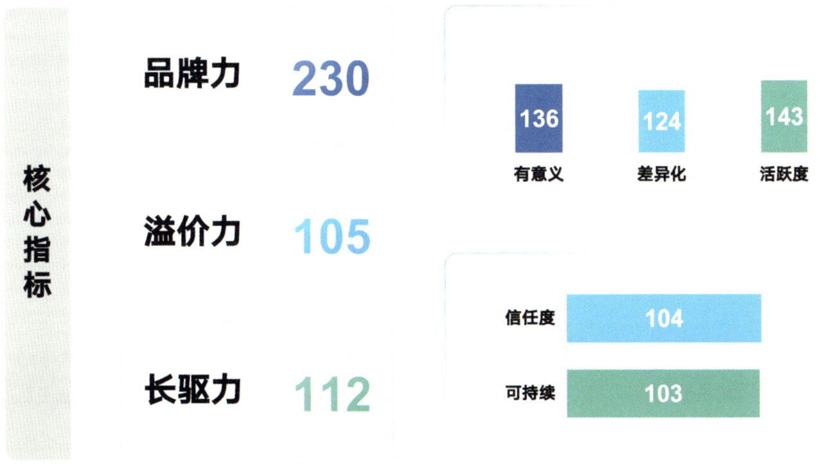

携程

创立于 1999 年的携程旅行网，秉承着“以客户为中心”的原则，在 25 年的时间内发展成了中国乃至全球领先的在线旅游服务平台。技术创新是携程稳步发展的驱动力。携程加大技术研发投入，在旅游行业垂直 AI 大模型领域取得突破，为游客提供定制化的出行计划和体验。在可持续发展方面，携程同样表现出色，全面推出低碳酒店、航班、商旅等产品，积极促进低碳出行。凭借在各个领域的卓越表现，携程已经成为人们旅行中不可或缺的伙伴。

核心指标

品牌力 250

溢价力 107

长驱力 128

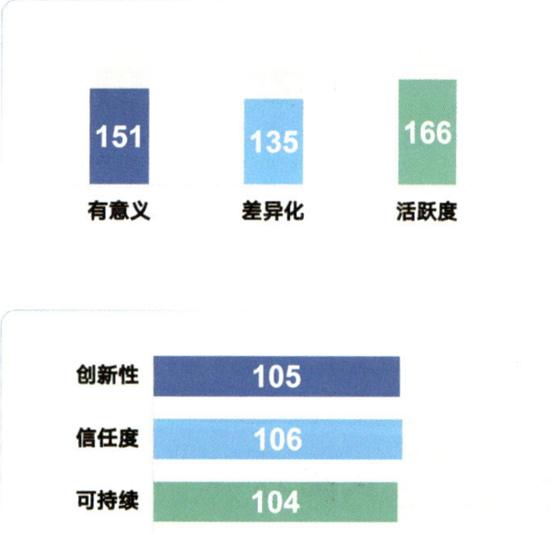

携程

2024 年品牌价值

37.52 亿美元

* 数据来源：凯度集团（Kantar）、《2024 年凯度 BrandZ 最具价值中国品牌 100 强》榜单及报告

食用油

Cooking Oil

多力

福临门

金龙鱼

鲁花

行业分析

得益于中国经济的持续发展以及居民生活水平的不断提升，我国消费者的用油观念正逐步向科学化与健康化转变，食用油消费行为也从追求“量”转向注重“质”。为更好地迎合市场需求，各大食用油品牌在2023年呈现出了向健康营养、品种多元及产品小包装化创新研发的趋势。

基于我国消费者的用油需求已从基本的烹饪功能转向了更高的营养追求，各大食用油品牌先后升级了加工工艺以提升产品的健康效益。多力不仅通过“七重精炼技术”和“充氮保鲜技术”保留了食用油的风味与营养价值[334]，更运用持续升级的“适度精准加工”工艺于2024年上新了黄金3益稻米油，进一步提升了食用油中的三大核心营养物质含量及谷维素的浓度[335]；同年里，中粮福临门与祥宇橄榄油进行合作， 采用低温冷榨技术推出了“福瑞祥和” 鲜榨特级初榨橄榄，有效锁住了维生素、多酚、黄酮及角鲨烯等有益成分[336]；恒喜则应用“低温留香”工艺，成功解决了传统高温处理过程中香气流失的问题，保留了菜籽油的风味及营养[337]，并在2024年相应推出了菜籽油系列新产品。

消费者用油需求的升级也促使着各品牌积极拓展小众油种，向产品多元化发展。金龙鱼通过技术创新成功保留了山茶油中的关键营养成分 “三萜烯醇” ，并于2023年发布了山茶油专业品牌“金龙鱼金山茶” 及三款相关新品[338]；东茶同样借助品牌升级的契机在2024年推出了涵盖 “山・霁月” “水・润月” 及 “茶花・宝月鎏金” 在内的全新山茶油系列产品[339]；新疆西格尔则推出了富含亚麻酸、亚油酸及维生素A等多种有益成分的核桃食用油，满足婴幼儿至成人各阶段的健康需求[340]。

此外，随着家庭规模的缩小以及消费者对食品新鲜度要求的提高，市场对小规格包装食用油的需求呈现出增长态势。各大品牌在捕捉这一趋势后，分别加速推进小包装产品的产能建设：道道全调整业务战略，确立“道道全”“菜子王”及“东方山油”为其小包装油的主要品牌[341]；西王食品自2020年起开始投资建设小包装食用油生产线，以增加该品牌小包装玉米胚芽油的产量与供给[342]；益海嘉里的昆明工厂亦于2023年底开始投入运营，正式具备全面生产金龙鱼品牌小包装油品的能力[343]。

在销售渠道方面，尽管线下大型商超面临客流下滑的挑战，但其在食用油销售中的地位依旧稳固；而小超市受益于近场化的趋势也实现了销售增长。[344] 与此同时，线上电商平台凭借其便利性优势发展迅速。例如，京东凭借正品心智及次日达配送服务的能力获得消费者信任，成为了食用油的主流平台。[345]

在营销策略上，各大食用油品牌加强了与专业人士或科普达人的合作，利用科学理论及实验数据来有效提升宣传内容的可信度。例如，多力连续多年与全民营养周合作，联合营养学界专家以专业视角传递营养膳食理念，帮助广大消费者建立对葵花籽油品牌的全新认知。[346] 此外，众多食用油品牌也在营销中增强了产品应用场景与日常生活的融合度，如赞助美食节目或软植入减脂食谱，使营销更为生动且贴近实际需求。

随着消费者对健康与品质需求的日益增长，食用油行业预计将持续稳健发展，健康化、多元化及小包装化的产品将成为推动行业变革的主要力量。

多力

2003年，多力首次将葵花籽油带入大众餐桌，在这一细分领域进行战略布局。此后，伴随着国内消费结构的升级以及民众对健康饮食需求的增长，多力迎来了新的发展机遇。凭借其在葵花籽油领域的多年深耕及对其他油种的开拓创新，多力逐步成长为深受消费者信赖的食用油品牌。

自品牌成立以来，多力始终以专心致力于“好营养、好健康”为发展方向，获得了消费者的广泛信任。在食用油品质管控方面，多力展现出了高度的责任感和严谨性：从精选原料开始，确保产品源头的质量；同时，多力在国内建立了三座符合高标准要求的生产工厂，力保每一批次产品的纯净度与高品质，为消费者提供了食品安全方面的可靠保障。[347] 在此基础上，多力还开创了“七重精炼技术”，并使用“充氮保鲜技术”，通过领先的技术手段来维持食用油的风味与营养价值。凭借在品质上的精益求精，多力成为了中国唯一通过欧美食品安全最高标准认证（SQF及IFS）的食用油品牌，并荣获了多项科学技术奖项，让消费者吃得安心、放心。[348]

秉持营养健康的理念，多力针对消费者日常用油的需求对产品不断优化升级，在创新领域取得了良好的表现。面对国内市场对食用油“精而纯”的过度追求，多力持续升级“精准适度加工”工艺，较大程度地保留了食用油中对人体有益的营养物质。[349] 利用这项技术，多力于2024年推出了富含谷维素的黄金3益稻米油，让产品的营养价值与风味体验都得到了进一步的升级。[350] 此外，为解决烹饪过程中油烟危害这一长期存在的问题，多力研发团队经过七年的深入研究与工艺迭代，在行业内独创“降低精炼食用植物油油烟量的生产工艺及过渡装置”。该发明被创新性地应用于工序之中，生产出更加营养、健康且安全的食用油，为消费者带来了低油烟的烹饪新体验。[351]

同时，多力持续扩展其产品线，创新推出了富含维生素 A、维生素 E 和磷脂的黄金 3 益系列产品，覆盖了葵花籽油、玉米油、菜籽油等多个品类。2024 年，多力进一步拓宽了该系列的产品矩阵，上新了稻米油，满足了消费者对健康食用油多样化的需求。

根据凯度消费者指数的调查数据，从 2012 年到 2024 年，多力葵花籽油在同类产品市场中一直保持着销量领先地位。[352] 多年来，多力凭借其对产品品质的持续追求以及卓越的创新能力，不断突破技术壁垒，在赢得消费者的信任的同时树立了创新的品牌形象，进一步提升了品牌的市场地位。

福临门

福临门以信任为基，以创新为翼，在 2024 年取得了瞩目的成绩。在由单品拓展至多元油种的过程中，福临门不断提升炼油工艺，守护国民用油健康，品牌信任度历久弥坚。在坚守品质的同时，福临门也勇于创新，携手多类品牌进行跨界营销，赋予消费者情感价值，成功融入年轻一代消费群体。2023 年，福临门亦创新升级了品牌标识及 IP 形象，彰显 “以福为骨，以家为魂” 的品牌特色，进一步强化了品牌魅力。[353]

金龙鱼

2024 年，金龙鱼在食用油领域持续精进，以稳定的绿色精准工艺巩固了品牌的专业地位。同时，金龙鱼主动开放透明工厂[354]并建立全供应链覆盖的食品安全管理体系，进一步稳固了消费者信任的基石。在发展层面，金龙鱼积极减排节水，并构建 ESG 培训体系，向外界传递品牌可持续发展的理念。此外，金龙鱼亦热心公益，依托金龙鱼慈善公益基金会助力乡村振兴及抢险救灾。通过一系列的实际行动，金龙鱼不仅在食用油领域树立了专业形象，更赢得了广泛信任，彰显了其可持续发展的实力与负责任的品牌形象。

鲁花

鲁花作为花生油领域的标志性品牌，凭借其独创的“5S 纯物理压榨工艺”成功保留了花生的天然营养成分，树立了绿色健康食用油的新标杆。[355] 自创立之初，鲁花坚定拒绝采用转基因原料，并自发公开调和油配方比 [356]，博得了广大消费者的好感与信任。在业务取得成就的同时，鲁花也积极响应国家的双碳战略目标，通过工艺优化与资源高效利用，实现了生产环节的低碳、低能耗及低排放，充分展示了其追求可持续发展的信念与品牌形象。[357]

◆ 优秀案例

多力：深耕葵花籽油，以“用心”诠释行业领导者之姿

在当前健康意识日益增强的消费环境下，食用油市场正经历着一场以健康和营养为核心的变革。葵花籽油凭借其丰富的营养价值和健康益处，逐渐成为消费者餐桌上的首选。作为葵花籽油市场的开拓者和领导者，多力通过精准的市场定位和有效的品牌策略，成功地将葵花籽油推广至千家万户，并在激烈的市场竞争中保持领先地位。

一、深耕葵花籽油，引领健康用油新趋势

2003 年，多力将欧洲备受推崇的健康食用油——葵花籽油引入中国市场。彼时，葵花籽油还是一个相对小众的油种，国内消费者对于葵花籽油的认识有限。在进入市场初期，多力便秉持健康理念，通过持续的科普教育和品类推广，普及健康用油的理念。

随着国内居民消费的不断升级，自 2017 年起，食用油市场迎来了以健康为核心的新发展阶段。消费者对食用油的需求趋向多样化、健康化，对食品安全的关注也日益增强，健康营养用油逐渐成为市场的主导趋势，这为多力等高品质健康油品提供了发展机遇。

把握这一契机，多力通过技术创新不断推动产品创新，持续提升产品的健康价值，以适应市场对健康食用油的增长需求。如今，历经 21 年的专注和积累，葵花籽油市场实现了稳步增长，并已渗透超过 1/4 的中国家庭。多力见证了葵花籽油从一种小众油品转变为国内食用油市场的五大品类之一，成为健康食用油的代名词。

2023 年 6 月 6 日，在上海举行的“多力用心葵油 20 年全国销量领先”发布会上，清澈透亮的多力葵花籽油整齐摆放

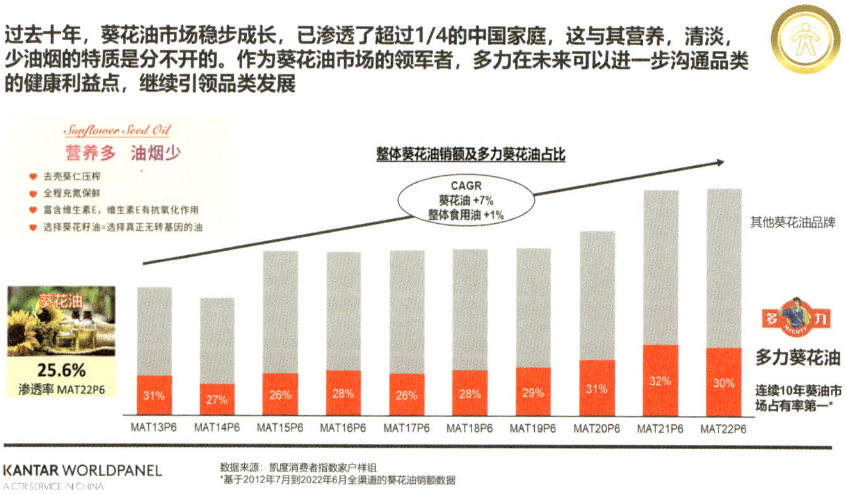

根据凯度消费者指数调查结果显示，过去十年，葵花籽油的复合增长始终保持在头部位置，目前已渗透了超过 25% 的中国家庭，是中国市场上的 6 大主要油种之一

二、品类教育：从健康产品到健康观念的普及

多年来，多力持续通过品类教育，将葵花籽油的健康属性和品牌坚持的健康理念持续传达给消费者。多力与健康领域协会、

专家、权威人士持续合作，通过科普活动、广场舞、健康操等形式，持续向大众科普“营养膳食，科学用油”的理念和专业知识。例如，多力通过“中国好营养百场直播”活动，联合营养学界专家，以专业视角传递营养膳食理念，推广全民科学营养膳食。此外，多力还与中国营养学会营养健康研究院合作推出《科学用油与心脑血管健康营养手册》，为消费者提供了科学用油的指导和实用的健康信息，进一步推动了健康生活方式的普及。

多力 20 周年发布会上，多位行业权威专家学者进行了以“科学营养用油，为健康加油”主题的圆桌讨论

这些活动不仅提高了消费者对葵花籽油品类的认识，也加深了他们对健康用油理念的理解，更强化了多力作为健康生活方式倡导者的品牌形象。多力的品类教育策略，成功地引导消费者从了解产品特性，升级为认同品牌所倡导的健康理念。这一转变提升了消费者对品牌的整体认可度。这种认知升级形成了一个良性循环：企业理念融入健康产品，健康产品推广健康理念，健康理念形成健康需求，健康需求推动企业产品升级，最终推动葵花籽油品类的推广和拓展。

1. 产品创新：多力的技术革新与产品升级

多力紧跟市场趋势和消费者需求，对葵花籽油生产工艺进行持续改良与创新。多力专心致力于“好营养、好健康”的企业发展方向，不断通过研发工艺和技术的创新，推进葵花籽油的产品矩阵，深挖和探索这一健康油种的潜力。多力的技术创新不仅提升了产品的健康品质，也满足了消费者对高品质健康油品的需求。

为建立持续的品牌研发能力，多力与江南大学共同成立联合研究中心，并建立了营养科学的协同创新实验室。这一合作不仅加强了多力在营养科学领域的研究能力，也为产品创新提供了坚实的科学基础。多力独创的七重精炼技术，进一步保留了油品中的营养成分，减少杂质和危害成分，研发出了富含维生素 A、维生素 E 和磷脂的黄金 3 益系列产品，以及富含 77% 高油酸的黄金 3 益高油酸葵花籽油，显著提升了产品的营养价值和风味体验。

2024 年，多力独创出“降低精炼食用植物油油烟量的生产工艺及过渡装置”技术，该技术成为行业首个荣获降低油烟量的中国发明专利

多力在营养健康的基础上，也致力于为消费者提供能够解决日常烹饪痛点的产品。多力敏锐地洞察到，日常烹饪过程中产生的油烟不知不觉已经成为了威胁国人健康的“隐形杀手”。为了解决这一问题，改善国民“用油健康”，多力进行了技术革新。

在美国康奈尔大学食品科学博士刘昌树的带领下，多力研发团队经过 7 余年的潜心研究，投入上千万，独创出“降低精炼食用植物油油烟量的生产工艺及过渡装置”，首次突破了葵花籽油 20 多年来的技术障碍，并因此获得了中国发明专利。这一技术不仅降低了烹饪过程中的油烟产生量，还有效保留了天然维生素 E，降低了反式脂肪酸的含量，为消费者提供了更健康的烹饪选择。

多力还与中国营养学会等机构进行专案合作，不断持续开发新油种，并建立了从平价到高端的全面产品矩阵和生态，为消费者提供更加多元化的选择。

三、社会责任实践：健康生活方式倡导

多力品牌不仅在产品创新和品类教育上展现了其行业领导者的地位，更在社会责任实践上展现了企业的担当。通过倡导健康用油和适度运动，多力描绘了一个更大的蓝图——将“吃动平衡”的健康生活理念传递给更多中国家庭。

早在 2015 年，多力就开启了首届广场舞大赛，经过多年深耕，在中老年群体中掀起了一股健康新风潮，将“吃动平衡”的健康观念传递给更多人

多力敏锐洞察到国人心血管疾病的上升趋势和扩大风险，食用油作为餐桌的重要一环，是预防心血管疾病的关键部分。因此，多力与世界心脏联盟达成合作，发起了“健康减负”主题活动。活动通过现场教学和线上直播，为大众提供了一系列科学的运动指导和健康用油法则，向大众传递健康减负理念。多力邀请心盟首席执行官来到活动现场，共同呼吁大众呵护心脏健康，并邀请奥运体操冠军、前国家体操队队员担任多力“护心教练”，为消费者量身打造“多力护心操”，通过趣味性内容带动产品教育，持续提升消费者对于多力“健康减负”品牌传播理念的感知。

多力总经理曹博睿（右）与世界心脏联盟首席执行官 Jean-Luc Eiselé（左）进行签约仪式，共同呼吁大众关注心血管健康

为了让“健康减负”这一生活方式触达更广大消费群体，多力还在社交媒体平台开启了一系列延续传播，不但在官方抖音发起跟跳有奖挑战，面向品牌粉丝进行 UGC 征集，将系列内容沉淀至品牌话题“心健康 多力给”。同时，多力还邀请健康科普专家、

专业营养师以及家庭美食类博主持续种草，以“多力护心操”趣味性内容带动产品教育，持续提升消费者对于多力“健康减负”品牌传播理念的感知。

通过 21 年不懈深耕精研用油，坚持技术创新和品类教育，深挖和探索葵花籽油这一健康油种的产品矩阵，多力品牌自身也成长为广大消费者的营养健康伙伴，是葵花籽油品类当之无愧的引领者。凯度消费者指数调查结果显示，自 2012 年起，多力葵花籽油在中国城市常住家庭对葵花籽油的消费中便占据第一，已连续十年成为近三成的中国家庭在购买葵花籽油时的首选。

多力品牌在葵花籽油市场中的长期领导地位，得益于其对市场趋势的精准把握和对国民健康需求的深刻洞察。背靠“健康中国”这一宏大背景，多力以产品创新和品类教育为抓手，不断推动消费者对于葵花籽油和健康理念的认知和理解。随着消费者对健康饮食的日益重视，中国葵花籽油品类市场有着极大的增长潜力，多力品牌有望继续引领市场，推动健康生活方式的普及，为消费者提供更多高品质的健康油品。

多力的产品矩阵涵盖了以葵花籽油、菜籽油、玉米油、花生油以及富含营养的“黄金 3 益”系列，组建了完善的健康油品矩阵

数字营销

Digital Advertising

抖音

谷歌（Google）

腾讯

亚马逊（Amazon）

行业分析

近年来，数字营销行业持续保持稳定增长。Statista 的统计数据显示，2023 年全球数字营销收入占整体广告营销收入的近 7 成，已成为最大的营销收入来源。随着人工智能加速赋能千行百业，数字营销行业也正在经历深刻变革。

人工智能技术的快速迭代正推动营销向更高效、更便捷的方向发展。一方面，AI 的应用极大提升了营销的决策效率和效果。通过自动化的广告投放系统，品牌能够更精准地定位目标用户，实现广告资源的配置优化。2023 年，抖音旗下的数字化营销服务平台巨量引擎推出了自动化投放产品优必投（UBMax），该产品能够使营销人员从重复性工作中解放出来，将更多精力聚焦在更为重要的营销要素上，比如用户洞察、对产品的理解等。[358] 同时，该工具能够帮助品牌以稳定的成本进行广告投放，并获得更高的营销回报，在营销效率和效果上均获得了市场认可。另一方面，生成式人工智能（AIGC）技术通过模仿人类的创造力，为营销内容生成提供了新思路。品牌可以利用 AIGC 技术快速生成个性化的营销素材，提高创意生产效率，拓宽创意空间。例如，谷歌（Google）推出了 Google AI 赋能的广告创意生成方案 Asset Generation。通过对数以万计表现卓越的广告素材进行机器学习，并对模型展开多维度训练，该工具能够让品牌快速、批量地生成满足需求的广告素材，并可以根据品牌调性进行调整，实现了营销创意效率的大幅提升。[359]

在人工智能技术颠覆数字营销行业的同时，终端消费者行为模式和注意力重心的转变也推动着行业发展。

在全球市场中，社交媒体已经超越了单纯的社交互动与分享功能，在产品发现和购买的过程中扮演着越来越重要的角色。一方面，TikTok、小红书等社交媒体正在成为消费者新的“搜索引擎”，尤其对于Z世代之后的年轻人来说，通过社交媒体寻找生活方方面面的灵感及可以满足需要的产品已成为常态。另一方面，社交媒体的商业化已逐渐形成闭环。消费者不仅可以在社交媒体内浏览、发现和了解产品，还能直接在平台内进行购买，完成从种草到购买的闭环链路。这一趋势在中国市场的表现尤为显著。据Statista统计数据显示，2024年抖音、微信和小红书将成为全球收入最高三个社交电商平台。2024年，腾讯旗下的社交媒体平台微信将承担购物功能的“视频号小店”正式升级为“微信小店”，实现了品牌的店铺和产品信息可以在公众号、视频号、小程序和搜一搜等微信场景上流转，其闭环生态逐渐完善。

着眼海外市场，终端消费者的视线正在从传统媒体转向流媒体、短视频和播客等新兴媒体。以Netflix、Amazon Prime Video为代表的流媒体平台，以TikTok、Instagram为代表的短视频平台，和以Spotify、Apple Podcast为代表的播客平台，正加速占据消费者的休闲娱乐时间和日常的碎片化时间。顺应这一趋势，品牌方需加大在流媒体、短视频和播客等渠道的营销投入，以持续吸引消费者的注意力。例如，中国某泳池机器人品牌正处于从原始设计制造商ODM向自有品牌转型的关键阶段，如何快速提升品牌知名度成为其亟待解决的重要问题。该品牌利用亚马逊（Amazon）自助式流媒体电视广告（Sponsored TV），并通过亚马逊旗下的Prime Video、Twitch、IMDb等汇集用户注意力的流媒体渠道，迅速提升了品牌认知度，两个月触达的海外用户数量达到了1.75亿。[360]

在中国市场中，数字营销行业还展现出一个独特的发展趋势——手机厂商正成为中国数字营销中的重要一环。凭借完整的操作系统和精准的用户标签数据，手机厂商具备天然的“广告位”优势。作为中国头部的手机品牌，小米在 2023 年的广告营收达到了 205 亿元人民币，已进入中国互联网公司广告营收的前十名。[361 362] 同时，小米还推出了应用生态商业开放项目“直投 2.0”，通过与媒体类平台展开合作，实现了直接在媒体侧调用小米应用商店完成软件下载的功能，缩短了软件从下载到激活的转化链路，提高了营销的转化效率。[363]

人工智能的不断进化为数字营销行业注入了革命性的动力。这不仅显著提升了品牌的营销效率，还为创意的构思和营销策略的迭代与革新开辟了更多可能性。面对消费者需求和行为模式的持续演进，品牌需精准把握消费者的关注焦点，灵活调整其营销渠道布局。同时，品牌应充分利用数字营销平台的最新技术，在粉尘化的营销环境中持续吸引消费者的目光，实现品牌的长期繁荣与发展。

抖音

抖音依托旗下的数字营销平台巨量引擎，致力于帮助品牌实现营销与经营的深度融合，构建从种草到转化的完整闭环链路，在专业性、创新性和可信赖方面表现卓越。数据是开展精细化营销的基础，利用抖音、今日头条、西瓜视频等抖音旗下业务平台在人群、内容和商品上的庞大数据资产，品牌能够进行科学决策，实现生意的“确定性增长”。[364] 此外，在竞争激烈的营销环境下，内容成为品牌吸引消费者注意力、激发情感共鸣、进而与消费者建立深度联系的重要工具。2023 年，巨量引擎推出了“内容供给实验室”，一方面能够快速捕捉行业内容热点，降低品牌的测试成本；另一方面还可以根据深度行业洞察，指导品牌产出更具吸引力的内容。[365]

谷歌

在全球数字营销领域，谷歌（Google）正借助其智能技术平台和持续的创新，助力更多中国品牌走向世界舞台。依托谷歌生态内跨渠道业务的相互赋能、卓越的科技创新能力，以及对“科技使人人受益”理念的深刻践行，谷歌在用户心中树立了专业、创新和富有社会责任感的品牌形象。

谷歌通过搜索、YouTube、Gmail、Google Play 等产品，致力于为全球用户提供更便捷获取信息和服务的途径。中国品牌可以利用谷歌丰富的营销工具触达全球市场并实现业务增长。同时，谷歌为品牌方提供了包括搜索广告、展示广告、视频广告等在内的多样化广告形式和广告工具，能够满足国内不同规模和不同出海阶段企业的营销需求。[366]

在生成式 AI 技术的支持下，2023 年谷歌推出了能够快速创作营销素材的产品工作室（Product Studio）。该产品允许品牌主将静态照片转化为引人注目的视频，并根据参考图像立即生成符合品牌风格的视觉效果，为品牌主提供了一种创建商品广告的经济高效的方式，提升了营销创意的效率。[367]

此外，秉持“科技使人人受益”的理念，谷歌积极承担社会责任，致力于实现科技普惠。谷歌聚焦有障人群，通过提供多样化的开源技术产品，助力中国开发者研发了一系列社会公益产品，努力提升有障人群的生活质量及学习环境。在视障领域，谷歌开发协助视障儿童学习的“慧眼识教”项目；在听障领域，谷歌支持了“听语精灵”项目，该项目旨在降低听力障碍对语言能力的影响，协助听障儿童进行口语训练。[368] 这些举措不仅彰显了谷歌在履行社会责任方面的坚定承诺和积极实践，同时也为社会带来了深远的正面影响。

海外市场已经成为中国品牌寻求全新生意增长的重要阵地。随着中国品牌的国际化发展进入新阶段，谷歌正以其在数字营销领域的专业性和创新能力，全方位赋能中国品牌出海，助力中国品牌在竞争激烈的全球市场中进一步解锁增长机会，扬帆出海、脱颖而出。

腾讯

凭借强大且多元化的业务布局，以及持续的创新能力，腾讯成功塑造了创新且值得信赖的品牌形象。腾讯借助旗下微信、QQ、腾讯视频、腾讯新闻、QQ 浏览器和腾讯音乐等业务，着力建设腾讯广告生态。自 2018 年至今，腾讯广告已经实现了流量扩容、链路简化、数据匹配、商品库构建以及私域阵地沉淀，有效助力品牌利用腾讯的多元化业务开展公域及私域的全域数字化营销，并通过微信小店和小程序实现了交易闭环。[369] 同时，随着 AIGC 等技术的蓬勃发展，腾讯在 2024 年推出了一站式 AI 广告创意平台——腾讯广告妙思，旨在帮助品牌提升广告创意制作及广告投放的效率。[370]

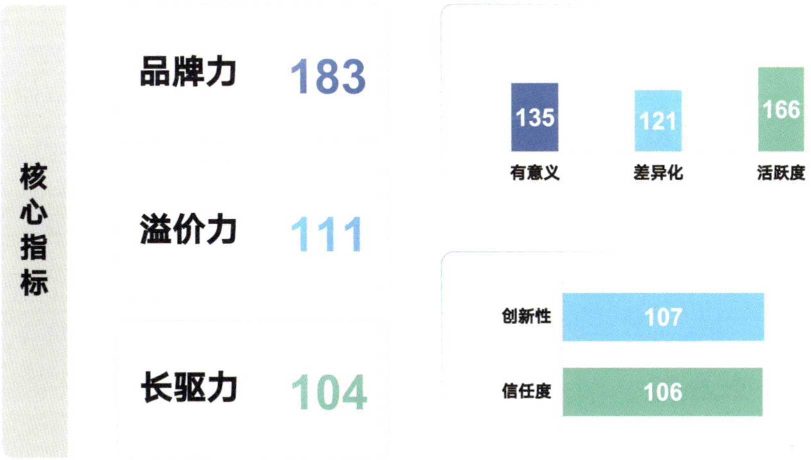

亚马逊

亚马逊（Amazon）在创新和可持续发展方面均取得了卓越成就。伴随着人工智能对行业产生的变革性影响，亚马逊迅速采取行动，推出了一系列创新产品或服务。例如，2024 年，亚马逊相继推出了三个由生成式人工智能驱动的创意工具：视频生成器、音频生成器和 AI 创意工作室，这些工具能够帮助品牌以较低的成本制作视频、音频广告及广告素材，提升品牌的创意制作效率。[371] 在可持续发展方面，2023 年，亚马逊广告加入了广告行业为减少广告碳排放发起的 Ad Net Zero 计划，为实现其承诺的 2040 年在业务中实现净零碳排放的而目标采取了积极行动。[372]

◆ 优秀案例

谷歌助力中国开发者蓬勃发展

在全球数字化转型的加速浪潮中，中国正积极布局科技创新，并将其作为国家发展的核心战略。中国开发者正成为先锋力量，他们开发的应用不仅满足了用户的多样化需求，更以独特的创意和卓越的体验持续为全球用户带来惊喜。谷歌长期以来对开发者社区的持续支持和投入，不仅能够帮助开发者在全球范围内更轻松地将创意和技术结合并转化为具有积极社会影响力的解决方案，还能通过数字技术保护和传播文化遗产，成为“科技使人人受益”的理念的践行者。

一、科技赋能，释放开发者创新潜力

Google I/O 作为全球性的技术盛会，持续向全球开发者和科技爱好者展示谷歌最新的技术、产品和应用，并为开发者提供学习和交流的机会。Google I/O Connect China 谷歌开发者大会作为这一全球活动的重要一环，从中国开发者走向海外市场的需求出发，为中国企业和开发者提供了一个与全球技术趋势同步的平台，帮助他们把握最新的技术动态，加速创新步伐，释放无限潜能。2024 年该大会共吸引了近 3000 名开发者参与，其中线上有超过 400 万观众通过各种媒体直播平台观看。许多与会人士对大会给予了极高评价，表示“我看到了谷歌技术在各行各业的发展，谷歌为开发者赋能的承诺和行动始终令我感动”。大会中的先进的技术模型和产品工具给开发者留下了深刻印象：“这次活动让

我了解到了谷歌的最新技术和工具，同时让我和其他开发者交流学习，看到了他们如何使用谷歌产品来解决现实世界中的问题”。谷歌开发者大会这一技术峰会的举办，不仅是技术的展示，更是创新精神的传递。

谷歌开发者大会签到现场人潮

在谷歌开发者大会现场，谷歌向开发者们展示了 AI、Web、Mobile、Cloud 等技术领域先进高效的开发平台与工具，并通过实践操作，向开发者展示了如何将新技术应用于日常工作中。同时，为了更好地服务中国开发者走向海外，谷歌在 Google 开发者中文网站上推出 Google AI 页面，可以轻松获取 Google AI 相关的技术更新和资讯。另外还有丰富的免费中文在线培训课程资源作为广大中国开发者的学习资源。谷歌通过提供强大的技术工具和产品，帮助开发者推动协同创造，加快创新速度。大会中 AI、Web、Mobile、Cloud 等分会场的技术展示吸引了上千名开发者参与互动讨论，积极了解谷歌最新的技术成果。有 80% 以上的开发者表示未来半年内愿意在他们的实践开发中尝试应用谷歌的技术，开发者们对于大会举办的多场技术实践学习和互动的研讨展现出了极高的参与热情，现场的多个技术实践的会议室爆满，展现出了开发者们对于学习和探索最新技术趋势的渴望。正是谷歌在 AI、Mobile、Cloud 和 Web 技术等领域的创新成果，与中国的创新驱动发展战略不谋而合。

二、重塑商业模式，加速业务升级

谷歌开发者大会主旨演讲舞台座无虚席

谷歌致力于推动中国开发者把握数字化时代的机遇，激发开发者的潜力。作为全球最具活力的开发者群体之一，中国开发者始终紧跟技术创新的浪潮，凭借卓越的创新能力和对用户需求的深刻洞察，打造出了众多风靡全球的产品和体验。而谷歌对于开发者的赋能不仅停留在技术层面，更是在重塑商业模式和业务升级上全面助力中国开发团队。过去一年里，中国开发者在海外市场通过不断创新，积极提升用户体验。Google Play 年度最佳奖项中有 50 个来自于中国的开发团队。而在数字营销领域，中国企业同样借助 Google AI 赋能的广告解决方案实现业务增长，走近全球用户，迈向更高效和便捷。通过 Google AI 赋能的广告产品，中国开发者在海外市场的业务在效率与竞争力上都获得了显著提升。谷歌营销技术的不断革新和升级，不仅加速了中国企业的业务转型，更是中国企业在国际市场上保持竞争力的关键。

三、构建开发者社区，实现连接和交流

谷歌不仅从技术赋能中国开发者，更致力于打造多元社区，帮助开发者拓展社交网络，实现更智能地构建、更快速地交付。谷歌开发者大会等活动为开发者提供了全方位的连接平台，这促进了开发者之间的交流与合作。通过多样化的形式、内容、社区和 DEI（多元、平等与共融）的思想，致力于创造一个包容的环境，让每位开发者都能接触到最新的技术知识，发现创新的灵感。谷歌开发者社区（Google Developer Groups）是谷歌开发者部门发起的全球项目，是面向对 Google 和开源技术、开放技术感兴趣的开发者社区，由对谷歌开发技术感兴趣的开发者们主导。 谷歌开发者社区以技术研讨会、代码实验室、黑客马拉松、学习小组等形式，为开发者提供了全面的开发资源和工具，推动开发者学习谷歌技术，提升技术水平，构建创新应用。谷歌中国开发者社区每年与超过 60 万开发者互动，组织数百场次的社区活动，让开发者了解谷歌的全线产品和服务，并交流各自的心得体会，使开发者更智能地构建、更快速地交付。

开发者在技术问答区域积极参与交流

四、科技向善，共创美好未来

中国开发者正站在创新的前沿，谷歌期望与他们一同探索科技如何更好地造福社会。在社会公益领域，透过开源框架实现更加智能便捷的无障碍功能，让科技真正惠及每个人。在谷歌开发者大会上，谷歌展示了多个社会公益实践项目，包括基于开源 AI 技术构建的“慧眼识教”项目，高效生产了适合视障儿童们学习的视频，帮助老师们提升教学效果，为有障人群打造更加平等的生活和学习环境。针对听障人群的“手语村”项目，用户可以方便地获取手语知识，提高手语技能，并促进听障社群与社会的沟通与融合。通过多样性的公益互动展示，让与会者身临其境地了解感受科技对美好生活的助力。谷歌开发者大会上的案例分享结合线下体验，充分展示了谷歌对有障人士各方面的支持。参会者纷纷表示："我不仅学到了先进的技术，还认识到人工智能不仅仅是 AI，它还关乎爱（ai）"，"谷歌技术帮助有障人士的方式超出了我的想象"。

开发者分享谷歌技术赋能的社会公益案例

五、谷歌案例的启示和意义

1. 谷歌的技术创新为开发者带来更多可能性

谷歌的科技创新实践表明技术的发展不仅能够带来更高效的应用开发，更流畅的用户体验，也能为开发者带来前所未有的机遇。谷歌的技术创新不仅使开发者能够更高效地进行软件开发，快速将创新理念转化为实际应用，也使开发者能够更轻松的构建应用程序，实现快速迭代和创新，从而快速将创新成果转化为商业价值，助力中国开发者成为世界舞台上不可或缺的先锋力量。

2. 全球视野下的科技创新与合作

中国开发者代表着时代前沿的创新力量，谷歌的全球视野和开放合作的态度，助力着中国开发者走向国际舞台。谷歌始终如一地进行技术创新，以帮助开发者们扩展业务，助力开发者们持续构建用户喜爱的优质内容，不断创新提升了用户体验，为全球用户带来更多惊喜。谷歌的开源技术和平台，更是助力中国开发者释放创新潜能，在全球视野下进行科技创新与合作，推动了中国企业全球科技生态的构建。

3. 以未来为导向助力开发者持续学习和探索

在全球数字化转型的背景下，通过谷歌开发者大会等活动，谷歌为开发者提供了一个交流和学习的平台，强化了开发者社区的凝聚力。谷歌通过提供教育资源和培训项目，鼓励开发者和企业提高数字技能，激发创新创造潜力。这种和开发者双向对话、相互促进的关系，实现了谷歌和开发者的共同成长。

4. 科技创新为公益事业注入温暖力量

谷歌坚持以科技之力，帮助不同人群获取生活便利和平等学习、工作机会，携手开发者们共创美好、平等、包容的未来。谷歌创新技术在环境保护、社会公益等领域的应用，提升了公众对科技的认同感和参与度。这种将科技创新与社会公益相结合的模式，激励着更多的开发者汇聚技术之力，共创包容未来。

科技创新不仅是企业发展的引擎，更是社会进步的重要助力。充满创新精神的广大出海开发者，始终不断探索，积极打造创新产品和应用让全球用户受益。在数字化转型的浪潮中，谷歌的实践进一步展示了科技创新是推动社会进步的核心动力。谷歌丰富的开发者产品工具与触达全球的平台，也成为中国开发者的坚实后盾，助力众多优秀的开发者走向世界，在全球舞台上展现了自己的非凡创造力。在未来的发展道路上，谷歌将继续携手中国开发者，共同探索科技的无限可能，推动社会的进步，共创美好生活。

谷歌全方位支持中国企业制胜海外

在中国企业走向国际化的进程中，经历了“对外贸易”“互联网出海”和“全球品牌”三个阶段，谷歌通过提供创新营销工具，市场洞察和全球支持团队，陪伴中国企业从“世界工厂”转变为“全球品牌”。2023 年中国出口总额 3.38 万亿美元，国际市场份额 14.2%，连续 15 年保持全球第一，中国企业积极拓展海外市场，在国际舞台上稳步发展。作为中国出海企业值得信赖的合作伙伴，谷歌持续以创新性的营销产品和解决方案，从市场营销、人才支持、资源对接等各个维度提供帮助和支持。同时谷歌积极通过各种数字化先进技术向世界展现中国文化的魅力，促进跨文化交流与理解。

一、共筑中国全球化品牌的世界影响力

谷歌致力于帮助中国品牌在全球舞台上绽放光彩，扩大中国品牌的世界影响力，让更多海外用户了解并体验中国品牌的创新力量。多年来，谷歌携手凯度共同研究中国品牌全球化，每年更新发布《Google×Kantar BrandZ 中国全球化品牌》报告，剖析各个市场的具体情形和趋势，帮助中国品牌找准创新和迭代方向。2024 年度报告发布了中国全球化品牌 50 强以及快速增长的新兴全球化品牌，通过深入研究这些品牌在海外市场的竞争力，让全球市场见证了 2024 年中国品牌整体实力大幅提升，让行业挑战者的创新力与品牌力建设成绩被更多人看到，也为更多中国品牌解

锁下一步增长提出思路。报告所展示的成果品牌案例，不仅让行业看到中国品牌的创新力与品牌力建设成绩，还推动了中国品牌在全球市场的知名度和忠诚度，实现可持续的品牌增长和国际竞争力的提升。

二、Google AI 赋能广告解决方案驱动海外业务增长

谷歌以国际化的视角立足本地市场，通过一系列品牌活动助力出海企业。谷歌举办的 Google Marketing Live 大会聚焦于 Google AI 赋能广告营销的新方式，大会上展示了谷歌海外市场洞察、出海的广告策略和工具，为品牌带来更精准、高质量流量的同时最大化广告效益。大会还通过实际案例分享，CXO 圆桌论坛、展示互动体验区，以帮助企业更好地理解和应用 Google AI 赋能广告，从而在全球市场上取得成功。Google Marketing Live 大会的这些举措，吸引了来自 300 多家企业超 600 位与会者出席，不仅帮助出海企业以更高效的搜索工具和广告投放策略，实现更广泛的市场覆盖、吸引更多用户群体，还帮助企业在全球市场中精准定位，有效触达目标受众，加速业务增长。此外，面对中国开发者在全球市场展现出的竞争力，谷歌通过 Think Games 大会，帮助中国出海厂商了解全球市场动态，解读游戏出海的品类、流量、生产力方面的增长机会，并从使用场景，开发工具，营销创业方面提出建议，助力中国出海开发者以多元、创新的姿态给全球玩家带来全新体验。Think Games 峰会上不同的 Google 广告产品组合帮助开发者捕捉更多的机会，精准转化用户，不仅促进了中国开发者的成长，还推动了游戏开发者社区之间的跨市场交流，吸引了来自亚太、欧洲、中东和非洲地区全球不同地区的参与者。

谷歌 Think Games 出海峰会嘉宾专题演讲

三、加速孵化更多中国企业出海进程

谷歌提供的跨境电商加速计划、品牌出海训练营和谷歌出海创业加速器项目赋能中国企业出海进程。针对出海企业的增长需要，谷歌的跨境电商加速计划打造独立站一站式孵化解决方案，支持潜力卖家快速启动独立站，直接对接海外用户；品牌出海训练营项目提供的海外数字营销和品牌推广培训，赋能外贸企业实现数字化转型升级；谷歌出海创业加速器项目帮助创业企业对接 Google 出海专家、出海领军企业、投资人等在内的导师团队，加速助力中国创业者的出海进程，走向广阔的舞台。谷歌通过多样化的项目提供培训课程，赋能出海企业快速掌握国际化策略，有效开启并扩展海外业务，吸引全球客户。谷歌跨境电商加速计划与品牌出海训练营在全国不同城市和地区，持续为出海卖家实现独立站业务的加速启动，助力出海品牌实现海外业务的启动和成长。谷歌出海创业加速器自启动以来，已经累计为横跨 20 个热门出海赛道的近 30 家中国初创企业提供出海方向的建议和辅导，项目满意度达到了 4.9 分（满分 5 分）。

谷歌跨境电商加速中心（厦门）启动仪式

四、以出口行业人才培养推动企业转型升级

谷歌通过向在校学生和职场人士提供免费的高质量数字营销培训，以支持解决数字人才缺口的问题。为了更好地服务中国开发者走向海外，谷歌开发者中文网站推出 Google AI 页面，开发者可以轻松获取 Google AI 相关的技术更新和资讯。谷歌的数字人才培养计划自 2020 年推出以来累计有超 7 万学员参与，成功促成了 500 多次人才职位匹配，为出海企业持续输出优秀人才。同时，该项目连续三年入选教育部供需对接与就业育人项目，共有 150 所大学合作参与，有 500 多名教师接受了专业培训，成功覆盖了 40000 名数字专业的在校学生，通过与全国高校合作，协助高校师资建立相关课程体系，以人才培养助力数字经济发展和转型。通过这些培训，谷歌期望能够为出海企业输送具备国际视野和实

谷歌数字人才培养计划 2024 高校师资人才培训成功举办

战能力的数字营销专家，为出海企业打造一支强大的专业人才队伍，从而在全球化竞争中占据优势，实现业务的持续增长和创新。

五、文化出海让世界感受中国文化的魅力

谷歌致力于向全球用户传播中国文化的魅力，通过谷歌艺术与文化（Google Arts & Culture）这一非盈利项目，中国 40 余家文化机构通过谷歌的技术和平台，分享了逾 10000 件艺术作品，300 多个在线展览和 360 度全景虚拟参观 100 多个。2023 年来，谷歌艺术与文化携手广州博物馆，推出了全新的线上展览专题。专题涵盖了广州博物馆 127 张珍贵馆藏图片和 10 个丰富的文化故事，让国内外的观众可以随时了解和欣赏广州博物馆近百年的历史。在传播中国的饮食文化方面，谷歌艺术与文化与世界中餐业联合会联合推出了全新的主题页面“慢慢吃”。该主题页面汇集了 50 个线上展览和 800 多张图片，详细介绍中国美食的历史、文化和地方特色

菜肴等，让世界各地的观众可以了解中国丰富的地方特色菜肴、饮食礼仪及饮食养生之道等。“慢慢吃—品味中国美食、历史与文化”作为第一个以中国美食为主题的页面，让全世界的人们从各个方面探索中国的饮食文化，展示文化的多样性。

与 Google 艺术与文化一起探索广州博物馆

Google 艺术与文化主题页面介绍广彩瓷器与德化白瓷

六、谷歌案例的启示和主要意义

1. 全球化品牌建设对于提升国际影响力具有重要意义

《Google x Kantar BrandZ 中国全球化品牌》报告的连年发布为中国品牌提供了国际化的参考范例和品牌建设策略建议，这不仅有助于中国品牌在全球市场塑造良好形象，更是中国品牌“走出去”战略的具体实践，它见证着中国品牌从“世界工厂”向“全球品牌”的华丽蜕变，更是展现着中国制造向中国“智”造的跃升。中国品牌的全球化步伐展现着中国故事在世界舞台的生动演绎，促进全球市场对于中国品牌故事和品牌文化的深入了解，从而提升中国的国家形象和品牌影响力，重塑全球市场对中国的认知。

2. 技术创新和数字化转型是推动中国经济高质量发展的关键

Google AI 赋能的广告解决方案不仅帮助中国企业在海外市场的营销活动中实现高效率和高回报，还支持中国企业能够更好地把握全球市场的机遇。谷歌助力中国企业在国际市场上释放优质生产力，更加速了中国企业在全球价值链中的升级，使中国企业不仅能够更有效的推广自己的产品和服务，增强了其在全球市场中的适应性和竞争力。

3. 加速国际化进程抓住全球视野下的新兴市场和行业机遇

借助谷歌的平台和全球资源，出海企业能够迅速解决出海启动过程中的难题，更快地进入国际市场；中小出海企业也能更好地挖掘潜力，直面海外消费者，更好地融入全球市场，在全球范围内实现资源共享和互利共赢。更多中国企业在国际市场上的成功，是中国的智慧和力量的体现，也是中国在全球经济中发挥更大作用的决心和能力。

4. 人才发展推动出海企业发展和出口行业转型升级

谷歌的数字人才培养计划为出海企业注入了新鲜血液，也为企业在全球市场中的竞争力提供了有力支撑。谷歌的培训项目带来的前沿知识和技能，不仅能够在前期为出口行业的数字化转型奠定人才基础，还能在中期提升出口人才的数字化技能和竞争力，更能在后期推动整个出口行业的转型升级。

5. 展现了中国文化魅力和文化出海在全球化背景下的重要性

通过谷歌艺术与文化项目，中国文化向世界展示其独特魅力，有助于提升中国文化的国际影响力。谷歌艺术与文化和中国的博物馆及文化机构的深度合作，得以向全球观众讲述中国文化故事，展示中国文化的多样性。

中国企业出海和中华文化的国际传播，不仅是对全球化的积极响应，也是中国实现高质量发展、构建新发展格局的重要途径。未来，谷歌将会与更多中国企业并肩前行，共同探索海外市场的机遇与挑战，也将继续携手更多文化艺术机构，共同推动文化与科技的深度融合。

物联网生态

IoT (Internet of Things) Ecosystem

海尔

行业分析

过去十年，以物联网、区块链、人工智能为代表的第四次工业革命深刻改变了商业运作、工业生产和个人生活等方方面面。伴随着第四次工业革命一起到来的，是一种新型的品牌范式从萌芽兴起到蔚然成风。这种被称为“生态品牌”的范式，首先见迹于物联网时代。物与物的互联互通使得用户不再满足于单个的产品或服务，而是需要基于场景的整体解决方案。然而，任何一家企业都无法独立涵盖场景所需的全部产品或服务，必须通过打造生态，与合作伙伴协同共创，共同推出整体性的解决方案。之后的工业互联网浪潮再次证实了生态模式的普适性。工业互联网包含边缘层、基础设施层（IaaS）、平台层（PaaS）、应用层（SaaS）在内的完整技术栈，任何一家企业都无法从边缘层一直做到应用层，企业需要联合不同类型的合作伙伴，各司其职、各尽所能，为用户提供系统性的解决方案。及至数智化时代，生成式人工智能真正的商业化落地需要的并不仅是一个“大模型”，而是要构建包括基础设施层、大模型层和应用层在内的完整架构。因此，打造生态再次成为了一种时代的必然之选。[373]

生态模式的优势在于能够打破行业壁垒，汇聚来自不同行业、承担不同角色的多元合作伙伴，为用户提供不断迭代的整体价值体验。[374] 比如，洞察到消费者对智慧家庭的需求已经从单一的产品转向基于场景的一体化解决方案，海尔推出了全球首个智慧家庭场景品牌“三翼鸟”，并通过平台建设，构建起定制、交付、智慧三大能力。在为用户提供智慧家电家居一体化场景解决方案的使命驱动下，三翼鸟连接了定制家居产品与服务的生态方，实现了智能家电与定制家居的一体化设计交付能力融合；同时，三翼鸟连接了提供菜谱、食材、音乐、视频等体验的合作伙伴，以及提供衣物洗护、物流配送等服务合作伙伴，持续满足了用户对智慧家庭全场景解决方案的需求。[375]

当然，任何一个商业生态的构建都绝非朝夕之功，生态的壮大亦需有企业成为驱动飞轮旋转的“第一原动力”。[376]数智化时代，生态中的核心品牌需要通过构建智能交互引擎，促进供需两侧的互联互通和深度融合。在需求侧，智能交互引擎以个性化的交互，感知和激发用户的有效需求；在供给侧，智能交互引擎通过对生态各方的网络化协同，精准配置资源，实现柔性化生产。[377]例如，借助海尔卡奥斯的交互设计、孪生仿真等能力支持，海尔洗衣机创新推出了微蒸汽空气洗衣物消毒方案，获得了用户的青睐，创造了产品上市即热销的佳绩。[378]在需求侧，通过海尔卡奥斯智能交互引擎，约有30万用户参与该款洗衣机的产品设计和方案票选；在供给侧，海尔卡奥斯数字孪生技术构建的虚拟车间场景，成功将包括中国、德国、澳大利亚在内的31家资源方即时并联作业，实现了供应链的零延时协同和工厂端的柔性生产，整体管理成本下降了30%，系统可靠性提升了100%。[379]

同时，为了生态的稳定和繁荣，生态内的核心品牌不能追求单一的统治地位或执着于零和博弈，而需要与合作伙伴价值共创、利益共享。一方面，生态中的核心品牌必须自我约束，谨守业务边界，扮演好“超级连接器”的角色，与合作伙伴相互赋能。[380]例如，钉钉在与生态伙伴共建生态的过程中，始终坚持PaaS（平台即服务）化的定位，专注于协同办公和应用开发的平台定位，而将行业应用、人财物产供销研等场景的专业应用全部交给生态合作伙伴。[381]另一方面，生态内的主导企业还要有意识地抑制“企业利润最大化”的“私欲”，为合作伙伴提供生存和成长空间，真正实现利益共享，维护生态的健康运转。[382] 比如，华为在构建生态时遵循了“低作堰”的法则，选择多让一些利给合作伙伴，保证了合作伙伴的合理利益空间，从而对华为形成积极的价值回馈，实现互利共赢的价值循环。[383]

在数智化时代，品牌要么创建一个生态，要么加入一个生态。通过激发用户与多元合作伙伴在生态圈内交互共创，生态品牌开创了一种兼容并蓄、生生不息的新商业组织形式，最大化地释放了各方潜能，从而实现了生态各方的共赢共益和社会经济的高质量发展。

海尔

作为全球领先的美好生活和数字化转型解决方案服务商，海尔始终以用户为中心，致力于“以无界生态共创无限可能”，坚持原创科技，布局智慧住居、大健康和产业互联网三大主赛道[384]，携手众多生态伙伴共创未来发展的无限可能，赢得了用户及合作伙伴的广泛认可，成功建立起创新驱动、值得信赖、积极践行可持续发展及引领时代的全球化生态品牌形象。

成立40年来，海尔始终坚持自主创新，以原创科技引领高质量发展，通过打造创新生态，与多元生态合作伙伴联合共创、价值共享。海尔集团旗下工业互联网平台卡奥斯COSMOPlat首先在行业端提出了“大企业共建，中小企业共享”的生态赋能模式，与各行业、各领域的龙头企业共建平台，由卡奥斯贡献平台底层能力，龙头企业贡献行业知识和经验，将原来只能存在于脑中的知识与经验凝结成数字化的流程与模块，与中小企业共享，带动各行各业做大、做强、做优。[385]2023年，为了做最懂工业的大模型，卡奥斯COSMOPlat为旗下天智工业大模型注入了562个工业数据集和700多万条高质量工业数据，沉淀出3900+机理模型和200+专家模型，功能范围覆盖智能问答、文本生成、图文识别、控制代码生成、数据库查询、辅助决策、运筹规划等，赋能家电、化工、服装等多个行业进行智能化、数字化升级，助力企业降本增效。[386]

海尔一直秉持“真诚到永远”的初心，始终将用户体验放在第一位，围绕用户的实际需求进行产品创新和服务升级，为用户持续迭代最佳体验，赢得了海内外用户的广泛信赖。针对用户面临的羽绒服类夹层衣物难烘干的问题，海尔创新性地研发出 3D 透视烘干技术，可以穿透衣物表面监测其内部情况，实现了厚重衣物一次烘干，获得了消费者青睐。[387] 关注到了中东用户对大容量洗衣机的需求，海尔推出了一次洗 12 件大袍子的洗衣机。[388] 为满足消费者节能环保、洁净洗衣且不发霉味的需求，海尔集合全球四大研发中心，在全球上市了 X11 洗衣机。这款洗衣机通过“风巡航”科技，能够在 2 分钟内全面置换筒内空气，并支持最长 12 小时的持续换风，确保用户即便忘记晾晒衣物也不会产生霉味。[389] 此外，X11 洗衣机比欧洲 A 级能效标准还节能 60%，是全球目前最为节能的洗衣机。[390] 在德国，海尔带来了“购买海尔产品 4 周内不满意可免费退货”的承诺，以对品质的自信和对消费者的尊重打动了当地消费者，实现了在德国市场的快速增长。[391]

海尔将 ESG 视为企业战略的重要组成部分，持续推进可持续发展，积极为社会创造长期价值。海尔推出了“6-Green”战略（涵盖绿色设计、绿色采购、绿色制造、绿色经营、绿色回收、绿色处置），联合生态上下游合作伙伴，着力实现从研发和原材料采购，到制造、包装和运输，再到销售、回收再利用的全生命周期绿色降碳，以支持国家“双碳”目标。[392] 同时，海尔也全面投身社会公益事业，不断助力人民美好生活的实现。秉持“真诚回报社会”的宗旨，海尔在希望工程、抗灾救援等公益项目上不断加大投入。截至 2024 年，海尔已累计援建了 406 所希望小学和希望中学，成为团中央希望工程中援建希望小学最多的企业。[393] 同时，面对我国人口老龄化的挑战，海尔还布局康养产业，着力改善老年群体的生活质量，提升居家养老的安全性、便利性，推出了包括健康、卫浴、睡眠、出行在内的智慧康养全场景解决方案，用智慧科技守护长者的乐活人生。[394]

海尔以用户为本，不断开拓创新，为用户创造了美好的生活体验，同时赋能百业实现数智化转型，推动了新质生产力的加速落地。此外，海尔努力做好 ESG 这道必答题，积极履行社会责任，提升社会公共福祉，彰显了民族品牌的责任担当。根据《凯度 BrandZ 最具价值全球品牌 100 强》榜单，海尔已经连续 6 年上榜，蝉联全球唯一物联网生态品牌。[395] 根据《Google x Kantar BrandZ 中国全球化品牌》榜单，海尔已连续 8 年上榜，蝉联家电行业第一。[396] 根据欧睿国际数据，海尔连续 15 年稳居全球大型家电品牌零售量第一名。[397]

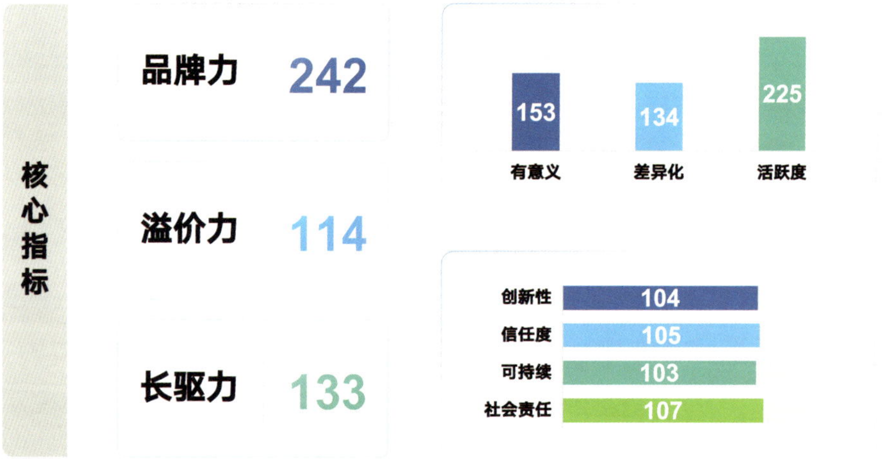

海尔

2024 年品牌价值 **324.14 亿美元**

* 数据来源：凯度集团（Kantar）、《2024 年凯度 BrandZ 最具价值中国品牌 100 强》榜单及报告

◆ 优秀案例

海尔坚持自主创牌，成为全球用户信赖的世界名牌

海尔创立于1984年，1990年首次出口德国、开启全球化进程，是中国最早以自主品牌出海的企业之一。出海创牌35年，海尔始终坚持全球自主创牌，经历了“走出去、走进去、走上去”三个阶段，通过本土化研发、本土化制造、本土化营销“三位一体”策略和“三个三分之一”策略，深入全球200多个国家和地区，服务全球10亿多用户家庭，创出了一个全球化企业、一个世界级品牌、一个全球认可的管理模式。

一、三位一体策略：本土化研发 + 本土化制造 + 本土化营销

在全球化布局过程中，海尔提供了差异化的产品、服务、体验，通过本土化研发、本土化制造、本土化营销的“三位一体”策略，满足用户对美好生活的需求。

1.本土化研发：海尔针对用户的个性化需求，研发满足用户需求的创新产品

在美国，传统的洗衣机洗烘时间长、耗电多，海尔于2023年研发出Combo热泵洗干一体机，传统洗烘普遍需要6小时，Combo仅需2小时，还节能50%，颠覆性解决了用户洗烘护的痛点。2024年，海尔基于欧洲能源紧缺的情况，创新推出了比欧洲A级能效标准还要再节能60%的海尔朗境X11洗衣机，在中、英、法、德、意等20个国家首批上市。其中，海尔X11在欧洲一经上市就占据了当地高端市场份额的10%，价格指数最高达到275，是行

业平均价格的 2.75 倍。

海尔朗境 X11 系列洗烘套装

2.本土化制造：海尔通过本土化制造，不仅满足当地用户需求、推动当地经济增长，还服务整个全球市场

2023 年 3 月，海尔埃及生态园奠基，总投资额达 1.6 亿美元，设计总产能超百万台，不仅满足了当地消费者的需求，同时辐射了周边国家近 20 亿的总人口。2024 年 5 月，海尔埃及生态园一期项目投产；同年 9 月，二期制冷工厂奠基。通过先进的数字孪生技术，海尔打造出一座集智能化、数字化、柔性化于一体的现代化生态工厂。

2024 年 8 月，海尔泰国春武里空调工业园奠基，整体规划年产能 600 万套，建成后是中国品牌在泰国及东南亚地区规模最大的空调生产基地之一。一期计划于 2025 年 9 月建成投产，产品未来将出口到北美、欧洲、东南亚、韩日等地，满足全球不同地区用户的需求。

海尔泰国春武里空调工业园奠基仪式

3. 本土化营销：海尔以全球经营管理与研发创新能力，“零距离”满足不同用户的本土化需求

在全球创牌的过程中，海尔在线上线下积极布局，实现与用户零距离交互。2023 年 5 月，海尔在老挝最大的品牌店于首都万象开业。在线上，海尔在东南亚五国通过 TikTok 平台发起海尔自清洁空调健康生活挑战赛，相关话题播放量 8 天破 30 亿。同年，海尔携手凤凰网推出《凤凰全球观察团》活动，持续走进泰国、欧洲、日本、中东、非洲等国家和地区，全网触达 10 亿多用户；海尔还与青岛电视台策划“山海相逢 · 一带一路全球行”大型融媒体报道活动，围绕非洲、欧洲、东南亚、中东非 4 条线路，产出 37 支视频，累计传播量超 1000 万次。

同时，海尔始终致力于与国际赛事紧密合作，提升用户的参与度和喜爱度。在推进高端品牌建设的进程中，海尔与众多世界顶级网球赛事——罗兰 · 加洛斯 - 法国网球公开赛、ATP 世界巡回赛、澳大利亚网球公开赛、中国网球公开赛进行合作。这些备受全球体育爱好者及高端群体青睐的国际网球赛事，为海尔搭建了一个与用户零距离交互的桥梁，品牌线上线下曝光达 11.9 亿人次。

海尔亮相 2024 罗兰 · 加洛斯 – 法网

二、全球自主创牌成果：全球化企业 + 世界级品牌 + 全球认可的管理模式

历经 40 年创业发展，海尔始终如一地推进全球自主创牌战略，创出了一个全球化企业、一个世界级品牌、一个全球认可的管理模式。

1. 创出一个全球化企业

2023 年，海尔集团全球收入 3718 亿元，旗下海尔智家上市公司收入 2614.28 亿元，其中海外收入占比 52%。目前，海尔在全球拥有 35 个工业园、143 个制造中心、超过 23 万个销售网点，销售网络遍布200多个国家和地区，服务10亿用户家庭。其中在共建“一带一路”国家，海尔设有38家工厂，占海尔海外工厂总数的一半，此外还有11个工业园和40个贸易公司。

深耕全球创牌之路，海尔实现了各个区域的全球引领，成为了全球各大主流国家、主流市场的主流品牌。据统计，海尔在中国、美国、新西兰等地均实现了市场份额引领；在日本，海尔、AQUA双品牌冰冷洗综合份额位居第一；在印度、意大利等9个主流国家，海尔系进入了前三名；在英国、菲律宾等5个主流国家，海尔系进入了前五名；在欧洲，海尔系连续8年市场增速保持引领；在东南亚，海尔系整体份额位居前三，其中在泰国，空调和冷柜的市场份额均居第一位。

2. 创出一个世界级品牌

海尔连续6年作为全球唯一物联网生态品牌蝉联《凯度BrandZ最具价值全球品牌100强》；连续8年入选《Google x Kantar BrandZ中国全球化品牌》十强，位居行业第一；连续15年稳居“欧睿国际全球大型家电品牌零售量”第一名。

3. 创出一个全球认可的管理模式

2005年，海尔提出“人单合一”模式。在海外并购时，海尔没有派驻中国管理团队，而是通过导入人单合一管理模式实现“沙拉式”文化融合，激发员工的创新活力，推动被收购企业的发展。2016年，海尔收购通用家电，通过文化融合使其重新走上快速发展之路，并购18个月实现扭亏为盈，如今通用家电已经连续8年实现两位数增长，成为美国市场的引领者。

目前，人单合一模式经过19年的进化，已经成为引领物联网时代的管理模式，在全球拥有14个人单合一模式研究中心，75个国家和地区的40多万家企业正在学习人单合一模式。

三、海尔全球化的经验启示：坚持全球自主创牌、科技创新自强、人的价值最大化

在全球化进程中，海尔始终保持战略定力，坚持全球自主创牌愿景不变、科技创新自立自强不变、人的价值最大化不变。

1. 坚定自主创牌，创出全球高端品牌

20 世纪 80 年代，包括家电在内的很多中国企业开始出海，不少企业选择代工贴牌之路。海尔在初出国门时，毅然拒绝贴牌代工的捷径，选择更为艰难却充满无限可能的自主创牌、高端创牌之路。

源自中国的国际高端家电品牌卡萨帝

海尔坚定长期主义，始终坚持全球创牌、高端创牌，拥有海尔、卡萨帝、Leader、GE Appliances、Fisher & Paykel、AQUA、Candy 品牌集群，用了 26 年的时间才实现海外市场的营收平衡。2024 年，海尔成功收购开利商用制冷业务。在国内，海尔打造的卡萨帝品牌持续占据高端市场第一名，2024 年品牌价值达到 822 亿，同时保持高端份额、平均单价、市场增速第一；在海外，海尔也实现了在各个区域的全球引领，成为了深受全球用户喜爱的

本土化品牌。

2. 坚定原创引领，科技创新自立自强

科技创新是第一生产力，企业则是践行科技创新的主体。海尔在全球建立了“10+N”创新中心，布局线下 10 大研发中心和线上 HOPE 创新平台，覆盖了 20 余个国家和地区，链接了超过 25 万专家，凝聚全球资源，实现了 24 小时不间断的创新。

海尔始终坚持以原创科技实现行业引领。目前，海尔是中国家电行业拥有国际标准专家最多、贡献国际标准提案最多的企业；在全球范围内，海尔累计申请专利 11.3 万余件，连续 11 次蝉联全球智慧家庭发明专利百强榜首位；荣获 17 项国家科技进步奖、12 项中国专利金奖，奖项数量为中国家电行业之最。海尔创造了 200 余项对行业有重大影响的原创技术，全部创新成果均快速转化至产业链，持续打造具备全球竞争力的新产品、新方案。

海尔冰箱保鲜科技荣获国家科技进步奖

3. 坚持“人的价值最大化”

品牌不只停留在产品和服务层面，而应上升到人的价值层面。

海尔始终坚持以用户为中心。针对全球不同地区用户的差异化需求，海尔实行“三位一体”布局，用本土化策略，建立研、产、销全价值链体系，并且将各国资源整合，服务于用户的最佳体验。例如海尔朗境 X11 洗衣机是海尔通过其位于全球四地的研发中心联合创新的产品——软硬件设计由中国负责，电机升级由澳洲解决，节能技术由欧洲提供，新风技术在美国攻克……全球用户成为了海尔创新生态的最大“受益人”。

直面用户，海尔让每个员工成为创新的主体，实现了员工价值的最大化。海尔持续推进人单合一模式，创新探索创客制，让每一位员工都有机会成为创客合伙人，拥有劳动所得、资本利得和超利分成的机会，让员工在为用户创造价值的同时也实现了自身价值最大化。

海尔坚持全球自主创牌战略，致力于打造中国人自己的世界名牌，带动中国制造业实现从“中国产品”到“中国品牌”的转变。海尔的全球创牌实践为中国企业出海提供了可借鉴的样本，启发了更多中国企业打造世界一流品牌。同时，海尔还通过模式创新、技术迭代、体验升级，持续创造用户价值，为创造全球 10 亿 + 用户家庭的美好生活做出贡献，以实际行动推动全球经济实现高质量发展。

海尔践行 ESG，助力社会可持续发展

在当下“碳达峰碳中和”的大背景下，ESG 正受到全球愈来愈多的关注，海尔是最早倡导并积极践行 ESG 理念的全球化企业之一，创业 40 年，海尔早已将 ESG 理念融入企业的发展进程中，深化 ESG 可持续发展，体现“全球化社会公民”的责任与担当。

一、海尔 ESG 实践：绿色转型、助力社会公益与“沙拉式”文化融合

海尔在集团层面成立 ESG 委员会，统筹协调整个集团的 ESG 战略及策略的实施规划，指引航向，推动全球可持续发展。海尔聚焦“E”“S”“G”三方面，持续进行探索与实践。

1. 环境（E）方面，海尔坚持全流程、全产业、全生态绿色发展

首先，海尔坚持全流程绿色发展，创新提出“6-Green”战略，将自主创新的低碳节能科技融入“绿色设计、绿色采购、绿色制造、绿色经营、绿色回收、绿色处置”的产品全生命周期管理中。

海尔在中国莱西打造了行业首个家电再循环互联工厂。2024 年 6 月，海尔第 2 座再循环工厂——海尔绿色再循环（湖北省公安县）产业园开工，是行业目前单体规模领先、效率最高的智能工厂，投产后将具备 200 万台废旧家电拆解和 10 万吨循环材料再生能力。

其次，海尔坚持全产业链绿色转型，建立覆盖产业链全环节的智能协同平台，与上下游企业一同推动全产业链的绿色转型。

海尔绿色再循环（公安）产业园开工仪式

最后，海尔坚持全生态绿色发展，海尔依托旗下卡奥斯工业互联网平台打造了开放的绿色低碳解决方案赋能平台，提供新能源、智碳管理等全流程解决方案，推动合作伙伴和工业园区实现绿色发展。

2024 年 5 月，海尔埃及生态园一期项目投产；同年 9 月，二期制冷工厂奠基，卡奥斯探索出 ONE-COSMO 数字化工厂综合解决方案，打造了智能化、数字化、柔性化的生态工厂，实现了园区的低碳减排和降本增效。

2. 社会（S）方面，海尔坚持真诚回报社会，积极履行社会责任，投身公益慈善事业

在中国，海尔通过乡村教育、抗灾救援、公益医疗、爱心志愿活动等多方面，展现企业的责任担当。2024 年 6 月，海尔援建的第 400 所希望小学——巴林左旗海尔希望小学揭牌，同时携手中国青基会等相关部门和组织推出“海尔小科学家计划”。2024 年 7 月，“海尔小科学家”科技研学夏令营在青岛海尔学校开营，帮助青少年提升科技创新兴趣和科学素养。

第 400 所海尔希望小学揭牌仪式

在海外，海尔助力尼日利亚、埃塞俄比亚、乌干达等“一带一路”80 多个国家和地区的疫苗接种安全，每年为 4500 万儿童提供疫苗接种服务；在英国、意大利、波兰、塞尔维亚等地，海尔开展慈善捐助，助力当地发展及创新公益活动，践行社会责任。

3. 公司治理（G）方面，海尔重视守护员工的多元化健康发展，通过“沙拉式”文化融合，激发员工的凝聚力和创新活力，主要分两个方面：

一是达到世界一流的包容性。海尔尊重并理解不同的文化，例如海尔在欧洲开展“Embrace Equity（拥抱平等）”主题活动，让来自不同区域，拥有不同文化背景的员工创客可在平台上分享自己的故事。

二是融入当地文化的创新性。例如，在泰国，海尔当地员工在周一可以穿着具有当地文化特色的黄色工作服；在巴基斯坦，海尔根据当地文化特点设置了祈祷室。

二、海尔 ESG 成果：树立业界标杆，引领可持续发展新篇章

历经 40 年创新发展，海尔在 ESG 领域的积极探索卓有成效。

1. 在环境方面，海尔实现了产品绿色化、制造绿色化和产业绿色化

在产品绿色化层面，海尔实现全线产品的绿色化，推出了比欧洲最严苛的 A 级能效标准再节能 60% 的海尔朗境 X11 洗衣机、比传统滚筒洗衣机节水 38% 的精华洗洗衣机、比传统机组节能 50% 的气悬浮中央空调等多款产品。

在制造绿色化层面，海尔践行绿色工厂理念，目前已打造出 9 座灯塔工厂和 1 座可持续灯塔工厂，是全球拥有“灯塔工厂”数量最多的企业。

海尔是全球拥有“灯塔工厂”数量最多的企业

在产业绿色化方面，海尔卡奥斯打造了智慧能源解决方案，并在黄石东贝、天津八里台工业园等企业和园区中应用。以天津八里台工业园为例，采用海尔卡奥斯能源解决方案后，能耗降低了 10%，碳减排了 15%。

2.在社会责任方面，海尔实现了一“多”一“广”

多：在中国，海尔累计投入超过1.4亿元，共援建405所希望小学和1所希望中学，是团中央希望工程中援建希望小学最多的企业。近年来，海尔在抗灾救援、公益医疗、爱心志愿活动等方面已累计捐赠超过8亿元。

广：海尔在全球各业务运营地开展了包括慈善捐助、帮助全球2亿儿童安全接种等在内的多项公益项目，积极融入当地社区，助力可持续发展。

海尔太阳能疫苗冰箱走进“一带一路”倡议共建国家

3.在公司治理方面，海尔多措并举实现了企业管理的全面优化与升级

海尔不断在管理模式、合规治理等方面进行创新探索，目前董事会建立了多元化的治理结构，女性董事占比达到30%。此外，海尔在人单合一模式下探索出全员创客制，海尔的创客合伙人已经超过1.5万人，连续8年蝉联“福布斯全球最佳雇主”。

近年来海尔在 ESG 领域获得多项殊荣。海尔旗下海尔智家和海尔生物均已加入联合国全球契约组织（UNGC）。海尔智家被纳入恒生指数成份股及三大 ESG 指数；在国际知名机构明晟（MSCI）、CDP 等 ESG 评级中，海尔均位列中国家电行业最高水平，并且在 MSCI ESG 评级中实现了 4 年连升，达到 AA 级；海尔连续三年入选《财富》杂志中国 ESG 影响力榜，并位居榜首。

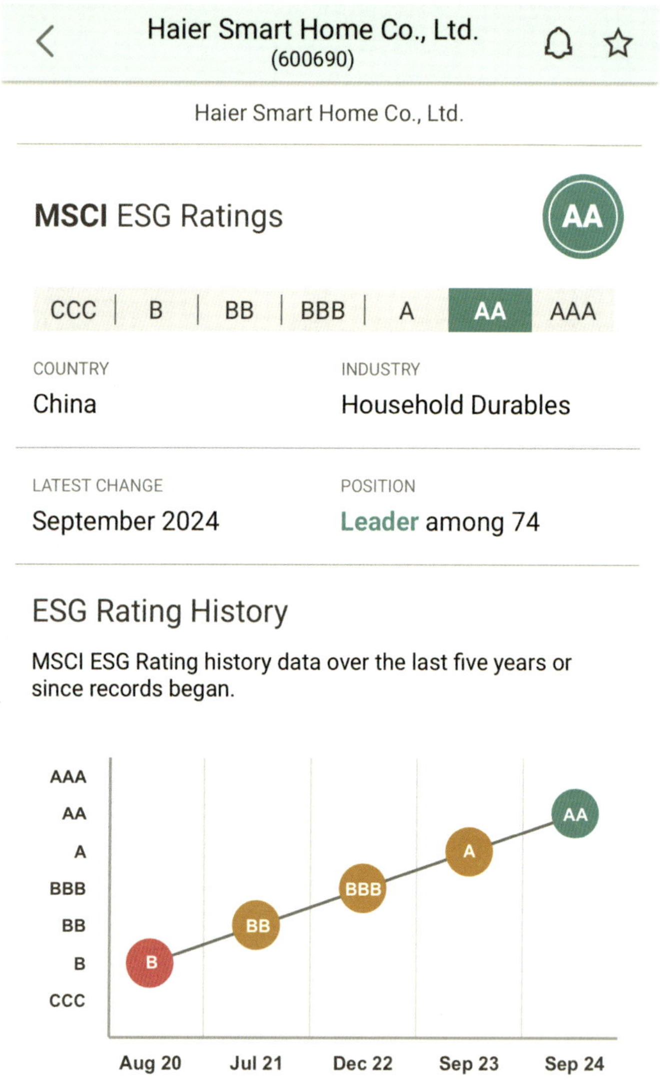

MSCI ESG 评级海尔智家 AA 级，是中国家电行业最高水平

2023 年海尔生物入选全球社会责任投资研究与评级机构标普全球（S&P Global）首次发布的《可持续发展年鉴（中国版）2023》，并成为国内“医疗设备及耗材行业”唯一入选企业。卡奥斯在 2023“ESG 先锋 60”评选中荣获“年度社会责任优秀企业”称号，成为唯一入选的工业互联网平台。

三、海尔 ESG 实践的经验与启示

1. 坚持长期主义，积极践行 ESG

ESG 不是选择题，而是必答题。在 40 年的发展过程中，海尔坚持长期主义，将 ESG 融入企业的核心价值观和日常运营中。海尔不仅关注环境、社会和公司治理等 ESG 议题，还结合企业实际情况，探索各种创新路径，不仅实现了环境效益、经济效益和社会效益的共赢，也为企业的可持续发展奠定了坚实基础。

2. 从顶层战略到执行落地，建立完整的 ESG 架构和制度

ESG 是企业的一把手工程，需要从战略层面自上而下，推动建立完整的 ESG 架构和相应的配套制度。如果只是单个部门推进，很难取得有效的成果。为此，海尔在集团层面成立了 ESG 指导委员会，从上至下将 ESG 融入企业管理和运营的每一个环节，形成了全员参与、各部门协同的 ESG 工作氛围。此外，海尔还通过制定 ESG 战略和目标、建立 ESG 指标体系以及进行定期的 ESG 评估和报告等措施，为海尔的 ESG 实践提供了有力的制度保障，确保了 ESG 实践的有效实施。

3. 融入企业战略，分步实施稳步推进

海尔从战略高度出发，制定了清晰的 ESG 战略和目标，并分步实施、稳步推进。在推进过程中，海尔注重各部门之间协同合作，确保 ESG 理念在产品设计、生产、销售、服务等各个环节得

到全面贯彻；同时，海尔与供应商、客户、合作伙伴等利益相关方加强沟通协作，共同推动 ESG 的深入实践。此外，海尔还注重持续改进和优化 ESG 实践，通过定期评估 ESG 绩效和存在的问题，不断调整和完善 ESG 战略和实施计划，提高 ESG 实践的效率和效果。

海尔正努力实现全方位的共生、共创、共建、共赢。共生，即与环境、社会资源相互依存、和谐共处，探索绿色低碳未来，助力全球可持续发展；共创，即以创新为驱动，推动产业链协同发展，赋能全球美好生活；共建，即与全球供应链体系携手，构建“智慧、安全、绿色、可持续”的新型产业生态；共赢，即积极参与国际治理体系建设，共同推动全球经济增长、社会和生态的和谐发展。通过实施全面的 ESG 战略，海尔不仅实现了自身的可持续发展，也为全球的可持续发展做出了积极贡献。

消费电子

Consumer Electronics

OPPO

vivo

华为

荣耀

小米

行业分析

消费电子行业正从周期性低谷中复苏。得益于 AI 技术的快速发展，消费电子行业迎来了终端设备创新的关键时刻，正快速从复苏转向成长，消费电子市场正展现出强劲的增长潜力和高发展空间。

在技术层面，端侧 AI 模型的集成正在让电脑和手机等设备变得更加智能化和个性化。微软推出了新一代内置 GPT 模型的 Copilot+PC，以强大的 AI 算力帮助用户提升工作效率、创造力和沟通效率，掀开了 AI PC 生产力的篇章。[398] 华为、小米和 vivo 等品牌利用自主研发的 AI 大模型，显著提升了设备在语音助手、会议辅助和图片编辑等方面的能力。以 vivo 为例，vivo 的蓝心大模型包含了不同参数量级的模型，为端侧场景设计的 10 亿量级模型，具备强大的本地文本总结和摘要能力；70 亿量级的模型是面向智能手机打造的端云两用模型，在语言理解和文本创作方面表现出色。[399]

生成式人工智能的快速发展也推动了可穿戴设备的创新。智能可穿戴设备的一个重要应用场景是医疗保健领域。多家品牌都推出了可以追踪健康数据、提供健康建议的智能可穿戴设备。三星新推出的智能戒指 Galaxy Ring 可以提供心率警示、睡眠追踪、健身数据记录、久坐提醒等服务。[400] 华为 WATCH GT 5 系列智能手表除了能实现心率、血氧和呼吸频率的精准监测，还新增情绪健康助手，并特别针对女性用户，提供卵巢健康评估，预防潜在的健康问题。[401]

此外，在工作和娱乐领域，可穿戴设备与用户之间的交互更为自然，且能为用户提供更个性化的服务和体验。比如 Meta 发布的首款 AR 眼镜 Orion 实现了在较小镜框中的大视野，以大视场角和集成的先进传感器，为用户提供更为真实、自然的沉浸式 AR 体验[402]；与 Ray-Ban 合作的产品 Ray-Ban Meta 将时尚设计与尖端科技相结合，通过集成 AI，为用户提供便捷的智能助手和实时翻译功能[403]。

在设计层面，由于消费者愈发看重消费电子产品的便携性和美观度，市场对轻薄化设计的追求更加显著。荣耀 Magic V2、苹果 iPhone 15、vivo X Fold3 以及小米 14 Pro 钛金属特别版等旗舰手机，均采用钛合金等先进轻量化材料，不仅增强了耐用性，也提升了携带的便捷性，从而引领了行业新趋势。

随着研发实力的增强与全球化视野的拓展，中国的消费电子产业已经开始从代工制造转为自主出海创牌。例如，安克（Anker）从充电设备起步，逐步拓展至智能家居、智能影音等多个领域，形成了自己的多品牌矩阵，并通过亚马逊等跨境电商平台成功出海，触达全球消费者。大疆则通过技术创新和高端品牌定位成功打开海外市场，在全球消费级无人机领域占据超 90% 的市场份额，以尖端技术重新定义“中国智造”的内涵。[404]

随着人工智能技术的快速发展和广泛应用，消费电子行业预计将继续保持快速增长的态势，AI 终端设备的普及和创新产品的不断涌现将成为变革的主要驱动力。

OPPO

OPPO 在技术普惠、环境保护、生态共融、和谐运营和员工福祉五大领域持续深耕，致力于构建健康、长久互惠的发展生态。OPPO 通过绿色能源、提高能源效率等措施实现减排，并通过产品生命周期管理推进可循环、可持续发展。此外，OPPO 还在 AI、无障碍、健康等领域持续创新，结合公益捐赠与倡导，推动技术普惠。得益于这一系列举措，OPPO 在社会责任维度上表现突出。

核心指标

品牌力	148
溢价力	108
长驱力	97

有意义	差异化	活跃度	社会责任
119	106	113	101

vivo

2024 年，vivo 强势登榜《2024 年凯度 BrandZ 最具价值中国品牌 100 强》榜单并位列第 34 名，是当年排名最高的新入榜品牌。凭借其在消费电子产品、5G 通信、人工智能等领域的创新实力，vivo 还获得 2024 年凯度 BrandZ“中国创新明星品牌”奖项，成为 2024 年唯一获得此荣誉的消费电子赛道科技公司。

近年来，我们欣喜地看到 vivo 的品牌力持续提升，并塑造出可信赖、富有社会责任的品牌形象。探其根本，极致的用户导向和极致的科技创新是一切结果的因。vivo 始终坚持用户导向型创新，通过科技创新和设计驱动，埋头种因，为用户打造极致的产品；同时，vivo 坚持以人文科技的力量，承担更多力所能及的事，积极为用户、伙伴、社会创造价值、创造快乐，使科技最终让人感受幸福、抵达美好。

根据 Counterpoint、Canalys 以及 BCI 三大行业分析机构发布的 2021 年至 2023 年度智能手机市场数据，vivo 已经连续三年稳居国产手机份额第一。同时，vivo 也斩获 2024 年前三个季度市场份额第一的傲人佳绩，在手机行业里持续领跑，凸显了 vivo 在中国市场的竞争力和品牌影响力。

在外界看来，vivo 不善宏大叙事，也没有务虚表达。正因不断埋头种因，果才水到渠成，让 vivo 的品牌力稳健增长，产品力、科技力都实现了里程碑式的进步。

vivo 在做好伟大产品的同时，也在追求差异化的品牌表达。通过差异化的产品矩阵和“长坡厚雪”式的创新突破，将前沿技术与优质体验带入大众生活，让新质生产力真正驱动人们的幸福生活。而以品牌精神“本心而为”为魂的情感营销则让 vivo 在传达产品信息的同时，触动了大众的情感，使得 vivo 的品牌形象更加立体而有温度，找到精神内核并持续重复，在息息相关的场景不断升华，帮助 vivo 像“滚雪球”似的持续提升品牌力。

在这一过程中，逐渐让更多人对 vivo 品牌的感受“从对产品偏好，到对品牌偏心”，让更多人相信 vivo 是 TA 们的同路人。vivo 突显出的深厚实力和独有的品牌魅力，也吸引着更多人对 vivo 的关注和偏爱。

vivo 可信赖的品牌形象得益于对“用户导向”的一路坚守。钻研 vivo 科技创新的独特之处时，我们发现，vivo 长期以来一直坚定地走着艰难而正确的路：人性化的极致创新。当外界不断追逐新的流量热点时，vivo 是行业内最聚焦、最有用户导向定力的一位。vivo 有着克制的科技生态产品、克制的广告推送，把全部精力聚焦做好带来极致用户体验的科技产品。vivo 持续钻研设计、影像、性能、系统的四大赛道，比如在影像赛道，早在 2014 年，vivo 已经决定要深耕影像、撑起影像旗舰天花板，十年过去，vivo 是行业内唯一一家还在坚持自研影像、视频算法芯片的厂商，为用户带来“影像灭霸”电影级质感的极致体验，打造“演唱会神器”的惊喜。

不仅走到具体的场景中去，也不断走到用户中去。vivo 让用户是一切工作的原点，也是闭环的终点。用户是产品的标尺，用户的痛点需求夯实了产品体验的基线，用户的差异性需求塑造了产品体验的多元性，而用户对产品的苛求和场景偏好，则激发了持续创新的生命力。vivo 的用户顾问计划，让更多“同路人”参与到品牌共建中；用户是品牌的镜子，用户的感知动线也映射着品牌的沟通动线，vivo 融合情感营销、事件营销与 IP 营销，从品牌精神出发，结合当下社会痛点，输出具有独树一帜品牌观点的故事，并借校园毕业季、体育赛事、First 青年电影展等契机，持续与用户进行深度的情感沟通。

同时，vivo 通过多元化的举措，塑造出富有社会责任感的品牌形象。vivo 秉承“更健康、更长久”的可持续发展愿景，结合自身业务、积极响应联合国可持续发展目标（SDGs），确立了 vivo 的四大可持续发展方向：以“科技共享”搭建更包容的数字桥梁，以“绿色共生”践行绿色发展理念，通过“价值共创”建立互信共赢价值生态，并以“社会共益”为世界带来更多幸福与美好。

vivo 持续关注听障、视障人群，先后推出了“vivo 听说”、无障碍通话、声音识别、“手语翻译官”“vivo 看见”“vivo 读谱”等重磅无障碍功能，有效满足了听障、视障人士对外沟通交流的基本需求，为推动残障人士获得优质教育、体面工作和经济收入等平等权利奠定了基础。此外，vivo 还联合中国听力医学发展基金会发起声声有息公益计划，并与中国残联达成战略合作共同推动计划升级完善，致力于通过技术共创、公益捐赠、联合调研、公益倡导等方式提升社会认知，助力营造更友好的无障碍社会环境。而在教育公益方面，vivo 携手上海真爱梦想公益基金会与中国美术学院教育基金会共同发起 vivo 童画未来美育计划，致力于以科技赋能美育。据其官方资料披露，项目覆盖江西、贵州、甘肃、云南 4 省 6 县的 29 所乡村小学，为超过 190 名乡村老师和校长提供培训或研学，为约四万多名孩子提供特色美育课程或实践支持，探索乡村美育新路径，树立“科技美育”新标杆，让每一个孩子都能发现美、感受美、创造美。

未来，我们也将持续关注和见证，在行业持续领先的 vivo，坚持用户导向、追求极致和科技普惠，给用户带来极致体验的美好未来。

vivo

2024 年品牌价值

53.75 亿美元

* 数据来源：凯度集团（Kantar）、《2024 年凯度 BrandZ 最具价值中国品牌 100 强》榜单及报告

华为

华为以“构建万物互联的智能世界”为使命，坚持开放合作与持续创新，让华为成为全球信赖的品牌。华为坚持以长期研发投入确保技术创新上的持续领先，带来以消费者为中心的智慧全场景体验。华为以全面智能化战略加速各行各业的数字化转型，致力于打造开放、协作、利他的生态。此外，华为还积极履行社会责任，通过通信技术解决方案为全球偏远地区人口提供联接能力。凭借全方位的不懈努力，华为在创新性、信任度、社会责任三大维度上表现突出。

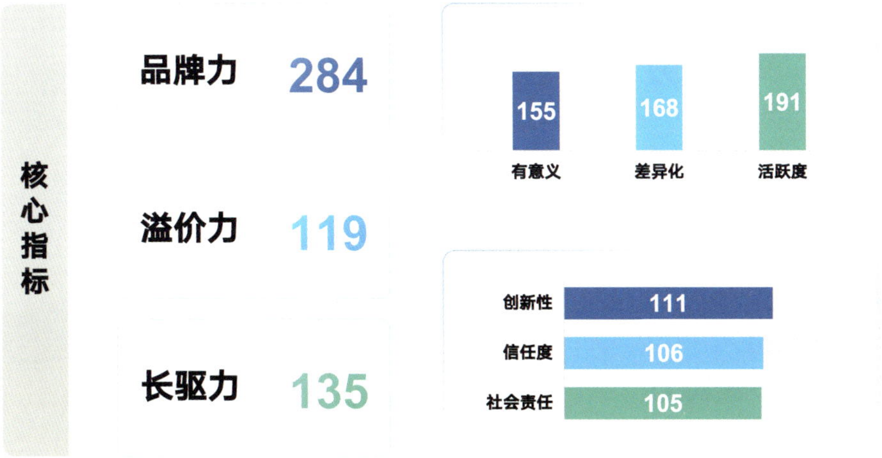

荣耀

荣耀以消费者需求为中心进行创新与研发突破，在通信、影像、折叠屏等多个领域取得显著的技术成果，极大提升了高端产品市场表现力。荣耀还积极开拓全球市场，与全球产业链深度合作以确保其稳定性和连续性，并以自身创新带动全产业链的高质量成长，推动品牌全球化发展。此外，荣耀关注视障、听障等特殊人群的需求，研发推出无障碍产品与服务，并积极投身青年赋能和教育。得益于这些举措，荣耀在信任度、可持续、社会责任三大维度上表现突出。

核心指标

品牌力	109
溢价力	104
长驱力	87

小米

作为一家全球化的科技企业，小米不断推进高端化战略，为全球用户提供更加高品质的选择。小米积极布局物联网领域，并全面升级“人车家全生态”集团战略，实现品牌生态链闭环。同时，小米将环境保护与可持续发展作为业务战略核心，持续以科技创新推动产业链与生态圈绿色转型，并坚持长期持续投入对人类文明有长期价值的技术领域。凭借全方位的不懈努力，小米在信任度、可持续、社会责任三大维度上表现良好。

核心指标

品牌力 179

溢价力 110

长驱力 104

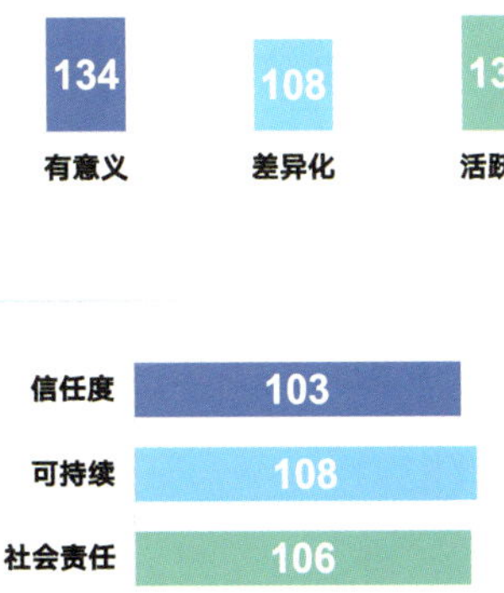

小米

2024 年品牌价值 **110.89 亿美元**

* 数据来源：凯度集团（Kantar）、《2024 年凯度 BrandZ 最具价值中国品牌 100 强》榜单及报告

◆ 优秀案例

vivo 的全方位品牌进化战略

经过 10 多年的发展，中国智能手机市场进入存量市场竞争时代，而 2024 年，出现一些重启上升周期的势头，这其实是整个手机行业在不停地奔跑，技术创新快速迭代的结果。而 vivo 可能更努力一点，连续三年在中国市场占据国产手机市场份额第一①，并有望在 2024 年四次蝉联第一②。

份额第一，是成绩，也可以是陷阱。如果不能正确地看待，追求份额第一容易让企业迷失，导致为盲目地追求规模而变得急功近利。vivo 更加看重埋头种因，以用户为导向，以技术创新为原动力，努力讲好品牌故事，持续与用户进行深度的情感沟通，构筑起坚固的人文科技品牌护城河。

一、双品牌 / 多产品矩阵更精准地满足目标人群需求，全面布局细分市场

vivo 把目标人群用感性和理性，进行了一个大的区分，并用 vivo 和 iQOO 两个品牌，来更好、更精准地满足他们的需求。

vivo 的品牌方向是人文之悦，满足偏感性人群的需求。而 iQOO 的品牌方向是探索之悦，满足偏理性人群需求。

在 vivo 看来，这是完全不同的两种气质的人群，他们的底层

① 数据来源：市场调研机构 Counterpoint，2021—2023 年中国智能手机市场份额数据报告。

② 数据来源：华尔街见闻，提及 vivo 在 2024 年连续三个季度领跑，有望拿下 2024 年第一，实现四年冠。

需求也是完全不同的。

偏感性人群，在产品能力的基础上还要叠加人文感，要高级感，要美；而偏理性人群，要硬核热血，要性能拉满，他们敢于冒险，需要刺激感，要让他们尝试最新、最前沿、最酷的技术。

世界上没有任何一款手机，能同时充分满足两种完全不同气质人群的需求。

所以，人群定位，双品牌战略是 vivo 差异化竞争的第一步。vivo 的双品牌不是按市场销售的维度，或高端、中端、入门产品来定位，而是打造极致产品，真正按用户需求来定位，没有高低之分。

为进一步满足细分人群的需求，在 vivo 和 iQOO 两个互补的品牌组合下，更进一步形成了影像旗舰、美学旗舰、折叠旗舰和性能旗舰等各具特色的产品矩阵。

全新影像旗舰 vivo X200 系列的发布会外场，放大了产品领先的超级长焦功能

影像旗舰 vivo X 数字系列专注于“专业影像，科技旗舰”，为用户带来卓越的摄影体验和视觉享受。2024 年 10 月发布的全

新一代的 vivo X200 系列，更是以“技术尖点”准确触达“用户痛点”，面向用户真实需求进行全面创新和升级。

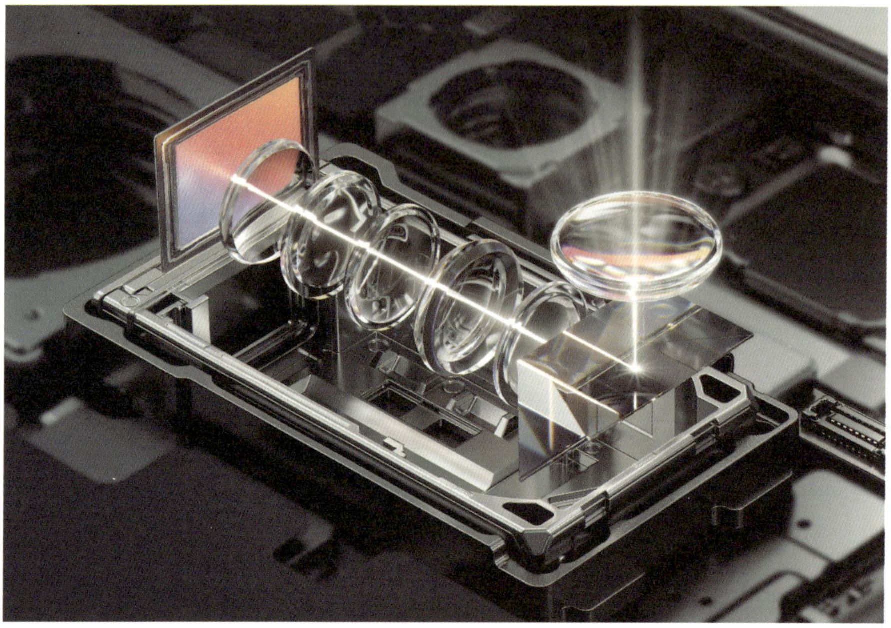

2024 年是 vivo 扎根用户、深耕影像的第十年，坚持影像“长期主义”

美学旗舰 vivo S 系列定位“轻盈时尚，至美人像”，以符合年轻人审美的时尚设计和优质人像功能，帮助 vivo 增强品牌在年轻市场中的影响力。

折叠旗舰 vivo X Fold 系列定位商务人群，凭借在折叠屏手机中的超强性能配置，在高端智能手机市场中表现卓越。

iQOO 品牌则通过其数字系列、Neo 系列和 Z 系列，主打“极致性能 + 专业电竞”，满足追求高性能和电竞体验的用户需求。

借助明确的品牌 / 产品定位和卓越的产品表现，vivo 旗下各品牌 / 产品线“全面开花”，形成了稳定的迭代节奏和规模效应，持续推动着 vivo 品牌稳步发展。

二、四大长赛道，构建行业领先的科技生态

用户需求总是在不断升级，科技创新是实现用户导向的不竭动力。vivo 在设计、影像、系统、性能四个长赛道上重兵投入，就是要在行业中形成领先的、满足用户极致需求的技术能力。

设计层面，每家手机厂商都有各自的风格，而 vivo 的设计风格是以“东方美学”为主线，从博大精深的中国文化中找到灵感。vivo 通过视觉语言搭建科技与用户的桥梁，帮助用户追求个性和表达自我。vivo 在多地建立了设计研发中心，进行设计创新。例如 vivo X Fold3 系列在设计上主打纤薄，标准版重量仅为 219 克，打破业界纪录①。

影像层面，从镜头模组、感光元件，到平台 ISP 调试，以及影像算法研发，在影像技术创新上，vivo 形成了全链路布局，也在用户中形成了良好的口碑。自主创新方面，vivo 将持续修炼“内功”，围绕用户痛点不断突破技术壁垒，以强劲的研发实力构建移动影像技术护城河。

系统层面，vivo 通过虚拟显卡、不公平调度、内存融合等技术，从系统底层做到流畅好用。近期，vivo 更致力于 AI 大模型重塑操作系统，让人与手机的交互模式，形成一个大的颠覆。

性能层面，芯片被称为手机的“心脏”，其重要性不言而喻。2024 年下半年，vivo Arm 联合实验室正式揭牌，代表着 vivo 在芯片设计创新的技术底层上深耕，持续为用户带来更好的手机体验。

四个长赛道是立足当下，vivo 中央研究院的使命是着眼未来，拥抱不确定性，在前沿技术、未来产品形态上进行前瞻性布局，构建 vivo 中长期的创新能力。

---

① 数据来源：vivo 实验室，219g 整机重量不包含内外屏保护膜的重量，受产品配置和制造工艺、测量方法的影响，实际产品尺寸可能有所差异，请以实物为准。

中央研究院之下，有芯片技术部、XR 产品设计开发部、用户创新实验室、对外合作中心四个部门。vivo 从 2021 年开始对 MR 产品进行研发投入，2024 年已经是第 3 年，2025 年 vivo 会发布第一代可体验的 MR 原型机，在国内同类技术中处于前沿位置。

三、技术品牌蓝科技，塑造强大的底层科技实力

vivo 在四大长赛道和中央研究院长期、持续的投入，也有了一个新的结晶，那就是在 2023 年 vivo 发布了自己的技术品牌——“蓝科技”。

2023 年 vivo 正式发布“蓝科技”，已成为 vivo 打造旗舰产品的坚实技术基石

“蓝科技”是基于用户导向的创新系统，“蓝科技”具备以下三大特点：第一，从单点创新扩展到全面创新；第二，从应用创新扎根到底层技术创新；第三，从硬件驱动到形成软硬件加算法与 AI 的一体化能力。

蓝厂领先的技术，就不能不提影像。蓝图影像代表了 vivo 影像在关键场景的认知与积累，是 vivo 自研传感器技术、自研算法、自

研影像芯片等影像技术的集大成者。在软件层面，全新的“自研蓝图影像算法矩阵”，从超清画质、臻彩还原、算力加速三个子模块，全面构建了 vivo 的底层基础算法能力。在硬件层面，vivo 和供应链顶级厂商联合研发的 Sensor、模组等核心器件最终实现了所追求的影像效果。同时，强大的算法需要强大算力的支撑。vivo 自研的第三代“蓝图影像芯片 V3+”能够承载更多、更复杂的实时算法并显著降低功耗，为用户带来了“人性化的专业影像”体验。

而蓝海续航系统，行业首发了半固态电池技术，结合软硬件优化，让续航体验再上一个台阶。

在更底层的硬件层面，vivo 从“芯”开始，不断突破。蓝晶芯片技术栈就是 vivo 芯片能力的集合。它代表 vivo 实现了从定义、研发、到调校 SoC 全链路的技术闭环。2023 年，vivo 与联发科共同探索了全大核设计，开启了智能手机行业的全大核时代。vivo 蓝晶芯片技术栈与联发科天玑 9300 深度融合，真正从底层实现了软硬件一体化设计，坐实“天玑芯，看蓝晶”。

在 2024 年 10 月 14 日发布的 vivo X200 系列上，全球首发搭载天玑 9400，这是 vivo 与联发科双方共同定义的第二代全大核 3nm 旗舰芯片。而且，天玑与 vivo 蓝晶芯片技术栈的战略合作，从深水区到无人区，在 vivo X200 系列上首创公里级无网通信技术。

而用户最期待的 AI。想象一下，如果手机能懂你，那会怎样？vivo 正将这一想象变为现实。vivo 正通过自研蓝心大模型，让 AI 重构系统，实现交互革命，实现用户体验的落地。

2023 年，vivo 推出了自研的蓝心大模型矩阵。在 2024 年 vivo 开发者大会上，vivo 发布全新蓝心大模型矩阵，将语音、图像、多模态等大模型能力全面升级，并推出端侧体验最佳的蓝心端侧大模型 3B。而同时发布的还有蓝心大模型加持下的全新原系统（OriginOS 5），拉开 AI 重构 OS 的序幕。

原系统 5（OriginOS 5）延续“自然舒适、符合直觉”的设计理念，将自身在 AI、续航、通信等领域的技术成果，以及对手机基础体验、设计、人文等层面的思考集中落地。通过实施用户顾问计划，每个月组织团队认真倾听用户建议，邀请用户顾问参与创新的每个环节。无论是体验的反馈，还是对美学的不懈追求，都为系统团队提供了丰富灵感。为用户带来更加智能、好用、流畅的系统体验。

同时，为了满足通用人工智能时代用户的新需求，vivo 在 2024 年全新升级了自研蓝河操作系统 2（BlueOS 2），其搭载着基于 Rust 语言编写的实时操作系统内核——蓝河内核。蓝河操作系统为 AI 而生的系统，它天生更智能、更流畅、更安全。

四、本心而为，以情感营销与用户同频共振

作为知名的消费科技品牌，vivo 在做好伟大产品的同时，也在追求差异化的品牌表达。通过将 vivo 的品牌精神“本心而为”和当下的社会痛点相结合，vivo 让情感营销更有感染力，吸引了越来越多和 vivo 拥有相同价值观的同路人。

vivo 的品牌精神“本心而为”是一切 vivo 故事的精神基石。“本心而为”包含三重重要内核：平常心、进取心和快乐心。vivo 相信，不盲从规则，发现规律，做自己真正相信和热爱的事情，在努力追求极致和完美的过程中，享受快乐。

在这一品牌精神的指引下，vivo 深入洞察用户的情感需求，以细腻的品牌故事让品牌的表达更有感染力，成功引发广大用户的强烈共鸣。例如，vivo 的人生答案三部曲——《最重要的小事》《自然有答案》《你是答案》，用娓娓道来的形式向用户传达不以世俗标准定义价值，过程本身即是意义，鼓励用户做自己、爱

生活。vivo 的黑猫三部曲则以新奇特的内容形式、皮克斯级的制作水准，让朴素动人的猫咪爱情故事走进用户的心房，和用户探讨爱情的真谛。通过让产品成为推动故事的关键角色，vivo 为产品 / 品牌建立了令人难忘的心智信息。同时，vivo 在系列作品中传递出的一致的品牌价值观，不仅强化了品牌的核心理念，也增强了品牌形象的稳定性和辨识度。

在 IP 营销上，vivo 携手各方同路人，与全球消费者共享科技之美，创造伟大产品。vivo 过往作为欧洲杯和世界杯的官方合作伙伴，以卓越的影像技术和创新能力为赛事提供了全方位的支持，向全球观众传递体育赛场的热血与激情。

通过与蔡司的合作，vivo 打造出更多备受市场和消费者认可的影像旗舰，不断拓展着移动影像的边界，满足每个人记录美、表达自我和传递情感的摄影诉求，让专业的影像光学技术普及到更多消费者。

同时，vivo 结合地域特色进行营销创新，选择具有代表性的城市和地标，将消费者的感知和记忆与品牌传达建立强链接。针对目标受众开展精准营销，如把握校园毕业季等关键节点，提高营销活动的针对性和效果。

vivo 通过差异化的产品矩阵和“长坡厚雪”式的创新突破，将前沿技术与优质体验带入大众生活，让新质生产力真正驱动人们的幸福生活。而以品牌精神为魂的情感营销则让 vivo 在传达产品信息的同时，触动了大众的情感，使得 vivo 的品牌形象更加立体而有温度。vivo 正在让科技与人文共舞，让广大消费者共享 vivo 所代表的人文之悦。

vivo：科技普惠，照亮美好未来

vivo 一直秉持"更健康、更长久"的可持续发展愿景，坚持长期主义，走可持续发展的道路。vivo 于 2019 年加入联合国全球契约组织（UNGC），将自身业务与 SDGs（联合国 17 个可持续发展目标）相结合，形成了 vivo 可持续发展的四大方向：

科技共享： 秉持科技使人感受幸福、抵达美好的初心，坚定科技创新与数字责任互容理念，用产品赋能用户，以服务打动用户，努力让科技创新惠及每一人，联接美好数字未来。

绿色共生： 以创新技术与思维践行绿色理念，探索可持续产品方案，为消费者创造环保价值更高的优质产品；在运营层面，提升资源使用效率并减少污染。

价值共创： 为员工提供广阔发展平台，为业务伙伴及供应商提供支持，携手各方共同成长；发挥自身优势推动行业进步，培养高质量人才，为行业注入新动能。

社会共益： 坚持业务运营合规，促进内部治理稳健，尊崇行业商业道德，全力支持公平贸易；聚焦民生需求，依托自身优势，推动海内外社会发展，促进企业与社会之间良性循环。

对内，vivo 将可持续发展理念贯穿于企业经营的各个环节，建立并持续健全企业社会责任（CSR）管理机制。公司管理委员会（最高决策组织）下设 CSR 委员会，由公司高级副总裁担任委员会主任，其成员由各领域管理人员组成。CSR 委员会负责管理与监督关键议题，通过管理实施、持续改进和积极回应重要利益相关方的关注，确保公司 CSR 管理满足其要求与期望。

对外，vivo 积极开展企业社会责任实践，致力于以科技的力量，为世界带来更多的幸福与美好。

vivo 声声有息公益计划始终关注残障伙伴们的需求，并致力于将这些需求转化为实际的解决方案，通过“科技 + 公益 + 生态”模式，弥合数字鸿沟，改善残障伙伴的沟通现状与生活品质。vivo 先后推出了“vivo 听说”、无障碍通话、声音识别、“手语翻译官”“vivo 看见”“vivo 读谱”“无障碍导览”等无障碍功能，有效辅助了听障、视障人士对外沟通交流的基本需求。在公益方面，与中国残疾人联合会及众多公益组织携手合作，目前已为全国 133 个听障家庭、1700 多位听障及视障青年捐赠了搭载无障碍功能的新款 vivo 手机，并开展了职业技能培训、社会融合探索、用户交流工作坊等公益行动，支持残障群体实现自我发展与社会融合，共同构建“有爱无碍”的包容社会。

vivo 与中国残联战略合作仪式

听障妈妈用“vivo 听说”和宝宝说“宝宝好棒”

作为人工智能技术在公益领域的优秀案例，该项目入选 “全球人工智能公益典型做法”，成为世界互联网大会国际组织唯一收录的手机品牌案例，入选联合国国际电信联盟（ITU）“人工智能向善”案例集，以及获得网信办主办的“2024 年网络公益行动优秀网络公益项目”等众多重磅奖项。

vivo 携手上海真爱梦想公益基金会与中国美术学院教育基金会共同发起 vivo 童画未来美育计划，致力于以科技赋能美育，以美育浸润儿童，让每一个孩子都可以发现美、感受美、创造美。该项目现已覆盖江西、贵州、甘肃、云南 4 省 6 县的 29 所乡村小学，为超过 190 名乡村老师和校长提供培训或研学，为约四万多名孩子提供了特色美育课程与美育实践，探索出了一条乡村美育的创新路径，树立了“科技美育”的新标杆。

通过搭建更包容的数字桥梁，践行绿色发展的理念，建立互信共赢的价值生态，vivo 正在为世界带来更多的幸福与美好，以科技照亮美好未来。

vivo 童画未来夏令营学生和自己作品合影

vivo 童画未来夏令营学生介绍自己小组作品

休闲食品

Snack

奥利奥（Oreo）

乐事（Lay's）

旺旺

行业分析

近年来，中国休闲食品行业呈稳定增长态势，现已形成万亿规模的庞大市场。[405] 在产业供应链升级以及消费者需求演变的推动下，中国的休闲食品行业正迈入关键转折点，健康化及对独特、个性化消费体验的追求正在成为产品开发的主导趋势。

随着消费者健康意识的不断增强，休闲食品行业正迎来以健康为核心的发展趋势。除好吃之外，消费者对于好食材、有营养、低负担的需求普遍存在。低糖、低盐、低脂、无添加已成为大多数消费者在购买休闲食品时的必备选项。包括乐事、洽洽等在内的各大国内外品牌都积极响应这一需求，研发并推出低糖、低脂的健康产品线，以迎合市场对健康食品日益增长的需求。良品铺子则围绕“减盐、减糖、减脂、减油、减食品添加剂”的“五减”理念，推出了一系列“自然健康新零食”。

与此同时，消费者依然注重食品带来的体验感和情感价值。各大零食品牌正通过本土化、个性化的创新为消费者提供独特的消费体验。例如，乐事通过推出地方特色的风味薯片（如淄博烧烤味和驴肉火烧味），满足消费者对新奇口味的探索。三只松鼠、百草味推出了个性化的零食礼盒，消费者可以根据个人喜好和需求定制礼盒内容、外包装和祝福语，以满足不同的情感和口味需求。

从营销层面来看，品牌合作与联名正在成为休闲食品行业的热点趋势。例如，奥利奥与可口可乐以年轻人的“搭子”社交文化为切入点开展品牌联名，共同推出汽水味夹心饼干和限定版汽水，以融合了两种经典口味的创新产品为消费者带来惊喜体验。同时，奥利奥和可口可乐还以“besties forever”为主题展开活动，围绕“新搭子，玩在一起”的口号策划了线下快闪空间、线上直播、“搭子”互动微信小程序等丰富活动，强化与消费者之间的情感共鸣。

就渠道而言，线下渠道正向近场化、折扣化转型。便利店与零食量贩店凭借更丰富的商品、更贴近消费者的选址、更高的性价比成为了近年来休闲食品渠道变革的代表。2023 年 6 月三只松鼠首批自有品牌社区零售店开业，截至 2024 年 5 月底，三只松鼠社区零食店已开店超 220 家。[406] 量贩零食渠道头部品牌零食很忙和赵一鸣零食合并后成立的集团公司全国门店数已突破 1 万家。[407] 同时，全渠道融合和即时零售成为新趋势，为消费者提供更加便捷和快速的购物体验。

随着休闲食品的消费场景不断丰富，中国休闲食品行业的市场规模还将进一步扩大。休闲食品品牌需要继续深化以消费者为中心的创新策略，注重提升产品品质和消费者体验，通过科技赋能和数字化转型，提供更加多样化、个性化和健康的食品选项，以抓住机遇，应对挑战。

奥利奥

奥利奥（Oreo）在中国市场保持了强劲的增长势头，品牌渗透率稳步提升，实现了销售额双位数的年复合增长。[408 409] 奥利奥的品牌表现，得益于其在产品创新和研发上的持续投入、对消费者需求的持续关注、丰富有趣的营销形式，以及在可持续发展上的深刻践行。

奥利奥在专业研发上的持续投入推动了其在中国市场的多元化发展。从最初的原味黑白夹心饼干开始，奥利奥不断突破产品创新的边界，陆续推出了 0 糖、薄脆等夹心饼干系列，以及可可脆卷、迷你等创新零食品类，以多种口味和形态的产品满足消费者的多元需求。奥利奥每年春季推出的限定口味产品，更是将品牌打造成年轻人出游时的热门选择，不断刷新消费者对品牌的期待和惊喜。此外，奥利奥还大胆跨界进入烘焙领域，投资约 3200 万元人民币在北京工厂新建了“奥利奥长保蛋糕”生产线，坚定布局烘焙赛道。同时，奥利奥与国内知名烘焙企业恩喜村实业达成战略合作并签署投资协议，共同开发了低温短保质期烘焙产品。得益于奥利奥对研发的长期承诺和资源投入，品牌推出的一系列高品质创新产品，赢得消费者的广泛喜爱。

奥利奥运用多元化的渠道和策略，提升消费者对品牌的信赖度。为确保产品能满足消费者的喜好和需求，在产品开发上，奥利奥采用“试点—学习”模式，先小范围测试市场反应，然后根据消费者反馈调整产品。同时，奥利奥对产品质量和食品安全严格把控，并在新兴销售渠道（如直播带货）建立严格的选品标准和售后服务流程，进一步增强了消费者对奥利奥的信任。

此外，奥利奥还通过有趣的营销活动，和消费者玩在一起，拉近与消费者之间的距离。例如，奥利奥与可口可乐以年轻人的“搭子”社交文化为切入点开展品牌联名，推出两款融合了两种经典口味的独家限定版产品——奥利奥可口可乐汽水味夹心饼干和可口可乐新搭子奥利奥限定版可乐型汽水，并推出一系列独特的线上线下互动体验，为消费者带来惊喜体验。 此外，奥利奥还通过与线条小狗、奶龙等人气 IP 联名及推出童心短片《致我们的童真心愿》等方式，在不同生活场景中，唤起大小朋友们不会消失的童心，引发消费者的情绪共鸣。

在生产过程中，奥利奥注重环保，通过使用国产弱筋小麦替代美国进口小麦、优化生产流程和使用清洁能源等方式减少生产过程中的碳足迹。[410] 同时，奥利奥在包装材料上采用了可回收的再生设计以减少对环境的影响。[411] 此外，奥利奥还通过公益活动，如认养大熊猫“奥莉奥”和“小奥利奥”，提升公众对生态环境保护的意识。[412]

奥利奥持续技术投入、产品创新、开展新奇有趣的营销活动，并积极践行环保和社会公益，“专业”“创新”“值得信赖”和“可持续”的品牌形象不断深入人心，持续巩固品牌在行业内的领先地位。

乐事

乐事（Lay's）在产品创新上不断突破，在健康方面进行了重大升级。乐事还深耕本土化创新，满足本土消费者的口味偏好。在品牌营销上，乐事通过情感营销与消费者建立深度连接。同时，乐事还通过与当地社区和公益组织合作，积极参与社会公益事业，助力乡村振兴。凭借全方位的不懈努力，乐事在专业性、创新性、信任度及社会责任方面均表现良好。

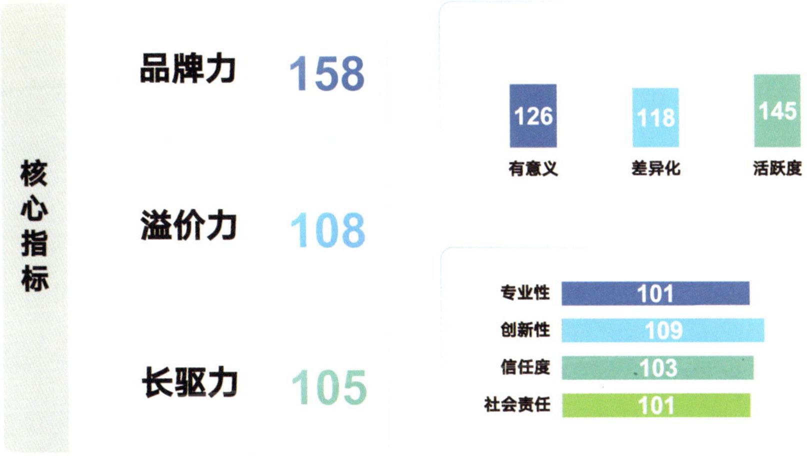

旺旺

旺旺在产品上持续发力，朝着多元化、多品类的方向持续创新，以满足消费者的不同需求，并以新面貌带给消费者更多惊喜。旺旺还以活泼多元的数字行销，通过创意与趣味内容不断加强与消费者的情感连接。同时，旺旺积极参与社会公益活动，持续用“善”的行为回馈消费者。得益于这一系列举措，旺旺在信任度、社会责任两大维度上表现突出。

◆ 优秀案例

奥利奥云朵蛋糕：全链路产品创新

在快速变化的市场环境中，品牌必须深刻理解目标消费者的需求，以开发出真正满足消费者期待的创新产品。作为零食行业内的领导品牌之一，奥利奥始终致力于全链路创新，通过跨领域的研发和市场策略，以消费者需求为核心，推动健康饮食理念的普及。

以消费者需求为核心，借助全链路创新，奥利奥夹心云朵蛋糕全新上市！

一、以消费者为核心，发掘零食新需求

通过深入的市场研究，奥利奥洞察到家长对零食的健康和营养需求。家长们在挑选零食时，不仅考虑孩子的口味喜好，更注重产品的健康和安全。借助多种严谨的市场调研手段，奥利奥收集了家长对产品形态、口味、营养需求和购买决策的偏好，以及

对现有产品的满意度和改进建议，从而更好地满足消费者的期望。

此外，奥利奥也敏锐意识到，随着社会的进步和生活方式的变革，零食消费的场景也愈发多元化。通过对市场和产品现状的深入分析，奥利奥发现市场上缺乏既健康又能在非正餐时间缓解饥饿感的零食。这一发现指导了品牌创新，品牌计划推出新产品，以满足在正餐前“小饿时刻”对更健康美味零食的需求。

孩子喜欢，妈妈放心：奥利奥发掘零食新场景

二、结合品牌经典，找准新产品定位

结合市场调研结果，奥利奥提出了“夹心云朵蛋糕”的产品创意，旨在结合奥利奥经典的“黑白黑夹心饼干”的经典风味和造型，创造出一种新型蛋糕形态，以满足消费者对口感不腻、健康负担小，以及能体现精致生活态度的需求。蛋糕选用进口可可粉和高质量原材料，不仅致力于为消费者提供更高品质、更健康的零食选择，也以蓬松可爱、唤起童心的云朵造型满足消费者对于新奇、好玩体验的情感需求，是奥利奥“玩心经典”品牌精神的展现。

奥利奥选用进口可可粉，结合品牌经典风味，创新推出“夹心云朵蛋糕”

三、专业团队共创，合作开发云朵蛋糕

奥利奥的研发团队将创意转化为现实，使用高品质原料，创造出轻盈口感的“云朵蛋糕”，实现 0 反式脂肪，满足味蕾的同时吃得安心。生产部门与研发团队紧密合作，利用不同工厂优势，快速生产多批测试样品，推动产品改进。

多领域专家共创，快速响应消费者反馈，不断优化升级产品

在新产品的研发过程中，来自不同领域的专家共同参与，确保从多维度考量，应对产品研发中的各种挑战。这样的跨部门团队紧密合作使得奥利奥能够迅速响应市场变化，并在产品开发过程中进行相应调整，不断进行产品升级和创新，满足消费者的多样化需求。

四、包装信息可视化，健康生活新态度

以消费者为中心的设计：清晰的热量标识和份量控制建议，帮助消费者更好享受美味

奥利奥夹心云朵蛋糕通过其包装上的可视化信息设计，如标明使用进口可可粉、0 反式脂肪的品质优势和清晰的热量标识以及

份量控制建议，给予消费者清晰可见的安全健康感受，让消费者享受美味时减少顾虑。这种以消费者为中心的产品设计预见性，强化了消费者的品牌认同和忠诚度。此外，云朵蛋糕还通过创新的系列化视觉包装设计，提高了品牌的辨识度，并通过开发多样化口味满足不同消费者的需求。

五、真实环境测试，加强消费者联系

奥利奥通过电商 DTC 模式直接面向消费者，特别是关注一线城市的妈妈群体，她们对零食的健康安全有较高要求。利用线上平台，奥利奥快速收集反馈，全方位优化产品，包括质地、口感、风味和包装设计，以提升消费者满意度。这种直接交互让品牌更贴近消费者，加强了与消费者的联系。

奥利奥通过多种电商平台，快速收集反馈并加以优化，提升消费者满意度

在实体零售中，奥利奥同步与大型商超合作进行货架测试，检验产品在真实购物场景中的表现，包括陈列、促销和视觉传达。这些测试有助于优化包装设计，确保产品在上市前满足内外部的期望。

奥利奥与大型商超合作，进行货架测试，倾听消费者真实反馈

此外，奥利奥建立了直接对话和反馈机制，及时获取消费者体验和意见，加速产品迭代。产品创新团队投入 18 个月时间，深入分析市场数据，通过测试不断优化配方和产品组合，确保夹心云朵蛋糕高分通过亿滋的消费者测试。产品的成功上市是不断测试和优化的结果，这种持续创新和灵活的市场策略保持了品牌的竞争优势，展现了奥利奥在市场变革中的领导力。

六、与消费者玩在一起，推动健康趋势

在营销端，奥利奥突破常规触点，用更贴近消费者的互动式营销与消费者玩在一起。奥利奥通过整合数字广告、社交媒体和意见领袖（KOL）等多种渠道，并结合代言人官宣，提升品牌曝光率和知名度。品牌不仅积极参与社交媒体的讨论，倾听消费者的声音，还通过内容创作传递好吃好玩的生活方式，增强消费者参与感，促使品牌与消费者之间建立了更加密切的关系。

这种以消费者为中心的策略确保品牌形象与消费者诉求一致，彰显奥利奥的行业引领地位。夹心云朵蛋糕凭借产品研发和市场营销创新，迅速获得市场认可，占据大卖场近 20% 的市场份

额[1]，满足现代家庭对更健康、美味零食的需求。

奥利奥通过互动式营销，与消费者玩在一起，传递好吃好玩的健康生活方式。

云朵蛋糕在社交媒体上获得 92% 的好评[2]，显示了准确的产品定位和消费者信任的代言人选择，有效提升了品牌认知度和喜好度。通过展示高品质原料的制作过程，增强消费者的参与感和互动感，奥利奥提升了品牌可信度并激发消费者对产品的兴趣，鼓励分享体验进一步增强了消费者的购买欲望，推动了销售增长。

通过敏捷的产品创新路径，云朵蛋糕不仅成功为奥利奥品牌赢得了广泛好评，引领健康零食的新消费趋势，更在团队合作模式上走出了创新路径，缩短和市场的距离。秉承“玩在一起”的精神，奥利奥不断采用科学创新手段，引领零食行业的积极变革，展现了其在捕捉消费者需求和适应市场动态中的卓越能力。

① 数据来源：广州尼尔森爱科市场研究有限公司，Retail Measurement Service Soft cake（软蛋糕）数据库，2024 年 3 月，针对奥利奥云朵蛋糕在大卖场渠道进行调研得出的结果。

② 数据来源：益普索，在 2022 年 10 月 1 日 –2023 年 12 月 14 日期间针对社交媒体（包括小红书、微博、抖音、哔哩哔哩）监测得出的结果。

中成药

Traditional Chinese Medicine

东阿阿胶

华润三九

同仁堂

云南白药

行业分析

根据中国医药企业管理协会统计，2023年，中国中成药行业营业收入同比增长6.5%。[413] 中成药行业的可观增长来源于供给端与需求端的双重驱动。一方面，中药材因种植面积缩减、产量下滑导致价格上扬[414]；另一方面，中国老龄化程度的加深、新型冠状病毒传播范围的广泛，以及“新中式养生”理念的兴起，共同促进了市场对中成药需求的显著增长。

随着中国老龄化趋势的加剧与新型冠状病毒感染康复人群的调理需求长期存在，中成药在感冒咳嗽、心脑血管及胃部不适等多个细分领域迎来了前所未有的发展契机。

在感冒咳嗽领域，新冠毒株的不断变异以及流感等呼吸道传染病的频繁爆发显著激发了市场需求。根据公开数据显示，2017至2023年间，感冒清热类中成药在零售药店终端销售额的年复合增长率达到了4.22%；同时，止咳祛痰类中成药的零售药店终端销售额也在2020至2023年保持稳定增长。[415] 在此背景下，云南白药集团敏锐洞察市场动向，在2023年致力于研发专用于治疗风寒型感冒的香藿喷雾剂。[416] 华润三九亦加大了在技术研发领域的投入，致力于开发针对祛痰治疗的盐酸氨溴索口服冻干片。[417]

处于新冠康复期的患者中常见的症状包括胸闷、心悸、头痛等，这些症状在老龄群体中尤为普遍，从而推动了市场对心脑血管疾病治疗药物的需求攀升。治疗心脑血管的中成药在城市实体药店终端的销售额于2020年超过了120亿元，并持续增长至2023年，突破150亿元。[418] 同仁堂的安宫牛黄系列、同仁牛黄清心系列等产品凭借其卓越的治疗效果，在2023年需求量显著增长，成功跻身同仁堂营业收入的前五名。[419]

大众感染新型冠状病毒后频繁出现的胃痛胃胀等症状也促进了对具有健胃功效的中成药的需求增长。根据公开数据显示，自2021年以来，具有健胃功效的中成药在城市药店终端的销售额持续攀升，并在2023年以2.55%的增速达到了28亿元，创近九年新高。[420]在此领域，云南白药集团同样进行了积极的布局，针对有胃药需求的禁糖患者开展了香砂平胃颗粒和参苓健脾胃颗粒的无糖剂型研究，可以有效扩大产品的适用范围，进一步满足市场的用药需求。[421]

同时，随着“新中式养生”观念的兴起，大健康产业正步入一个蓬勃发展的新阶段。中成药行业亦积极响应时代号召，加速向大健康领域转型，从传统的“治已病”逐渐延伸至“治未病”。众多中成药品牌纷纷进军大健康产业，业务向保健品、药妆、日化等领域延伸。云南白药集团在2023年战略性重组新兴业务板块，涵盖滋补保健品、美肤、医疗器械与天颐茶品，致力于打造大健康产业的多元化产品线，建设高品质健康生活产品的“第一梯队”。[422]东阿阿胶也正式启动了双轮驱动增长模式，以传统阿胶产品和复方阿胶浆为基石，向大健康轻养生消费品品类加速布局，接连推出了诸如东阿阿胶“小金条”（阿胶速溶粉）、桃花姬阿胶糕等深受消费者喜爱的健康食品。[423]华润三九则凭借其对消费者需求的精准把握以及在大健康行业领域的深刻洞察，推出了“999今维多”“三九益普利生”等多个膳食营养补充剂品牌，积极拓展保健品领域。[424]

除了在产品层面持续创新，中成药在销售渠道层面亦正经历深度转型。在医疗反腐政策的推动下，中成药正从等级医院向

OTC 市场拓展。[425] 除了传统的线下销售，中成药 OTC 市场还巧妙利用 O2O 与 B2C 模式所带来的便捷性和高效性，成功将渠道拓展至了线上，成为市场发展的新亮点。[426] 在未来，中成药行业将进一步加大对第三终端市场（如社区卫生服务中心、乡镇卫生院等基层医疗机构）的开拓力度，通过构建更为广泛和深入的渠道网络，力求全方位、多层次地满足民众日益增长的用药需求与健康追求。[427]

2023 年，国家医保目录对多个中成药品种的医保支付范围进行解限，有效拓宽了中成药潜在消费群体。加之中国老龄化趋势的持续以及民众健康意识的提升，国内中成药市场需求稳健增长。此外，随着国际交流的增强，中式养生观念与调理方法在全球范围内逐渐受到认可，为中成药品牌拓展国际市场提供了新机遇。

东阿阿胶

自1952年成立以来，东阿阿胶坚持传承近三千年的阿胶制作技艺，其专业性赢得了业界的广泛认可和消费者的深厚信赖。近年来，随着“健康中国战略”的深入实施，大健康产业被提升至国家战略的新高度，中成药行业也迎来了转型发展的新机遇。在此背景下，东阿阿胶坚持以“阿胶”为核心，积极探索“阿胶+”“+阿胶”领域，不断推陈出新以满足多元化的市场需求，努力做到“传承不泥古，创新不离宗”，巩固了其在大健康领域的优势地位，在消费者心中塑造了创新、专业的品牌形象。

作为阿胶行业的领导者，东阿阿胶专注于阿胶及系列产品的研发与生产。品牌使用山东省东阿县当地富含二十余种矿物质的东阿水作为炼制阿胶的天然电解质，促使原料能够被转化为更易于人体吸收的小分子蛋白，有效提升了阿胶产品的营养价值，为消费者提供了道地正宗的阿胶系列产品。[428] 此外，东阿阿胶还积极参与《中华人民共和国药典》中胶类中药标准的修订，并主导制定了《阿胶糕》行业标准。[429] 这些举措不仅为阿胶类产品的生产提供了科学和标准化的依据，也充分展现了东阿阿胶在阿胶领域的深厚底蕴和专业水准。

东阿阿胶在传承千年技艺的同时，也秉持创新理念，将中成药的文化精髓与现代消费者的需求进行了深度融合，持续丰富公众的健康选择。依托“药品+健康消费品双轮驱动”战略，东阿阿胶在药品领域深耕细作，重点围绕妇科、心脑血管、泌尿系统、呼吸系统和神经系统五大疾病领域，开发了六个含阿胶的经典名方，并开展了一个创新药研发项目。[430] 同时，东阿阿胶也在健康消费品市场持续拓展，为顺应年轻消费者对即食性和便捷性的需求，近年来，品牌接连推出东阿阿胶“小金条”（阿胶速溶粉）及桃花姬阿胶糕等健康食品，不断扩充其产品组合，逐步实现从传统滋补到现代轻养生的转变。

在营销策略上，东阿阿胶亦持续推进创新，向年轻化方向迈进。2023 年，东阿阿胶与奈雪的茶联名推出的“阿胶奶茶”上市后即迅速成为爆款，成功将老字号产品塑造为年轻消费者的新宠。[431] 东阿阿胶还与《庆余年 2》特约合作，通过剧中自然植入和剧外互动营销（如剧中角色饮用阿胶产品及在社交媒体上与粉丝互动、在剧中定制广告等），成功提升了品牌曝光度和市场影响力，吸引了新一代消费者群体的关注。[432]

在中成药逐渐融入日常生活的当下，东阿阿胶凭借精准的市场定位与持续的产品创新，赢得了年轻一代消费者的广泛青睐，并在 2023 年实现了营业收入 16.66% 的同比增长。[433] 此外，传统中医理念和国潮风尚的流行也将在未来持续为东阿阿胶的产品开辟广阔的市场蓝海，进一步巩固并提升其品牌影响力，为品牌的稳健发展铺设牢固的基石。

核心指标

指标	得分
品牌力	105
溢价力	102
长驱力	104

有意义	差异化	活跃度
97	113	91

指标	得分
专业性	112
创新性	108

华润三九

2024 年，华润三九持续聚焦于健康产品的创新研发与核心品类的质量管控，在创新与信任度两大领域均取得了良好表现。品牌致力于满足消费者全周期的健康需求，通过创新药、改良创新药等多维度举措不断丰富产品线，实现从治疗向预防、康复的全流程覆盖。[434] 同时，秉承“厚德诚朴，匠心制药”的理念，华润三九不断推进质量信息化平台建设，加强内外部质量审计[435]，从而进一步提升了产品品质的可靠性和稳定性，赢得了消费者的广泛信赖与好评。

核心指标

品牌力 185

溢价力 111

长驱力 118

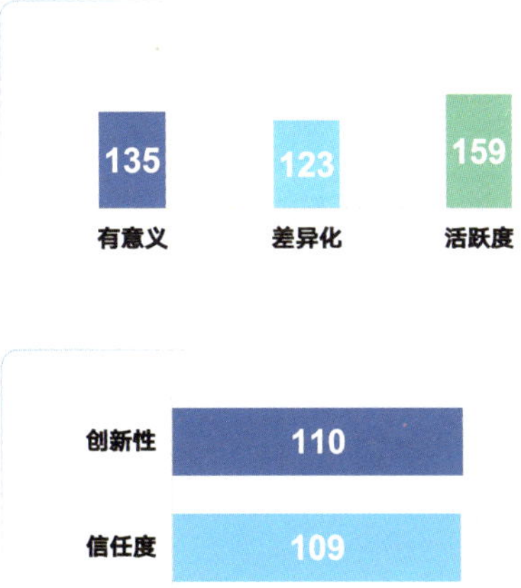

华润三九

2024 年品牌价值

12.89 亿美元

* 数据来源：凯度集团（Kantar）、《2024 年凯度 BrandZ 最具价值中国品牌 100 强》榜单及报告

同仁堂

同仁堂以“有健康需求的地方就有同仁堂”为愿景，持续加大创新力度，通过构建科技创新体系、研发创新中药产品，以及推动数字化管理创新，有效提升了品牌竞争力。[436] 与此同时，同仁堂也聚焦品质管理，以完善的药品追溯体系及稳定的产品质量赢得了广大消费者的信任。[437] 此外，同仁堂还积极履行社会责任，通过消费帮扶、产业扶持、公益援助等方式助力乡村振兴[438]，充分展现了“同修仁德，济世养生”的品牌精神与责任担当。

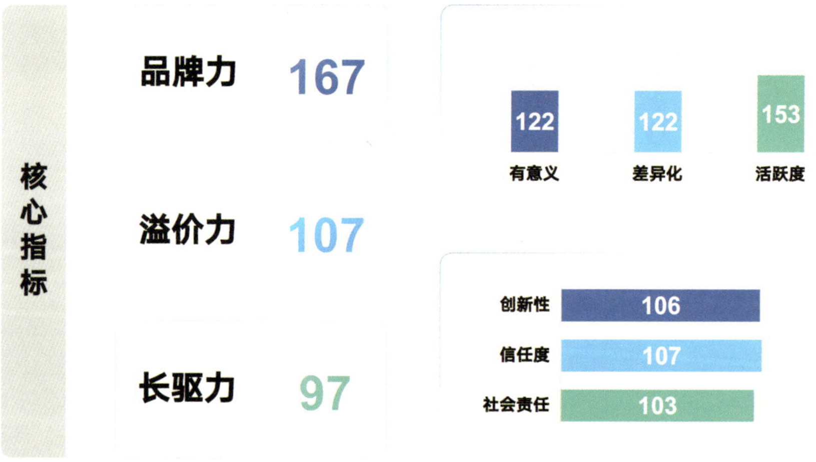

同仁堂

2024 年品牌价值 **20.33 亿美元**

* 数据来源：凯度集团（Kantar）、《2024 年凯度 BrandZ 最具价值中国品牌 100 强》榜单及报告

云南白药

云南白药以伤科专业性著称，凭借在伤科领域的深厚积累与百年传承，被誉为“中华瑰宝，伤科圣药”。近年来，云南白药不仅在中成药的二次开发与新药研发上展现出强大的创新能力，还通过构建全面的质量管理体系，赢得了广大消费者的深切信赖。此外，云南白药积极推行绿色运营模式，将可持续发展理念融入生产经营，实现了经济效益与环境保护的双赢局面，抢占了长远发展的制胜先机。

在研发领域，云南白药科学规划、有序推进短、中、长期研发项目，不断强化品牌的创新领导地位。[439] 在短期，云南白药全力布局优势品种的二次开发，快速打开了发展局面，宫血宁胶囊止血抗炎及气血康口服液改善气血血瘀的研究开发取得了突破性进展。在中期，云南白药致力于全新中医药产品的创新开发，同时深耕云南白药透皮制剂领域，持续打造明星产品，取得了丰硕的研发成果：针对风寒型感冒的香藿喷雾剂即将迈入临床研究阶段，治疗中老年人心脉瘀阻证相关症状的全三七片已进入临床 II 期研究阶段，用于温肾固本的附杞固本膏已顺利通过临床 II 期试验验收。同时，2023 年云南白药进一步深化了透皮制剂的研发，打造了凝胶贴膏、新型止血材料等新品，以专业性建设伤科疼痛全领域管理的“第一品牌”。在长期，云南白药聚焦创新药成果转化：一方面聚焦优势独家中药品种，打造高需求中药产品；另一方面以核药发展为中心，布局多个创新药物的开发。通过对短、中、长期项目的全面布局，云南白药不仅巩固了其在伤科领域的专业地位，更以其创新性开启了在高潜力、高价值赛道上“第二曲线”的打造。

云南白药既创新也守正，在逾百年的发展历程中始终将全面的质量管理贯穿至生产经营的全过程，成为了消费者心中值得信赖的中华老字号民族品牌。在2023年里，云南白药在各大事业群分别开展了质量技术强化工作[440]：药品事群积极提升药品质量标准，并通过精细化控制打造优质低敏橡胶膏剂；健康品事业群在牙膏行业率先采用过程分析技术，不仅大幅提高了质量控制效率，还有效减少了不合格产品及返工情况的发生；中药资源事业群通过产品画像规范了验收流程，实现了产品的全线追溯。在同一年间，云南白药首次发布了《云南白药质量文化大纲》，以此夯实质量管理基础，实现内部全产业链上下游质量文化的共建共享。[441]

云南白药还主动响应时代号召，深入践行绿色运营与可持续发展的战略。为应对气候变化的挑战，云南白药通过节约能源、采用轻量化包材等行动，显著降低碳排放；在环境管理方面，云南白药依规排污，并聘请具备CMA认证的第三方检测单位进行废水、废气、噪声等污染物定期检测；在资源利用方面，云南白药成立节能监察小组，2023年共排查整改59项能源浪费问题及多处泄漏点，致力于打造资源节约型的品牌。[442]经过全方位的努力，云南白药连续四年在国际权威机构明晟（MSCI）发布的最新“环境、社会及企业管制评级（MSCI ESG Ratings）”结果中荣获A级，彰显了品牌在可持续发展领域的卓越表现。[443]

经历了百年风雨，云南白药始终走在创新变革的前沿，品牌价值获得了社会各界的广泛认可。在《凯度BrandZ最具价值中国品牌100强》榜单中，云南白药已连续十四载荣耀登榜，并在2023及2024年度蝉联医疗保健行业第一位。[444]

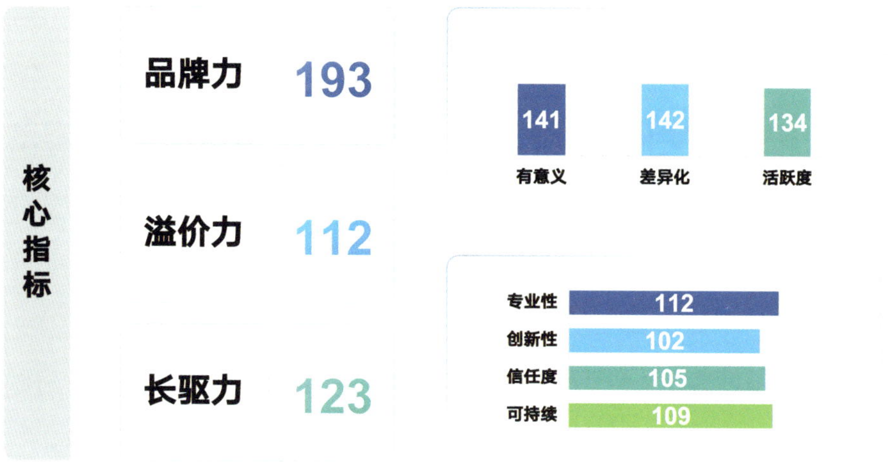

云南白药

2024 年品牌价值　**23.34 亿美元**

* 数据来源：凯度集团（Kantar）、《2024 年凯度 BrandZ 最具价值中国品牌 100 强》榜单及报告

◆ 优秀案例

肩负中医药文化传承使命，东阿阿胶以科技创新驱动品牌重塑，助力健康中国

东阿阿胶是央企华润集团大健康板块的重要成员，中医药领域的中华老字号企业，也是滋补健康领域的创新开拓者。近年来，东阿阿胶瞄准年轻群体的健康滋补需求调整发展战略，积极拓展中式滋补健康赛道，通过产品的升级与创新、数字化与智能化转型等手段加快培育中医药新质生产力，赢得发展先机。

一、以科技驱动产品创新升级，焕发新活力

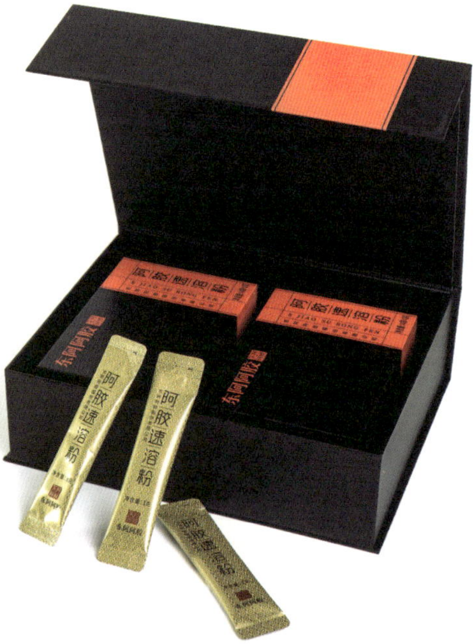

东阿阿胶产品：阿胶速溶粉

阿胶服用人群的年轻化趋势已日益明显，90 后处于经、孕、产、乳期的年轻女性正逐渐成为东阿阿胶最重要的消费群体。考虑到传统阿胶块在服用方式上存在的一些不便之处，东阿阿胶研发了一款采用独家专利低温真空带式干燥技术、由阿胶液直接转化而成的东阿阿胶“小金条”（阿胶速溶粉）。“小金条”在保有阿胶精华的同时，具有更快速溶解、更易于人体吸收的优势。这款符合当下即食化、年轻化消费需求的东阿阿胶“小金条”（阿胶速溶粉）上市之后实现了跨越式增长，2024 年下半年 GMV 同比增长 279%。

东阿阿胶产品：桃花姬阿胶糕

同时，在当前大健康消费趋势的背景下，年轻一代对即食型养生零食方面的需求也在显著提高。桃花姬阿胶糕作为一种源自中国传统文化的美食，其配方可以追溯到 700 多年前，元曲中就有“阿胶一碗，芝麻一盏，白米红馅蜜饯”的记载。东阿阿胶旗下的桃花姬阿胶糕采用专利锁鲜技术，保留了产品的鲜美口感和营养成分，加之其方便快捷的特点，深受年轻人喜爱。

二、全力打造阿胶全产业链融合创新发展的新模式

近年来，东阿阿胶大力推进第一、二、三产业融合发展，形成了阿胶全产业链共赢发展的新模式。

1. 上游构建优质阿胶原料的规范化和标准化

东阿阿胶从东阿黑毛驴的育种开始控制影响驴皮质量的各种因子，规范毛驴养殖、驴皮采收、运输、存储的全过程，实现驴皮的“真实、优质、稳定、可控”。具体举措及成果如下：

(1) 推进东阿黑毛驴育种，培育了第一个商品化驴新品种，为毛驴的规范化、标准化、集约化养殖奠定基础。目前已完成核心群的数据测量，挖掘了一批影响发育、繁殖及驴乳的关键调控基因。

(2) 推进新版 GAP 标准实施，建立了《驴皮规范化生产技术规程》，完成了《全国驴遗传改良计划》1.0 版草案并提报农业农村部，推动驴养殖质量的全面提升。已获批山东省重大专项（东阿黑驴产业融合发展关键技术创新与示范项目）政府资金 960 万元。

(3) 驴油、驴乳粉 2 款化妆品新原料获得国家药品监督管理局备案，为驴产业附属价值提升开辟新路径。

(4) 针对驴皮常温存储造成出胶量损耗和环境污染等痛点问题，突破了驴皮预处理、冷冻加工及解冻投料等关键技术。东阿阿胶制定了驴皮（饮片）生产等工艺规程并验证了冷冻驴皮生产阿胶可行性，为驴皮原料标准化仓储及品质保障提供了研究依据。创新性存储方式对生产工艺及产品质量无影响，相比常温存储驴皮

的阿胶产量提高 3.2%/ 批，预期年节降成本 1000 万元。

2. 中游围绕阿胶差异化创新、复方阿胶浆大品种战略打造、关键技术开发、研究成果转化等发力，积极打造胶类中药原创技术策源地

具体举措及成果如下：

(1) 通过阿胶品质的差异化创新，显著提升竞争壁垒。基于优质道地阿胶“黑亮如莹漆，光透如琥珀，质硬而脆，断面光亮”等品质属性，采用透光度指标探索优质阿胶的工艺及品控方法。通过阿胶提杂工艺研究，明确了影响胶块透光度的关键因素，建立了阿胶透度工艺的关键控制点，阐明了“透光度高 - 杂质少 - 高纯度阿胶 - 品质好”的逻辑链条，攻克了“阿胶光透如琥珀”的技术难题，显著提升了胶块透光性的感官质量，为东阿阿胶的品质差异化提供了技术支撑。

(2) 完成了国内首个中成药治疗癌因性疲乏循证证据等级最高的研究项目。承担了国家重点研发计划——复方阿胶浆治疗癌因性疲乏临床研究。该项目是由中国中医科学院西苑医院牵头，联合国内 31 家 GCP 临床研究中心开展的高水平 RCT 临床研究，总计入组肿瘤患者 611 例，涵盖肺癌、胃癌、结直肠癌 3 个癌种，结果显示，复方阿胶浆对肿瘤患者的疲劳、疼痛、疲倦、抑郁、困倦症状具有显著的改善作用。同时，服药后患者在行为、情感、感觉、认知方面也有显著改善。这是目前国内中成药治疗癌因性疲乏循证证据等级最高的研究。研究成果在中国老年学和老年医学学会肿瘤康复分会（CSGOR）第八届学术年会上进行学术推广，得到了樊代明院士等中国抗癌协会专家的高度关注。该研究为拓展癌症疲乏治疗领域的用药、增加适应症及开拓医疗市场提供了有力支撑。

(3) 突破了阿胶类食品的真伪鉴别和定量检测技术，解决了阿胶类食品“掺假、优劣、监管标准缺失”等行业“卡脖子”问题。主持制定、发布了全国首个《阿胶糕》行业标准（QB/T5728-2022），填补了阿胶食品行业的标准空白。

(4) 阿胶系列体质糕方、阿胶直饮粉等新产品开发上市，引领轻滋补潮流。基于“九种体质 + 功能性糕方”理念，研发了养心糕、养颜糕、补肾糕、润肺糕等新产品并推广上市。通过将阿胶速溶粉“小金条”与奈雪的茶相结合推出“阿胶奶茶”，提升年轻消费者对阿胶的认知。新产品阿胶速溶块突破胶类中药速溶制剂及其无辅料直压技术，解决了行业中添加乳化剂等辅料的共性问题，获得了第 23 届中国专利奖优秀奖。

东阿阿胶产品：东阿阿胶（红标）

(5) 通过信息化系统集成、装备升级，全面提升阿胶及系列产品生产的智能化和精确化，提高全周期质控水平。实现生产主要工序的智能化操作、生产数据的自动采集和上传，使整个生产过程实现可视化管理，缩短生产流程，提高生产效率。

3. 下游以阿胶博物馆为载体，搭建宣传教育基地，传承中医药文化；发挥膏方在治疗、预防和康复中的作用，挖掘膏方文化，助力中医药传承创新和高质量发展

推动特色中药阿胶全产业链的现代化和产业化，发挥阿胶分链在华润中药产业链链长整体建设中的优势，打造具有中国民族特色和国际视野的滋补养生乐活引领性品牌。具体举措及成果如下：

(1) 阿胶列为国家文化产业发展首批入库项目、国家中医药健康旅游示范基地、全国研学旅行基地（营地）等。2022 年，东阿阿胶荣获“山东精品旅游先进单位”“山东省精品旅游十佳文旅融合单位”“山东精品旅游品质服务奖”等多项荣誉，为中医药文化宣传及传承提供了科技平台。

(2)2022 年，东阿阿胶中医药文化体验（场）馆荣获“山东省首批中医药文化体验（场）馆”称号。同时，东阿阿胶与全国重点省级中医院和综合性医院实施战略合作，致力于推进医疗膏方的研发、临床研究和推广，为中医药的传承创新发展助力。

(3) 基于“一中心三高地”研发规划布局的全产业链关键技术体系的创建及实践，为公司业绩增长提供了创新动力。阿胶和复方阿胶浆荣获 2022 年度中国非处方药黄金大单品和 2022 年度中国非处方药产品中成药·补气补血类第一名，阿胶糕荣获 2022 年度中国健康产品第一名。

三、质量控制创新设计，保障质量可控，促进中医药事业的高质量健康发展

1. 首次建立了一种可有效分离和分析“动物胶类中药和植物类中药混合后经长时高温剧烈反应所得复杂组分”的系统解决方案，达到国内领先水平

“动物胶类中药和植物类中药混合后经长时高温剧烈反应所得复杂组分”的系统解决方案，是针对胶类中药复方制剂所建立的技术操作方案。该方案主要包括在动物胶类中药阿胶的蛋白类成分和红参、熟地黄、党参等植物类复杂成分的色谱预处理工艺、制备色谱工艺参数的预测、制备色谱分离条件的优化验证和装柱方法等技术规范。这些技术规范能够有效地将复方阿胶浆中复杂的化学成分分离成“苯乙醇苷类、人参皂苷类和糖类”等八个组分，解决了复杂体系药效活性组分筛选的技术难题。该方案成功发现红参、地黄中的130多种化学成分，富集了人参皂苷类和苯乙醇苷类等化合物，突破了产品“工艺过程控制、功效成分筛选、作用机理研究及质量标准提升”方面的技术瓶颈。

2. 先行创建了胶类中药复方制剂集“杂质分离和稳流消泡”于一体的预处理系统，达到国内领先水平

东阿阿胶识别了复方阿胶浆制备过程中“提取、浓缩和精制”等关键工序的质控点，突破了传统胶类复方制剂因“药液粘稠、气泡多、颜色深、不透明”等物料特性产生的技术瓶颈，建立了生产过程在线检测的“杂质分离、稳流消泡”循环系统，构建了高品质复方阿胶浆生产过程的在线质控体系，为推动胶类中药制药行业的发展奠定了基础，为产品的市场拓展和国际化构建了质量保障和评价体系，提升了产品质量和疗效的均一性和稳定性，搭建了基于药效的“原料快速检测 + 生产过程在线质控 + 产品无损快速评价”三位一体的胶类复方制剂评价体系和数字化制药质控平台。

3. 首创建立了胶类中药复方阿胶浆的“药效图谱”，有效解决了原标准中仅依靠定性鉴别和提取物等指标难以“系统、科学”评价产品质量均一性和稳定性的局限性

东阿阿胶建立了复方阿胶浆组分制备方法、确定了分离参数，同时应用 LC-MS 质谱技术对各组分进行化学表征，分离制备得到其组成相对简单且稳定的标准组分，攻克了复方阿胶浆药效活性筛选的技术难题。优选出最佳的流动相组成，梯度洗脱程序、流速和质谱条件，并通过方法学考察，建立了稳定性好、分析结果可靠、方法灵敏度高且能较好实现复方阿胶浆定量分析的方法。

4. 基于临床循证医学研究，突破了重大疾病恶性肿瘤相关疲乏症的治疗，取得了显著效果，改良型新药已获得受理通知书

国家重点研发计划“中医药现代化研究重点专项”——复方阿胶浆治疗癌因性疲乏临床价值评估研究项目以“优秀”通过验收。研究表明，复方阿胶浆可通过改善免疫功能、改善内分泌轴紊乱、降低机体炎症反应、改善机体代谢、抑制肿瘤生长来发挥治疗癌因性疲乏的作用，可明显改善气血两虚型肿瘤患者癌因性疲乏状态和生活质量，且产品安全、有效、具有经济优势。目前，

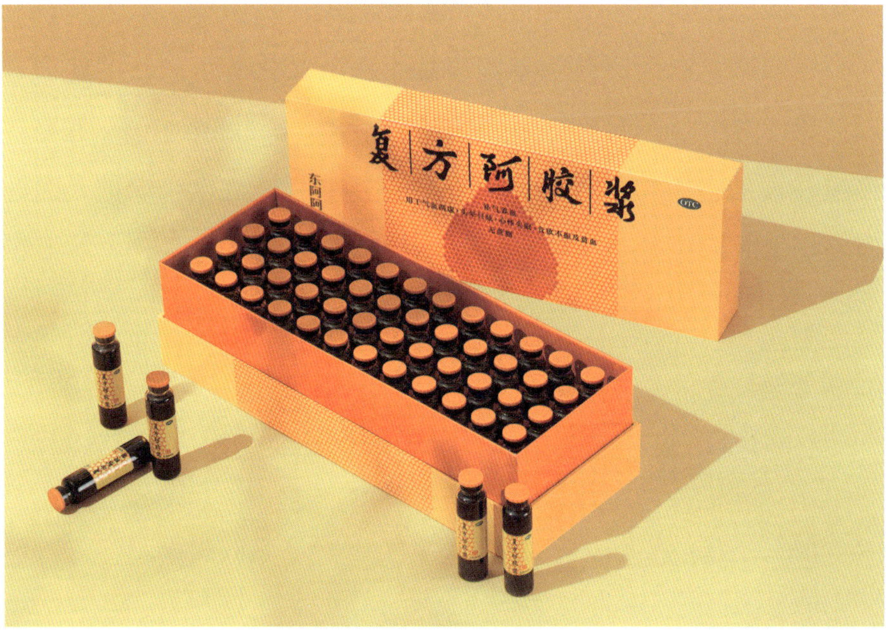

东阿阿胶产品：复方阿胶浆

该项目已按照《药品注册管理办法》的要求，申报改良型新药并获得国家药监局受理通知书。同时，由中华中医药学会起草的《复方阿胶浆治疗癌因性疲乏临床应用专家共识》已完成专家论证，预计 2024 年 12 月底发布。未来复方阿胶浆将成为癌因性疲乏这一创新领域的主要治疗用药，造福更多的肿瘤患者。

东阿阿胶以成为“中式滋补健康引领者”为愿景，聚焦“创新驱动、品牌引领”，实施了药品和健康消费品双轮驱动的创新发展战略。一方面，东阿阿胶加强药品研发，强化药品的专业属性，系统开展大品种的产品力提升，完善循证证据链，打造精品中药大品种；另一方面，基于阿胶的滋补功效，东阿阿胶进行了健康消费品领域的延展创新。基于“双轮驱动”战略，东阿阿胶确定了“一中心三高地”的研发定位及目标：立足山东，持续引领胶类中药的科技创新发展；布局江浙沪，打造健康消费品的研发高地；进军海外市场，构筑滋补中药的核心优势，致力于打造具有中国民族特色和国际视野的滋补健康品牌。

在未来，东阿阿胶将继续肩负中医药文化传承创新的使命，以消费者为中心，不断探索与实践，积极践行“健康中国”战略，聚焦科技创新能力的提升，为传承发展中医药文化、守护人民健康美好生活贡献智慧和力量。

以“新质”引领“心智”，东阿阿胶以数字化营销引领年轻消费者中式养生新潮流

在养生日趋年轻化的今天，东阿阿胶积极拥抱数字营销新方法，不断深入年轻人语境，以跨界联名、国风文化传播、线上线下全域联动等多元营销策略，吸引了众多年轻消费者的关注与喜爱，也使得东阿阿胶这一老字号品牌焕发了新颜。

一、东阿阿胶积极探索数字化营销新方法，培育新质生产力

新质生产力的关键是勇于创新，通过旧元素的新组合来实现突破，满足更多用户的个性化需求。2023 年，东阿阿胶与奈雪的茶进行了品牌联名共创，将东阿阿胶“小金条”（阿胶速溶粉）作为灵魂原料添加进“奈雪东阿阿胶奶茶”中，满足年轻人的健康养生需求。在营销上，东阿阿胶采用了非常年轻化的方式，推出了用户喜爱的养生奶茶，并以传统的唐朝下午茶为概念进行推广。唐代诗人肖行澡写道：“暗服阿胶不肯道，却说生来为君容”，讲的就是杨贵妃服用阿胶滋补养颜的故事。而在创意视频中，现代白领女士饮用阿胶奶茶后，便穿越为唐朝宫女，通过一支唐风舞蹈，将现代阿胶奶茶与深厚的传统文化巧妙结合。该联名项目聚焦一个社媒话题 # 东阿阿胶奈雪联名奶茶 #，锁定一个场景 # 开工的第一杯奶茶 #，全网曝光超过 10 亿次，引发广泛热议，网友们纷纷表示“真的很养生”；阿胶奶茶上线即成为点单的第一名，热销超过 200 万杯。

奈雪东阿阿胶奶茶

东阿阿胶产品：阿胶速溶粉

同年，桃花姬阿胶糕邀请顶流明星代言，以代言人为杠杆，关联产品属性，深耕数字化，赋能渠道，拉动线上线下销售额达 2000 万。代言人的势能被成功转化为品牌动能，实现了品牌流量和销量的大爆发。

在各大社交媒体上刷屏的热播剧《庆余年 2》中，东阿阿胶作为"贡胶"自然地植入其中。在剧中，东阿阿胶作为古代朝廷贡品，在太子送礼、范闲大婚等重要且正式的场合出现，与剧情背景相交融，强调了阿胶的功效与贵重。回溯历史，阿胶在北魏时期已成为贡品，至今已有一千五百多年的历史。九朝贡胶则是东阿阿胶系列产品中的极品，根据传统配方与工序复原而来。东阿阿胶将相关典故和故事融入《庆余年 2》IP 中，一方面提升了品牌的好感度，同时也增强了消费者对传统文化的认同感，实现了双赢。

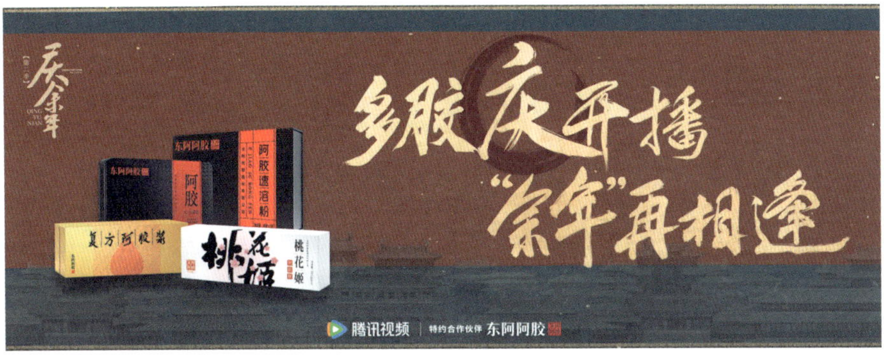

《庆余年 2》预热海报

《庆余年 2》活动海报

此外，东阿阿胶在数字化营销策略上也做出了许多创新尝试，利用小红书、抖音、B 站等新兴社交媒体平台，通过将现代创新元素与传统养生文化相结合，成功吸引了大量消费者的关注。例如，东阿阿胶通过抖音平台制作并发布了一部宫廷式趣味反转短片《东方美人养成计》，以国风文化为背景，无厘头趣味演绎“东阿阿胶养出好气色”的产品功效，成功吸引了网友的关注和互动。数据显示，# 东方美人养成计 # 全网总曝光量超过 10 亿，吸引投稿量达 3.7 万，话题总使用量超过 8.2 万。

二、文化传承与创新，东阿阿胶融合现代与传统养生

2024 年，东阿阿胶与“小红书看中国”携手打造了“中式养生节”。东阿阿胶邀请了明星、知名博主、养生专家和品牌方齐聚聊城市东阿县，共同参与健康论坛，并沉浸式体验养生互动活动。这一活动不仅让来自全国各地的数字内容创作者有机会深入体验东阿阿胶所代表的中式养生文化，也让东阿阿胶的品牌形象更加深入人心。 此次“中式养生局”项目，助力东阿阿胶跨界触达了更多人群，活动总曝光超过 4.7 亿。

而东阿阿胶与 B 站的两次跨年晚会合作，更是成功将阿胶这一传统养生品与现代年轻消费者的生活紧密相连。2023 年，东阿阿胶作为“新年守护官”再次参与 B 站跨年晚会。在节目演绎上，通过家庭欢乐互动场景植入阿胶产品，将阿胶使用的家用场景深度植入用户心中。通过节目中儿女与父母之间的“撒娇”互动演绎，沉淀阿胶产品的“撒胶”心智，巧妙诠释了品牌的呵护理念和产品便携的使用方式，合作效果显著，为东阿阿胶带来了新的用户增长点。跨年晚会直播人气峰值 3.4 亿，24 小时内播放量破亿，全网相关视频播放量接近 18 亿，热搜超过 1000 次，品牌官号涨粉超过 30 万。

东阿阿胶与“小红书看中国”携手打造“中式养生节”

三、东阿阿胶调整传播策略，采用全平台铺开、线上与线下联动的方式

在线上，东阿阿胶邀请小红书上的时尚博主、辣妈、白领等不同身份的 KOC（关键意见消费者）创作多场景的种草笔记，内容形式丰富多样，包括体验分享、翻包记、美食食谱等，以此吸引更多消费者的关注。在抖音上，东阿阿胶开启了“东方美人养成计”挑战赛，成功动员了大量用户参与，收获了超过 10 亿次的播放量。

在线下，东阿阿胶积极布局快闪店。快闪店采用中国古风设计，营造了一种古典养生文化的氛围，并设有健康义诊、养生互动等活动，吸引了众多网红流量前来打卡，进一步提升了品牌知名度和影响力。

凭借卓有成效的品牌焕新，东阿阿胶成为了近两年唯一同时包揽“金投赏全场大奖”“艾菲金奖”“虎啸金奖”的品牌，品牌价值稳步提升。通过积极拥抱数字化营销新方法、将传统养生文化与现代生活方式相融合，东阿阿胶不仅赢得了年轻消费者的认可与青睐，也为传统老字号品牌的年轻化转型树立了

典范。未来东阿阿胶还将继续在数字化营销的道路上探索前行，引领中式养生新风尚，打造具有中国民族特色和国际视野的滋补养生品牌。

东阿阿胶获得金投赏全场大奖

东阿阿胶奈雪的茶项目获得第十四届虎啸奖

云南白药营销传播：“让健康成就家国向往”

中国人民对美好生活的追求是中国发展的内在动力，也是历史发展的必然趋势。这种追求不仅体现在对体育活动的热情、对社交聚会的渴望以及对自信表达的向往上，而且深刻反映了整个民族对未来的共同期望。然而，在快节奏的社会生活中，人们的情绪也经历了转变，部分人群甚至出现了对健康的担忧。在这种背景下，拥有深厚家国情怀的医疗从业者，常常将个人的健康与国家的未来紧密联系在一起。基于这样的认识，拥有百年历史的民族品牌云南白药提出了“让健康成就家国向往”的品牌主张。品牌以广为人知的国民品牌形象，鼓励人们在面对健康与工作生活其他方面的权衡时，将健康置于优先位置，“把健康放到高处”，因为只有拥有健康，人民和国家才能实现各自的心愿和向往。

为此，云南白药通过一系列创新的整合营销活动，实现了品牌营销传播模式的转变，从以往侧重于产品视角介绍“企业是谁”，到现在更加关注社会视角“企业能为社会带来什么”。云南白药采用“产业链＋健康链＋责任链”的“1+1+1”内容营销传播架构，推动传统中药与现代生活的融合，助力提升全民健康水平。

一、以产业为链：亮相南博会，推动中药产业现代化

在第8届中国—南亚博览会期间，云南白药集团以“云南好药材，中国好中药”为主题，正式发布中药材全产业链布局，推进中药材产业的现代化、国际化进程。云南白药致力于搭建中药

在云南白药药品研究实验室，专业人员严谨地展开科研工作

材数字化管理与运营的全产业链生态体系，以“云南高品质道地品牌中药材”为核心，探索包括药材种植、加工、研发、贸易、服务等在内的产业链上下游增长潜力。

云南白药集团以“药”为产业基石，不断巩固其在药品领域的领导地位，并持续向大健康领域拓展，借南博会契机推出疼痛中心治疗方案及服务、中医药行业雷公大模型、适老化药品说明、AI 骨科康复数字疗法、“云找药”交互体验、“三七 +N”复配滋补保健品、眼部护理产品等多种新服务和产品，为消费者提供更加便捷的医疗与保健解决方案，提升品牌的健康服务价值。

在 2024 年的南博会期间，云南白药相关媒体报道超过 680 篇，累计阅读量超 1000 万次，覆盖了包括《人民日报》、新华社、央视新闻在内的多家中央及全国性媒体。通过此次展会，云南白药成功以“云南好药材”传达“中国好中药”战略定位，展现了其作为中医药行业领导者的责任与担当，推动了中医药的高质量发展，为服务全民健康奠定坚实的产业基础。

二、以健康为链：倡导“健康登新高”，覆盖全人群

在当今社会，虽然群体特征难以一概而论，但人们面临的挑战和需求却有着普遍性。因此，云南白药也从专注于特定群体的策略，转变为解决广泛需求的方案。以重阳节这一传统节日为契机，云南白药推出了以“健康登新高”为主题的营销活动，实现了品牌宣传、效果展示和销售一体化的整合营销策略。这一策略不仅融入了“健康中国”和“健康老龄化”的社会议题，也完成了云南白药“守护生命与健康”的品牌使命。

1. 与时代情绪共振的符号化表达

云南白药敏锐洞察到消费者在后疫情时代的健康焦虑，和对务实 、坚韧、共情力量的渴望。2023 年重阳节，云南白药发布品牌短片《登高祝词》，从重阳节传统的“登高”习俗出发，为“登高”这一行为赋予了新的象征意义。短片通过展现不同人群的“登高”故事，鼓励大家“健康登新高”。这里的“登高”不仅指向攀登山峰，而更多的是鼓励人们在日常生活中，通过简单的站在更高的地方，来提醒自己重视健康，把健康放到高处。这一动作，无论在重阳节还是任何平常的日子，都能成为一种象征，提醒人们将健康放在首位。同时，短片也为那些用心生活的人们送上最真心的祝福，引发观众情绪共振与情感共鸣。

2. 双向营销策略，促进跨代际连接

云南白药还在重阳节期间实施了双向营销策略，聚焦银发族和年轻一代，强化品牌认知并抢占年轻市场。品牌与中央广播电视总台联合推出的新媒体直播节目《炽热的银发少年》，通过全民联欢会的形式，展现老年群体的活力与幸福，打破了对银发族的刻板印象，累计传播量超过千万，成功吸引年轻受众。另外，云南白药还与路人王赛事合作，举办“前浪 vs 后浪”篮球对抗赛，

将品牌使命“守护生命与健康”融入运动场景，强化年轻市场的品牌形象。通过线上线下的多维互动，云南白药不仅传递了“重阳佳节不服老”的理念，还强调了“健康至上”的生活价值，展现出品牌对不同代际的关怀与守护。

3. 线上线下齐发力，品效销合一

云南白药还实施了品效思维的整合营销策略，注重销售转化和用户渠道激活。通过“云南白药助你健康登新高”的线上互动小游戏，品牌鼓励用户选择名山并留下祝词，以简单易操作的活动激发全民参与热情，形成新的流量抓手，强化品牌与用户的情感联系。此外，云南白药与老百姓大药房联动，邀请家庭用户共赏岳麓秋光，创造团聚的仪式感，并通过线上话题互动促进代际沟通。在重阳节当天，云南白药旗下品牌养元青还深入社区，为老人提供爱心理发和头皮健康咨询，聚焦核心场景，增强品牌的专业形象，促进业务实效。通过线上线下的协同，云南白药成功拓展了品牌影响力，深化了与消费者的连接。

三、以责任为链：增进民生幸福感

在当今时代，企业的角色不仅已经超越了单纯的经济实体，而且成为了社会进步的重要推动者。作为一个具有深厚历史积淀的民族品牌，云南白药深刻认识到企业在社会发展中的责任。因此，云南白药不仅关注产品本身，更注重其对社会的积极影响，致力于通过其业务活动增进民生的幸福感。云南白药通过以下创新的社会责任项目，将企业的核心价值与社会需求相结合，以实际行动践行“以责任为链”的品牌承诺。

1. 借助高校篮球赛，开拓年轻市场

2023 年—2024 年，云南白药举办“走啊打球去”高校篮球赛，旨在链接年轻群体并推广健康生活理念。作为高校运动健康守护者，云南白药与多家药房和 Keep 健康公益合作，以校园为基础，形成全域联动，推动全民健身与健康的融合。赛事在昆明、上海、长沙、广州等重点城市展开，通过线上平台和线下互动实现了超过 3 亿的线上曝光和 420 万次互动，覆盖了 1.1 亿人群。此外，云南白药还推出了公益捐赠计划，与赛事同步进行，通过 Keep 平台的公益助力跑课程，鼓励网友通过运动助力参与捐赠，在体现了品牌的社会责任感的同时，构建守护运动健康的心智认同，夯实跌打损伤的场景认同，完成人群资产的焕新，以新 IP 带动新人群，完成对年轻市场的深入开拓。

2. 健康口腔 123 计划，提升公众健康认知

云南白药在 2024 年 3 月 20 日世界口腔健康日发起了“健康口腔 123 计划”，旨在通过简单的口腔护理法则“1 支好牙膏、早晚刷牙 2 次、漱口 30 秒”来提升公众的牙龈健康意识。该计划通过抖音、小红书等平台的全民任务和话题聚合页，结合 KOL 和权威媒体的宣传，形成了立体化的媒体曝光矩阵。4 月 10 日至 14 日，云南白药联合小红书 IP 真相研究所在上海打造“好口腔 我数 123”快闪活动，通过真相打卡地图、护龈任务和云南白药牙膏小样礼袋的多元互动环节，在向用户普及牙龈护理知识的同时，拉近与用户的情感距离。线上活动实现了超过 4.9 亿的全网话题曝光量和超过 335 万的互动量，有效提升了公众的口腔健康护理水平。

3. 助力乡村健康，让健康没有偏远的地方

云南白药集团利用其在中药领域的全产业链优势，专注于攀天阁乡新乐村和岔枝洛村的云木香种植，以促进当地经济发展，助推乡村振兴。云南白药集团派遣技术专家对农户进行种植技术培训，并提供详细的种植解决方案，以提高种植效率。云南白药

云南白药工作人员正在对中药材进行趁鲜加工操作

还通过与当地企业的合作，采购了大量的中药材，增加了农户的收入。此外，集团还改善了当地的便民服务设施，重建了党员活动基地，对当地的非物质文化遗产开展保护，并通过“六一助学”活动支持教育。这些综合措施帮助乡村加强基层组织建设，提升村庄的整体面貌，并保护当地的民族文化，从而打造具有民族特色的美丽乡村。

云南白药以“让健康成就家国向往”为核心，践行将传统中药融入现代生活的理念，传承精华，守正创新，不断为民族品牌及传统中医药产品注入新的生命力，让百年品牌恒久弥新。通过产品升级、营销创新和公益活动，品牌将健康理念从个人健康拓展升级到群体健康，为实现健康中国添砖加瓦。云南白药通过创新的营销策略和公益活动，成功地将品牌价值与社会责任相结合，展现了其在大健康领域的领导地位。

第四部分

丝路聚焦：2024“一带一路”国家最具影响力中国基础产业品牌

2024“一带一路”国家最具影响力
中国基础产业品牌 50 强

排名	品牌名称	品牌力指数	行业
1	华为	688	信息通信技术
2	中兴	281	信息通信技术
3	中国石油天然气集团	274	能源
4	中国工商银行	255	金融
5	中国银行	240	金融
6	支付宝	237	金融
7	中国交通建设集团	219	基础设施 / 交通运输建设
8	中国铁道建筑集团	213	基础设施 / 交通运输建设
9	京东物流	193	物流
10	国家电投	151	能源
11	中国电力建设集团	149	能源
12	三一集团	148	基础设施 / 交通运输建设
13	中国国际海运集装箱（集团）股份有限公司	148	基础设施 / 交通运输建设
14	艾麦科技	146	物流
15	中国能源建设集团	145	能源
16	宁德时代	130	能源
17	中国石油化工集团	128	能源
18	中国建筑集团	128	基础设施 / 交通运输建设
19	中国海洋石油集团	120	能源
20	中国建设银行	120	金融
21	中国远洋海运集团	117	基础设施 / 交通运输建设
22	中国路桥工程有限责任公司	117	基础设施 / 交通运输建设
23	中通快递	114	物流

排名	品牌名称	品牌力指数	行业
24	中国铁路工程集团	114	基础设施 / 交通运输建设
25	中国长江三峡集团	114	能源
26	中国航空集团	114	基础设施 / 交通运输建设
27	中国移动	110	信息通信技术
28	中国晶科能源	110	能源
29	中国邮政	105	物流
30	中国建材集团	103	基础设施 / 交通运输建设
31	中国中化集团	102	能源
32	中国电信	101	信息通信技术
33	微信支付	100	金融
34	隆基绿能	97	能源
35	中国国家铁路集团有限公司	96	基础设施 / 交通运输建设
36	中铁快运	94	物流
37	国家能源投资集团	92	能源
38	中国联通	84	信息通信技术
39	顺丰速运	81	物流
40	中国东方电气集团	81	能源
41	中国中车集团	76	基础设施 / 交通运输建设
42	招商银行	73	金融
43	国家开发银行	72	金融
44	中国国际金融股份有限公司	72	金融
45	中国化学工程集团	70	能源
46	国家电网	69	能源
47	中国土木工程集团有限公司	69	基础设施 / 交通运输建设
48	中国南方航空集团有限公司	68	基础设施 / 交通运输建设
49	中国华能集团	67	能源
50	圆通速递	67	物流

中国基础产业品牌出海“一带一路”国家的意义

在当今世界经济格局中，中国基础产业品牌出海“一带一路”国家不仅是企业自身发展的需要，更是中国积极参与全球经济治理、推动构建人类命运共同体的重要途径。这一过程不仅为中国企业带来了新的增长机遇，也为“一带一路”沿线国家提供了发展动力，共同促进了区域经济的繁荣与稳定。

首先，共建“一带一路”倡议作为国际经济合作的重要平台，为中国企业提供了更广阔的市场和合作空间。通过参与这一倡议，中国企业不仅能够拓展海外市场、增加销售收入，还能通过在沿线国家建设的精品工程、生产的优质产品、积极的担当履责等收获了高度的社会好评，使得企业品牌价值和溢价能力得到了不断积累和提升。这一过程中，中国企业的品牌、技术、标准和服务输出到全球，提升了中国品牌的国际知名度和影响力，同时也增强了中国在全球经济治理中的话语权。

其次，中国 B2B 品牌出海有助于加强与沿线国家的产能合作，推动基础设施建设，提升当地产业水平，实现互利共赢。这种合作不仅有助于中国企业拓展海外市场，也促进了沿线国家的工业化和经济发展。同时，中国企业在“走出去”的过程中，实现了从劳务输出、装备输出到技术输出、管理输出的转变，中国标准在推动中国企业参与“一带一路”方面的作用越发凸显，有助于提升中国企业的国际竞争力和市场主导权。

最后，中国基础产业品牌出海也是应对全球化新挑战的关键抓手。在逆全球化的不确定背景下，中国品牌出海已成为我国突破西方国家经济封锁，实现高水平对外开放的关键一招。通过秉承长期主义的品牌建设，中国企业可以在更多海外市场中打造“有意义的差异化”，打破自身和海外市场过往对国际品牌的依赖，提升中国品牌在全球市场的竞争力，以此在市场的不确定性中保持韧性。

综上所述，中国基础产业品牌出海“一带一路”沿线国家在政治经济层面上具有重要意义。它不仅有助于推动中国 B 端企业的国际化和品牌价值提升，也促进了沿线国家的经济发展和全球经济治理的改善。随着“一带一路”倡议的深入实施，我们有理由相信，中国基础产业品牌将在沿线国家乃至全球范围内发挥更加重要的作用，为构建开放型世界经济贡献中国智慧和中国力量。

中国基础产业品牌在“一带一路”国家的品牌建设现状

在“一带一路”倡议的推动下，中国基础产业品牌在全球市场的影响力正逐步扩大。在本次 50 强品牌榜单的研究中，我们可以洞察到中国品牌在国际舞台上的 3 大建设趋势。

有意义的差异化塑造品牌力量

数据显示，强品牌力的基础产业品牌通过在更多人心中打造有意义的差异化，占领更多企业客户心智。和其他中国品牌相比，50 强品牌更能满足企业客户需求、差异化程度更高、在客户心智中更加活跃，也因此更能撬动企业客户的合作需求。

品牌力表现平均得分

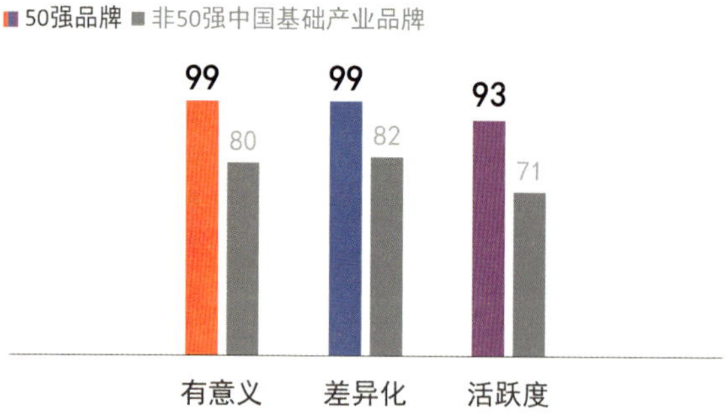

但是，在“一带一路”国家最具影响力的 50 强品牌中，仅有 28% 的品牌在消费者心智中建立起了既有意义且差异化的品牌形象，中国品牌在“一带一路”沿线国家的品牌建设中，仍需努力在更多人心目中打造有意义的差异化。

由中国能源建设集团天津电力建设有限公司承建的马来西亚瓜拉基蒂光伏电站（新华社发 张纹综 摄）

50 强品牌增长引擎分布图

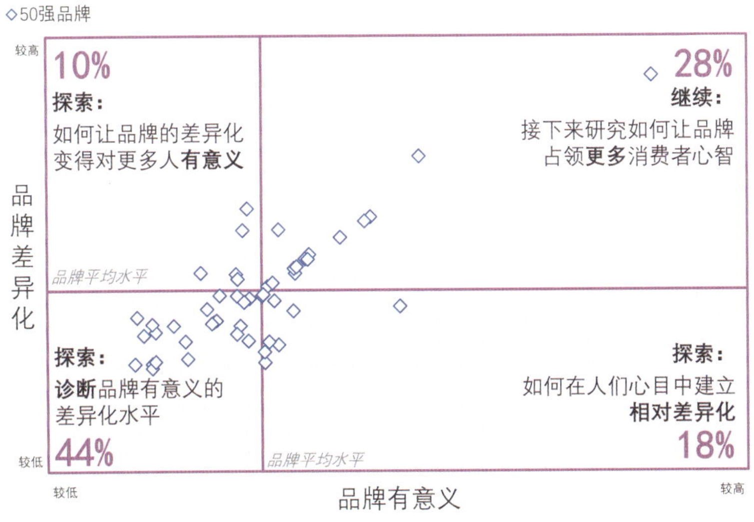

有意义的差异化不仅体现在产品和服务上，更需要体现在品牌文化和价值观的传递上。中国品牌通过深入了解当地市场和文化，调整自己的品牌策略，以更好地融入当地社会，赢得消费者的信任和支持。例如，中国交建在承建巴基斯坦瓜达尔港项目期间，

不仅提供了基础设施建设，还通过教育支持建设学校，帮助当地儿童接受教育，解决了当地教育资源匮乏的问题，让周边地区的学龄儿童得以圆上学梦。这种深层次的差异化策略，有助于帮助中国品牌在激烈的国际竞争中脱颖而出。

能源建设和基础设施建设引领“走出去”步伐

50 强中，能源、基础设施 / 交通运输建设和信息通讯技术已成为中国基础产业品牌在“一带一路”沿线国家中“走出去”的代表产业。其中，以中石油（能源）、中国交通建设集团（基建）和华为（信息通讯技术）为代表的中国品牌更已率先在企业客户中建立起有意义的差异化心智。这些品牌的成功，不仅推动了中国产品、服务、技术、品牌、标准的“走出去”，也让“中国速度”“中国质量”“中国工程”等中国名片享誉全球。

50 强品牌有意义的差异化表现

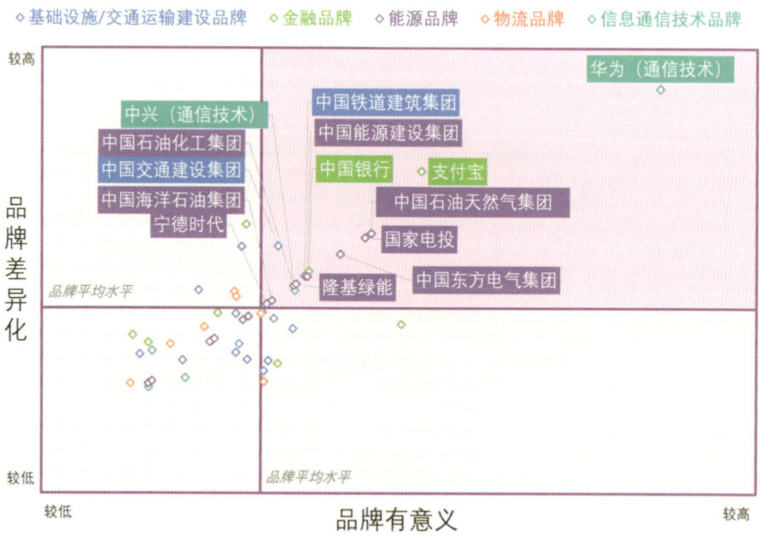

这些品牌的成功，不仅在于其技术和服务的领先，更在于其对当地市场需求的深刻理解和快速响应。例如，华为在全球

范围内提供的定制化通信解决方案，不仅满足了不同国家的特殊需求，也推动了当地通信技术的发展。这种以客户需求为导向的创新和服务，使得中国品牌能够在国际市场上建立起强大的竞争力。

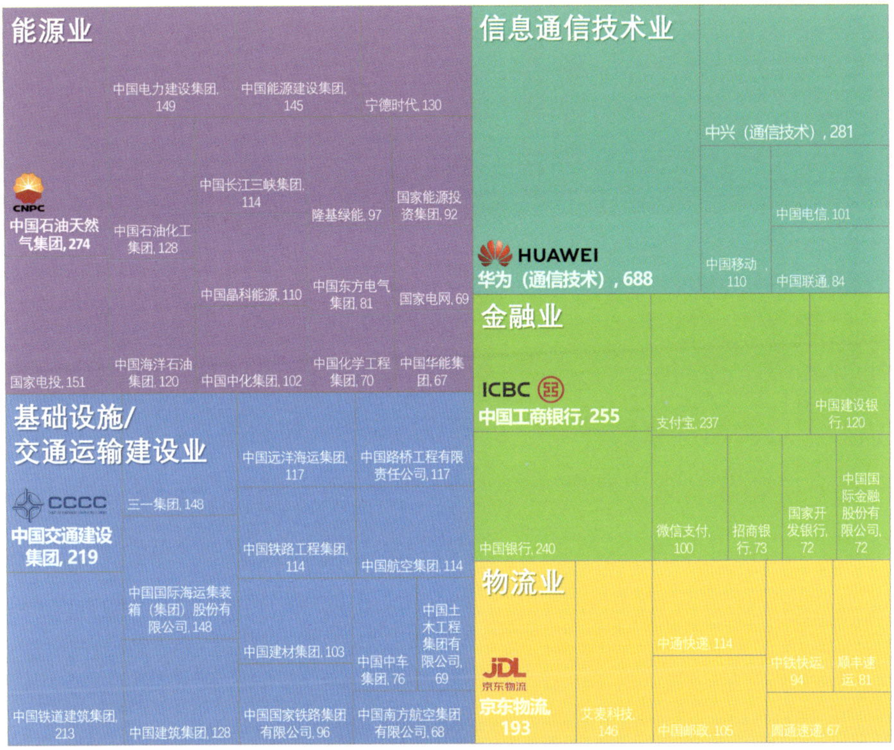

50 强品牌行业与品牌力指数分布图

国有品牌的力量与挑战

国有品牌在“一带一路”倡议中不仅是中坚力量，更是推动中国基础设施走向世界的领军者。在入围 50 强的品牌中，有 37 家是央（国）企品牌，它们在大型基础设施项目中发挥着不可替代的作用，帮助打造了“中国高铁”“中国桥梁”“中国港口”等国家工程名片。这些项目不仅展示了中国在基础设施建设领域的先进技术和雄厚实力，也成为促进当地经济发展和区域互联互通的重要力量。

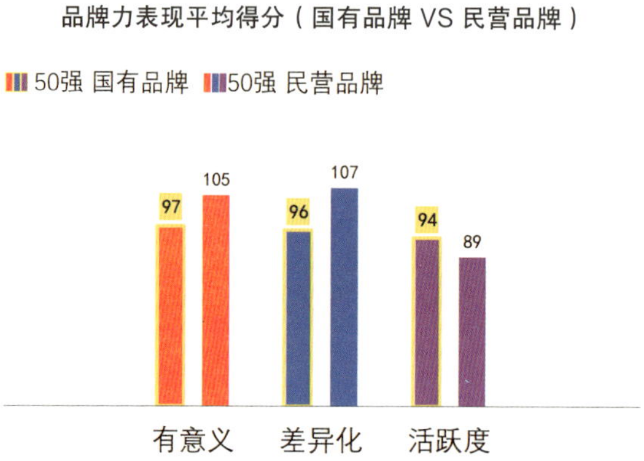

数据显示，尽管国有品牌在“国字头”的背景下收获了较高的知名度，但与民营品牌相比，在满足客户需求和差异化特色上仍有一定差距，这也导致了 50 强品牌中国有品牌（品牌力平均值 121）和民营民牌（品牌力平均值 182）在品牌建设和号召力上的差异。国有品牌更多地依赖于国家的支持和资源，而民营品牌则在市场适应性、创新能力和快速响应消费者需求方面表现得更为灵活和敏捷。这种差异要求国有品牌在品牌建设和市场拓展上投入更多的精力，以确保其在全球市场上的竞争力。

国有品牌在“一带一路”倡议中的重要性不言而喻，它们往往拥有更多的资源和政策支持，能够在大型基础设施项目中发挥关键作用。例如，众多国有企业参与设计建设的中国高铁作为民族复兴道路上的亮丽名片，已经成为中国智慧和中国方案的象征，为世界现代化贡献了中国力量。因此，国有品牌需要更加重视品牌建设，不仅要让企业客户记住“中国高铁”，更要在这类超级工程中体现每个国有品牌自身的价值，反哺“中国工程”的名片。通过加强顶层设计，将品牌建设贯穿到企业发展战略的各层面全过程，国有品牌可以更好地适应国际市场，提升品牌战略的前导性，适时进行战略调整，从而在“一带一路”倡议中发挥更大的作用。

由中国中铁一局集团有限公司承建的援助纽埃环岛公路升级项目（新华社发 中铁一局供图）

中国基础产业品牌应如何进行出海品牌建设

随着“一带一路”倡议的深入发展，中国基础产业品牌在国际舞台上的足迹日益显著。本次榜单的发布，不仅展示了中国基础产业品牌在沿线国家的卓越表现，也揭示了品牌建设的新趋势和新挑战。在这一过程中，我们见证了部分中国 B2B 品牌已率先在“一带一路”沿线国家建立有意义的差异化品牌心智，这标志着中国基础产业品牌在全球舞台上的崛起。

不同于 B2C 品牌，B2B 品牌的品牌传播需要更专注于专业性、行业影响力和深度服务能力。中国基础产业品牌通过世界领先的技术优势、定制化解决方案和售后支持，不仅满足了企业客户的具体需求，也增强了品牌的竞争力和市场影响力。然而，品牌建设和沟通上的挑战也不容忽视。凯度研究发现，基础产业品牌沟通时往往聚焦于逻辑说服和信息的精准传递，却可能忽视了吸引注意力和提高参与度的重要性。这种倾向虽然能在短期内推动决策者采取行动，但对于长期品牌资产的积累却显得力不从心。

尽管 B2B 交易看似由复杂的谈判和繁琐的技术规格所主导，但其背后的核心仍是人的需求和情感。理解基础产业领域中的人性元素，是将情感融入广告策略的关键。识别决策者的挑战、抱负和动机，允许他们在个人层面与 B2B 品牌的定制化信息产生共鸣。在 B2B 广告中融入情感和信任，不仅是一种选择，更是一种竞争优势，它可以为品牌的持久成功打下了坚实的基础。

中国基础产业品牌的出海要更多关注提升品牌自身优质形象的传播。不仅要让“中国品牌”和“中国制造”深入人心，更要让海外的消费者和企业客户记住每一个具体的中国品牌，实现真正的“品牌强国”。与民营企业品牌相比，“国字头”的基础产业品牌更应该在提升品牌建设上下功夫，不仅要依靠“中国制造”的声誉，更要通过强化品牌自身的存在感，为中国品牌的全球化建设添砖加瓦。

总结而言，中国基础产业品牌在“一带一路”沿线国家的征程，既是品牌实力的展示，也是品牌智慧的体现。面对不断变化的市场环境和沟通挑战，中国基础产业品牌需要更加注重情感连接和人性化沟通，以建立更深层次的品牌忠诚度和影响力。我们坚信，通过不懈的努力和创新，中国基础产业品牌将在“一带一路”沿线国家乃至更广泛的全球范围内取得更加辉煌的成就，为全球经济发展贡献中国力量，为世界品牌之林增添中国色彩。

研究设计

本次研究采用线上问卷访问的方式对“一带一路”倡议沿线国家基础产业相关企业客户进行了访问。

■ 访问方法：线上问卷访问

■ 访问国家：巴基斯坦、哈萨克斯坦、印度尼西亚、沙特阿拉伯、泰国、匈牙利

■ 样本量：N=1200

■ 被访者条件：基础设施 / 交通运输建设、金融、能源、物流、信息通信技术行业从业人员（受访者均为当地 B2B 领域从业者）

■ 访问时间：2024 年 6 月 -7 月

■ 分析方法：凯度“有意义、差异化和活跃度品牌资产研究框架”，建模过程中考虑并校正了不同产业国家间产业规模以及不同产业间重要性和规模差异

■ 数据来源：凯度 Profiles 消费者样本库，利用全球领先的 AI 反欺诈技术，提供基于海量消费者线上访谈数据

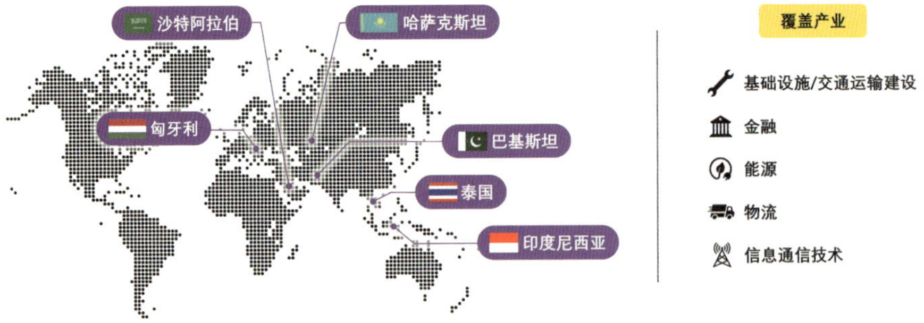

2024“一带一路”国家最具影响力中国基础产业品牌研究，消费者调研覆盖的国家与产业

第五部分

跨越山海：在世界舞台，擦亮中国名片

早在2014年，习近平总书记在河南考察时提出了“三个转变”的重要指示，即“推动中国制造向中国创造转变、中国速度向中国质量转变、中国产品向中国品牌转变”，为推动我国产业结构转型升级、打造中国品牌指明了方向。[445]

10年后的今天，中国已经成为了世界第一制造大国、世界第二大经济体。中国品牌也正随着新一波的出海浪潮逐步走向世界舞台的中心。[446]

如果说出海1.0时代是以贴牌代工、传统外贸为主的制造出海，出海2.0时代是以白牌充分发挥世界工厂优势的销售出海，那么如今的出海3.0时代才是真正意义上的品牌出海。

在这一波出海浪潮中，中国品牌正凭借着高品质的产品、成熟的供应链、创新的技术和有温度的品牌建设，在全球市场快速崛起，努力实现了从“中国制造”到“中国创造”、从“中国产品”到“中国品牌”的价值升维。

在新能源汽车技术领域深耕多年的比亚迪，已经远销全球88个国家和地区的400多个城市，超越特斯拉（Tesla）成为了全球新能源汽车的销量冠军。[447][448]来自广东的时尚品牌希音（SHEIN）凭借小单量、快反应的柔性供应链和因地制宜的本土化营销策略蝉联了2023年全球购物类应用下载榜首。[449][450]“以东方茶会世界友”的霸王茶姬，将中国传统文化元素融入产品开发、营销传播和门店设计中，在东南亚市场实现了迅速扩张，让悠久醇厚的中国茶文化以全新的面貌走向世界。[451][452]

尽管一些中国品牌中的先行者已经在海外市场取得了可喜的成绩，但我们必须看到中国品牌的出海还处于早期阶段。大部分中国企业出海业务营收占整体营收的比例尚达不到30%，而这一比例在成熟的全球化企业中能达到80%。[453]

对于大多数中国品牌而言，真正成为全球化品牌仍有很长的一段路要走，其中的一些关键挑战也是每个品牌都绕不过去的必修课。在本年鉴的最后，我们总结了中国品牌制胜海外市场的三大策略，希望能为正在扬帆出海的中国品牌带来一些有益的启发和思考。

以高品质和创新力，摆脱“廉价低质”的产品标签

过去十年，尽管中国产品在质量和创新方面取得了显著进步，但许多海外消费者对中国品牌的印象仍停留在“廉价低质”，对中国品牌的信任度仍然较低。中国品牌仍需通过加强质量支撑和研发创新，打造过硬的产品力，充分满足海外消费者对高品质产品的需求。

一种策略是以颠覆性的技术创新打造“人无我有、人有我优”的产品。比如安克率先将氮化镓技术引入消费电子充电领域，不仅提高了充电效率，还显著缩小了产品体积。[454][455] 作为全球首家量产氮化镓充电器的品牌，安克凭借独一无二的产品创新成功征服了欧美这样成熟且消费力强劲的市场。再比如，比亚迪的刀片电池技术，不仅提高了电池的安全性和寿命，还让电池的体积更小、重量更轻。[456] 凭借刀片电池、CTB 电池车身一体化、DM-i 超级混动技术等一系列独创技术，比亚迪在 2023 年成为了全球新能源汽车的销量冠军。[457]

另一种策略则是通过深入的用户洞察，聚焦需求尚未被满足的小众细分赛道，重新进行产品的设计和功能的组合，创造出让用户眼前一亮的产品。比如，如果从清晰度、防抖性能等技术参数上来看，影石 Insta360 的产品并未取得任何碾压级别的领

先，但却受到了海外滑雪爱好者的追捧。究其原因，还是因为影石 Insta360 对用户需求的深度洞察。滑雪爱好者使用传统全景相机自拍时总会遇到自拍杆入镜的问题。针对这一痛点，影石 Insta360 从 ONE X2 这一代产品开始，就采用算法自动识别并隐藏自拍杆，使自拍杆在画面中除倒影外几乎完全消失。[458 459] 凭借这一创新功能，影石 Insta360 在海外异军突起，短短几年力压日本理光和美国 GoPro 成为了全球全景相机领域的第一。[460]

高品质和创新力为中国品牌带来的不只是爆品，更是长效的技术积淀及用户心智。优秀的产品力将助力中国品牌成为海外用户心中的品质保证和信任标签，摆脱低价竞争的泥潭，从而真正掌握行业的话语权和主动权。

以品牌价值观和文化内涵，打造深入人心的强品牌

在走向全球的过程中，中国品牌不只要解决与海外市场之间的物理距离，更要努力缩短与海外消费者之间的心理距离。当前很多中国品牌在海外市场存在形象模糊、缺乏差异度的问题。这一问题的根源是许多品牌之前习惯使用强大的流量攻势快速获客，而并未进行真正的品牌建设。

今天，中国品牌在海外如果想要真正被记住、被喜爱，一定不是靠刷流量反复出现在消费者面前，而是要通过输出品牌的价值观、文化内涵，并基于这些品牌内核打造出调性统一的品牌形象和品牌内容，来引发目标用户的认同和共鸣。

许多在世界范围内享有盛誉的品牌都是这一观点的有力证明。比如，著名的户外品牌巴塔哥尼亚（Patagonia）一直奉行“用商业拯救地球家园”的信条。[461] 在之后 50 年的品牌建设中，巴塔哥尼亚将

环保的理念融入品牌建设的各个层面，让环保沉淀为品牌区隔于其他竞品的核心符号。在各大商家为购物狂欢节不断推出折扣活动的时候，巴塔哥尼亚却反套路地呼吁消费者“少买点，多想想”，旗帜鲜明地反对消费主义对环境造成的负担。品牌推出的终身维修服务和旧衣翻新计划更是让其“减少浪费，循环利用”的环保理念深入人心。[462] 此外，巴塔哥尼亚还通过举办将环保与户外相结合的社群活动、推出环保主题的摄影作品、儿童绘本、纪录片等方式，不断强化自身的环保标签。[463] 正是基于独特的品牌理念，巴塔哥尼亚才能在与消费者交互的全触点创造出内核一致却又丰富多样的环保表达，成功激发出消费者对品牌的价值认同，助力品牌实现基业长青。

我们也欣喜地看到如今很多中国品牌在走向全球的过程中已不再局限于产品介绍，而是开始注重品牌内涵、品牌文化的表达。比如花西子聚焦东方美学和文化故事，从产品设计到传播内容不断向海外用户传达东方色彩、东方妆容、中华文化的魅力。在产品上，花西子采用中国古锁、苗族银饰等非遗技术，推出了同心锁雕花口红、鼻烟壶粉底液等一系列以东方文化为灵感来源的产品，构建了属于中国的时尚话语体系。[464] 在营销上，花西子海外独立站和社媒账号上以大量原创精美、充满国风元素的内容，讲述产品背后的灵感来源，巧妙融入中国哲学思想、神话故事、节日习俗等文化特色，以此为媒，在海外消费者心中构建起独特的品牌辨识度。[465] 凭借对中华文化的深度挖掘和创新传承，花西子以独具民族特色的产品工艺和文化符号，在北美、日本、欧洲等成熟彩妆市场占有了一席之地。

在海外市场，没有品牌，就没有用户。中国品牌需要从传统的卖货思维转向品牌建设，创造真正有价值观、有记忆点、能与用户形成情感连接的世界级品牌。

以本土化策略融入当地，为海外市场创造长期价值

中国品牌如果想要真正立足海外，就不能将海外市场仅仅视为品牌的销售区域，而要从销售端沿着供应链上溯到研发、生产及营销，做到更为深度的本土化，在与当地市场的价值共赢中建立品牌出海的长期发展路径。

本土化研发：不同国家国情不一，消费者的需求也千差万别。出海品牌如果想要真正赢得当地消费者的青睐，就要仔细倾听当地用户的真实声音，洞察他们未被满足的需求痛点，然后用这些洞察反哺研发，创造贴近当地需求的新产品。在中东，海尔关注到当地家庭人口多、喜欢穿大袍子，专门设计了一次能洗 12 件大袍子的大容量洗衣机。[466] 在泰国，当地常年湿热，导致空调使用频繁、易滋生细菌、需要经常清洗，海尔推出了适合高温高湿环境的自清洁空调。[467] 在印度，家庭供水不稳定，海尔推出了"零水压"洗衣机。在巴基斯坦，昼夜温差大且电费较贵，海尔推出了太阳能混合空调，让用户在享受清凉的同时又不再为电费烦恼。[468] 基于欧洲能源紧缺的情况，海尔研发了比欧洲 A 级能效标准还要再节能 60% 的海尔朗境 X11 洗衣机。[469] 在各个海外市场，海尔都基于当地的生活习惯、文化习俗，研发了符合当地用户需求的产品，而产品本土化得以实现的背后，则要归功于研发的本土化。以海尔为例，其在全球设立的 10 大研发中心、71 个研究院，一方面能及时精准地洞察用户的新需求，另一方面也能有效链接海尔在当地和全球的技术资源，真正做到因地制宜的产品创新。[470]

本土化制造：深度的本土化还意味着敢于将工厂及供应链带到海外市场，敢于对当地进行人才和资金的投入，将本土化真正做深做实。在当地设立制造工厂，不仅可以更好地整合当地资源，

还能够大幅缩短响应时间、节约物流成本。同时，成为当地制造业的一员，建立本土化的供应网络，也能帮助品牌降低供应链风险。海尔在全球化的发展历程中，一直坚持与所在区域的生态伙伴共创共享，把产业力量和创新成果贡献给当地、服务于全球，助力当地的人才就业、产业链升级和经济发展。在埃及，海尔埃及生态园总投资额达 1.6 亿美元，设计总产能超百万台，不仅满足了当地消费者的需求，同时辐射了周边国家近 20 亿的总人口，为埃及当地提供了超 2000 人的就业岗位，还带动上下游产业链升级及人才培养。[471 472 473] 在泰国，海尔泰国春武里空调工业园整体规划年产能 600 万套，建成后将是中国品牌在泰国及东南亚地区规模最大的空调生产基地之一。[474] 海尔目前在全球已经拥有了 35 个工业园、143 个制造中心，12 万员工中有 3.8 万海外员工，共同服务全球 10 亿用户家庭，真正实现了以全球化服务全球化，以本土化推进全球化。[475]

本土化营销：除了产品贴合当地消费者的需求外，出海品牌还要沉下心来深入理解当地的文化习俗，将本土文化元素巧妙融入品牌的宣传沟通中，同时灵活运用当地用户偏好的社交媒体并与当地有号召力的红人（KOL/KOC）展开合作，从而提升品牌的知名度、美誉度和影响力。比如，时尚品牌希音（SHEIN）在墨西哥市场就凭借深度本土化的社媒营销备受瞩目。希音的墨西哥 Instagram 主页首先在视觉上实现了本土化：从模特的外貌特征到高饱和度的服饰颜色都充满着浓郁的墨西哥风情。此外，希音选择了深受当地消费者看重的母亲节作为重点节日，通过举办系列庆祝和促销活动，表达对当地文化与传统的尊重。同时，在墨西哥这样一个价格敏感的市场，希音在社媒上选择了更有针对性的话题标签，比如 #saveinstyle（节约风），来吸引更多希望时尚与节约兼得的消费者。希音也在多个社媒平台上与不同量级的明星网红合作，借助红人的影响力拉动品牌的曝光量。这些细致入微的本土化营销帮助希音快速融入当地文化语境，赢得了当地消费者的喜爱与支持。[476]

最好的全球化就是本土化。“本土化研发”“本土化制造”“本土化营销”将成为中国品牌在海外市场践行“长期主义”的最好注脚。中国品牌也在为当地带来的资金、技术、人才的过程中，逐渐被视为当地的一份子，与当地文化和经济深度融合，为自身在海外市场的长远发展奠定坚实的基础。

一股不容忽视的“中国品牌”新力量正在世界舞台上崛起。中国品牌的全球化有着远比产品输出更为深刻、丰富的意涵。透过品牌，中国质量、中国技术、中国文化，正在走向世界，也被世界看见。中国品牌将在与全球的共创、共享、共赢、共生中，为世界各地的经济发展和民生改善贡献中国方案、中国智慧和中国力量。

参考文献

1 凯度集团（Kantar），《2024 年凯度 BrandZ 最具价值中国品牌报告》，P28

2 国际货币基金组织（IMF），《世界经济展望》，2024 年 7 月，https://www.imf.org/zh/Publications/WEO/Issues/2024/07/16/world-economic-outlook-update-july-2024

3 国际货币基金组织（IMF），《世界经济展望更新：通胀放缓和增长平稳 开拓通往软着陆的道路》，2024 年 1 月，P1

4 U.S. Bureau Of Labor Statistics, *Consumer Price Index(CPI)*, https://www.bls.gov/charts/consumer-price-index/consumer-price-index-by-category-line-chart.htm

5 European Central Bank, *Harmonised Index of Consumer Prices(HICP)*, https://data.ecb.europa.eu/data/datasets/ICP/ICP.M.U2.N.000000.4.ANR

6 University of Michigan, *Index of Consumer Sentiment(CSI)*, http://www.sca.isr.umich.edu/charts.html

7 European Commission, *Economic Sentiment Indicatior (ESI)*, https://economy-finance.ec.europa.eu/economic-forecast-and-surveys/business-and-consumer-surveys/latest-business-and-consumer-surveys_en

8 施普皓，经济日报，印度经济增速快吸收外资难，2024 年 6 月 3 日，http://paper.ce.cn/pad/content/202406/03/content_295525.html

9 中国经济网，印度上财年经济增长达 8.2% 专家称光鲜 GDP 数据与现实有差距，http://m.ce.cn/gj/itw/202406/03/t20240603_39024127.shtml

10 人民网，IMF：中国等亚洲新兴市场经济体仍是全球经济主要动力，http://world.people.com.cn/n1/2024/0719/c1002-40281285.html

11 国家统计局，2024 年上半年居民收入和消费支出情况，https://www.stats.gov.cn/sj/zxfb/202407/t20240715_1955615.html

12 中华人民共和国海关总署，上半年进出口总值首超二十一万亿元——外贸规模再创新高，http://gdfs.customs.gov.cn/customs/xwfb34/mtjj35/5984969/index.html

13 Bloomberg, *China Outweighs G-7 as Leading Driver of Global Economic Growth*, https://www.bloomberg.com/news/articles/2024-04-18/china-outweighs-g-7-

as-leading-driver-of-global-economic-growth?embedded-checkout=true
14 联合国减灾办公室（UNDRR），《政策简报：减灾与气候变化》，P1，https://www.undrr.org/media/88135/download?startDownload=20241110
15 世界银行，让全球一半人口摆脱贫困可能需要一个世纪以上，https://www.un.org/zh/global-issues/ending-poverty
16 The International Telecommunication Union (ITU), *More Than Three-quarters of The World's Population Own A Mobile Phone*，https://www.itu.int/itu-d/reports/statistics/2023/10/10/ff23-mobile-phone-ownership/
17 人民日报海外版，这一年，人工智能"生成"精彩，http://www.news.cn/tech/20231228/7917ea75586f40e3840d88dff9b74f13/c.html
18 智慧医疗网，精准医疗背景下，人工智能创新研究的八大方向，http://www.cn-witmed.com/list/39/11169.html
19 德勤，《制造业+人工智能创新应用发展报告》，P2、P22、P29，https://www2.deloitte.com/content/dam/Deloitte/cn/Documents/energy-resources/deloitte-cn-eri-manufacturing-artificial-intelligence-innovation-application-development-report-zh-211015.pdf
20 数字化转型DT，一文读懂AIGC赋能市场营销，https://www.damdjt.com/article/detail/a9f7792bef18042bb0251460c28f0760
21 文汇报，让老年人告别不会用、不敢用，商汤"如影"AI数字员工入职上海银行，https://www.whb.cn/commonDetail/912904
22 澎湃新闻，被年轻人整不会的1688，终于开始反击了！https://m.thepaper.cn/newsDetail_forward_27599655
23 界面新闻，一个大趋势：白牌崛起了，https://finance.sina.cn/2024-01-05/detail-inaansmt4836935.d.html?from=wap
24 经济观察网，拼多多人均创收1222万，拼多多美股市值一度超越阿里，https://www.eeo.com.cn/2023/1130/616155.shtml
25 钛媒体，"穷鬼套餐"爆火，低欲望消费走红，美国怎么也消费降级了，https://www.163.com/dy/article/J9FDBF1B05118O92.html
26 财联社，一份报告暴露美国人的生活重压：消费降级普遍，先买后付愈发盛行 https://news.qq.com/rain/a/20240510A0346100?web_channel=wap&openApp=false&suid=&media_id=
27 艾瑞咨询，《2023年中国消费者洞察白皮书》，P26
28 欧睿国际（Euromonitor International），《2024全球消费者趋势》
29 伟门智威（VML），*The Future 100: 2024*，P12，https://www.vml.com/insight/the-future-100-2024

30 环球时报，英国《经济学人》：压力让成年人追逐“儿童化”，https://3w.huanqiu.com/a/de583b/4EAaf3PB8qs?agt=11
31 知著网，特种兵式旅游：用一往无前的勇气，打破形式主义的魔咒，https://new.qq.com/rain/a/20230412A0A3TZ00
32 西双版纳州民宗局，西双版纳州泼水节接待游客 203.19 万人次 助力民族节庆“火”起来，https://mzzj.yn.gov.cn/html/2024/difangdongtai_0419/53611.html
33 界面新闻，“发疯文学”大流行：胡言乱语里的绝望和希望，https://m.jiemian.com/article/9980819.html
34 扬子晚报，新词 | 窝囊废文学：另一种以退为进的生活姿态，https://wap.yzwb.net/wap/news/3570730.html
35 澎湃新闻，风靡今夏的“多巴胺穿搭”，背后的生物作用机制是什么？ https://www.thepaper.cn/newsDetail_forward_24384902
36 伟门智威（VML），*The Future 100: 2024*，P58，P80，P207，https://www.vml.com/insight/the-future-100-2024
37 澎湃新闻，禁止蕉绿！香蕉成为年轻人“上班搭子”，https://www.thepaper.cn/newsDetail_forward_27369178
38 澎湃新闻，按下生活的“暂停键”，年轻人踏入寺庙修行，https://www.thepaper.cn/newsDetail_forward_25792573
39 CEO 品牌观察，“握佛慈杯”，寺庙咖啡走红背后藏着什么生意经？，https://new.qq.com/rain/a/20230418A048JD00
40 澎湃新闻，“卷”到睡不着的年轻人，迷上了疗愈养生，https://www.thepaper.cn/newsDetail_forward_25658763
41 凯度集团（Kantar），*Kantar China Monitor 2023*，P27
42 界面新闻，remake：重塑的产品，变化的趋势，https://www.jiemian.com/article/9895348.html
43 红布林 × 益普索（Ipsos），《2023 循环时尚行业趋势报告》，P14
44 民生智库，“环保也可以很潮”！年轻人为何热衷“可持续消费”？，https://mp.weixin.qq.com/s?__biz=MzIwOTY1MzAwNg==&mid=2247499475&idx=2&sn=63ad7921646b801914b203ceae135b9d
45 德勤（Deloitte），《2024 年 Z 世代和千禧一代调研报告》，P16，https://www2.deloitte.com/content/dam/Deloitte/at/Documents/presse/at-deloitte-global-gen-z-millennial-survey-gesamte-studie.pdf
46 极目新闻，鸿星尔克捐 2000 万后又迎“野性”消费，能扛起社会责任就会受人尊敬，https://new.qq.com/rain/a/20231220A06GKC00
47 复数实验室，中国独居人口将达 1.5 亿，Ta 们到底过得怎样？，https://www.

thepaper.cn/newsDetail_forward_26439072
48 伟门智威（VML），*The Future 100: 2024*，P21，https://www.vml.com/insight/the-future-100-2024
49 Soul App，《2024 年社交趋势洞察报告》，P19
50 Standard Speaker, *Eating with Strangers Radical Act of 'Dinner with Friends' Gets People Socializing Again Three Years After Pandemic Hit*, https://www.standardspeaker.com/2023/03/21/eating-with-strangers-radical-act-of-dinner-with-friends-gets-people-socializing-again-three-years-after-pandemic-hit/
51 中国青年研究，"搭子社交"流行背后：群体性孤独与社交恐惧，
52 中国青年报，"骂醒恋爱脑""虚拟蚊子"？部分年轻人在互联网买"情绪"，https://www.thepaper.cn/newsDetail_forward_24179273
53 环球网，美媒：从老年人身上获取智慧和慰藉，津巴布韦"奶奶心理疗法"出圈，https://world.huanqiu.com/article/4IXt2e7EPUr
54 后浪研究所，在自己家里开酒吧，打工人又找到新副业了，https://m.thepaper.cn/newsDetail_forward_26428642
55 GQ 报道，走，去安吉看不坐班的年轻人，https://www.thepaper.cn/newsDetail_forward_22094631
56 解放日报，"景漂"已超 6 万人 年轻人留在这里的理由是什么？
57 DT 青年理想城，景德镇，年轻人的"大理平替"，https://www.thepaper.cn/newsDetail_forward_23648724
58 澎湃新闻，City walk 火了，这 3 种城市漫步模式了解一下，https://www.thepaper.cn/newsDetail_forward_24052725
59 澎湃新闻，观鸟悄然盛行，年轻人少走几十年弯路，https://www.thepaper.cn/newsDetail_forward_26039793
60 中国新闻网，从淄博、哈尔滨到天水，算法成了美的放大镜，
61 伟门智威（VML），*The Future 100: 2024*，P127，https://www.vml.com/insight/the-future-100-2024
62 看文网，从宝莱坞到流媒体，看印度电影的"全球在地化"实践，http://www.kanwen.com.cn/article/20230313_1267.html
63 南美侨报网，90 亿雷亚尔！今年巴西狂欢节收入料超疫情前水平，http://www.br-cn.com/static/content/news/br_news/2024-01-30/1201949315846130272.html
64 世界经济论坛，非洲音乐浪潮：艺术如何在全球对话中增强非洲和非洲移民社群国家的能力，https://www.weforum.org/agenda/2024/02/afro-wave-the-arts-empower-african-afro-diaspora-nations/
65 知萌，《2024 中国消费趋势报告》

66 抖音电商，《2024 抖音电商女性消费趋势数据报告》。
67 北京日报客户端，三里屯再添北京首店，消费者排队体验新中式茶饮，https://www.bjwmb.gov.cn/yw/10065742.html
68 澎湃新闻，新中式要吸引驻足，更要赢来回望 | 教授洞察，https://www.thepaper.cn/newsDetail_forward_27060751
69 网易云音乐平台，2024 年 11 月 4 日数据。
70 知萌，《2024 中国消费趋势报告》。
71 中国日报中文网，2022-2023 年度“中华文化国际传播十大案例”，https://world.chinadaily.com.cn/a/202305/29/WS64745df9a3105379893766f9.html
72 澎湃号，“穷鬼超市”奥乐齐到底怎么赚钱，https://www.thepaper.cn/newsDetail_forward_28466342
73 数英 DIGITALING，一本实时在线更新的《通货膨胀食谱》，荣获戛纳一银两铜，https://www.digitaling.com/projects/253595.html
74 The Inflation Cookbook, 2024 年 11 月 10 日，https://www.inflationcookbook.com/en/onboarding?langselected=true
75 Pulsetto 官网，https://pulsetto.tech/pages/about-us
76 伟门智威（VML），*The Future 100: 2024*，P215，https://www.vml.com/insight/the-future-100-2024
77 SocialBeta，华为 FreeBuds 6i 为你“烦事先降噪”，https://socialbeta.com/campaign/22177
78 数英 DIGITALING，珀莱雅回声计划 3.0：此刻开始，和情绪握手，https://www.digitaling.com/projects/267189.html
79 凯度集团（Kantar），牛津大学赛德商学院（Saïd Business School, University of Oxford），财经杂志，《生态品牌发展报告（2024）》，P126，https://www.ecosystembrand.com/about#AboutS4
80 中国轮胎商务网，积极践行可持续发展战略，米其林中国区总裁获颁大奖，http://www.tirechina.net/news/2022-12-28/822659.html
81 人民日报客户端，康师傅开展全渠道减碳活动，https://www.peopleapp.com/column/30035354608-500005149350
82 Amazon, *Discover All The Possibilities Computer Science Brings*, https://www.amazonfutureengineer.com/
83 新华网，“99 公益日”走到第十年：正式升级为“久久公益节”，http://www.news.cn/tech/20240902/ad0004a62f6a44ddbb48a005741e9742/c.html
84 帕蒂·麦考德（Patty McCord），《奈飞文化手册》，浙江教育出版社，2018.10
85 21 财经，互联网爱猫狗，金融业爱花草，ESG 报告兼职品牌营销，https://m.21jingji.

com/article/20240427/herald/cb30c51139b423c3270935eb95edba58.html
86 界面新闻，谁制造了一个更有趣的麦当劳？，https://m.jiemian.com/article/9073324.html
87 Morketing，麦当劳中国 CGO 何亚彬：极致 ROI 的尽头是白牌，https://m.huxiu.com/article/3314621.html?type=text
88 数英 DIGITALING，麦当劳品牌洞察，生活里的童心未泯，https://www.digitaling.com/articles/1051840.html
89 品牌猿，折叠人群（3）——乐高“新社群”破局之道：共享共创和分形，https://www.woshipm.com/marketing/5209446.html
90 零售威观察，超级用户如何让乐高“起死回生”，https://m.huxiu.com/article/438892.html
91 中青在线，青平：Sora 横空出世！如何在 AI 浪潮中破浪前行，https://m.cyol.com/gb/articles/2024-03/08/content_99Y9VmIa3N.html
92 McKinsey, *The Economic Potential of Generative AI*, P3, https://www.mckinsey.com/capabilities/mckinsey-digital/our-insights/the-economic-potential-of-generative-ai-the-next-productivity-frontier#introduction
93 McKinsey, *How Generative AI Can Boost Consumer Marketing*, https://www.mckinsey.com/capabilities/growth-marketing-and-sales/our-insights/how-generative-ai-can-boost-consumer-marketing
94 SocialBeta，飞猪用 AI 为五一出游解答，https://socialbeta.com/campaign/15667
95 数英 DIGITALING，淘宝造物节：这可能是首支全 AI 制作短片，https://www.digitaling.com/projects/244600.html
96 Socialbeta，可口可乐、伊利、淘宝都学会了“AI 新魔法”，https://socialbeta.com/article/108738
97 数英 DIGITALING，虚假户外广告爆火，还有哪些 CGI 工作室值得关注？，https://www.digitaling.com/articles/986649.html
98 未来商务，伦敦地铁变身超大睫毛膏！以 3 万美元低预算打造出百万效果，未来广告即将来临？，https://fc.bnext.com.tw/articles/view/3011?
99 搜狐网，AR 试衣如何提升服装电商销量转化，https://www.sohu.com/a/691351937_121450460
100 Kivisense, AR 试眼镜：尽享多样款式，匹配独特风格，https://tryon.kivisense.com/blog/zh/ar-solution-eyewear-cn/
101 VRAR 星球，宜家推出新 AR 功能，一键轻松完成室内家具装修摆放，https://vr.ofweek.com/news/2022-06/ART-815011-8210-30565888.html
102 3DCAT，4 个 VR 虚拟现实汽车展厅案例，你一定感兴趣！，https://www.3dcat.

live/share/post-id-164/
103 SocialBeta，听说 00 后在纯甄元宇宙里卖起了酸奶，https://socialbeta.com/campaign/16622
104 伟门智威（VML Intelligence），*The Future 100: 2024*, P159，https://www.vml.com/insight/the-future-100-2024
105 品牌猿，Airbnb 爱彼迎：从共享到共创感，16 年品牌创新启示录，https://www.woshipm.com/marketing/6016130.html
106 界面新闻，火爆京沪的“跳海酒馆”，凭什么“拴”住年轻人？，https://www.jiemian.com/article/10275138.html
107 TOPYS.，跳海，是年轻人进行夜间光合作用的地方 | 一家店，https://www.topys.cn/article/34050
108 数英 DIGITALING，观夏闽南甜系列：寻南音，吃芭乐，https://www.digitaling.com/projects/257438.html
109 胡润百富，Aesop 伊索全球店铺设计负责人 Marianne Lardilleux：比起“客户服务”，我更愿称为“款待”，https://new.qq.com/rain/a/20230703A07EDL00
110 华丽志，高管专访 | Aesop 伊索中国首店背后的故事，《华丽志》对谈品牌亚太区总经理 & 全球门店设计总监，https://www.sohu.com/a/628313194_121119316
111 澎湃新闻，用文学传递女性之声，我们邂逅“女性文学图书馆”，https://www.thepaper.cn/newsDetail_forward_22160319
112 凤凰网，10 间全球最具特色的星巴克，不点咖啡也值得逛翻它，https://travel.ifeng.com/a/20180912/45160583_0.shtml
113 SocialBeta，星巴克开了一家“非遗美术馆”，https://socialbeta.com/campaign/21262
114 人民网，2023 年我国网上零售额 15.42 万亿元，连续 11 年成全球第一大网络零售市场，http://finance.people.com.cn/n1/2024/0119/c1004-40162555.html
115 电商报，618 刚结束，拼多多又开始搞大促，https://www.dsb.cn/p/01j1czz6ahm37jsajfsg9djpq9
116 央广网，戴森、三星、宝格丽！千元大牌好物只要 18 元 “京东超级 18”火爆开启，https://tech.cnr.cn/techph/20240718/t20240718_526799458.shtml
117 电商报，淘宝“小时达”业务全面升级，App 首页 Tab 新增一级流量入口，https://www.dsb.cn/news/01j1vanvmzp00s4zy0r90yvkh8
118 央广网，京东小时达、京东到家品牌整合为“京东秒送”，https://tech.cnr.cn/techph/20240516/t20240516_526706682.shtml
119 张亚欣，《中国城市报》，东方甄选推出“小时达”，即时零售市场竞争激烈，2024 年 4 月 15 日，http://paper.people.com.cn/zgcsb/html/2024-04/15/

content_26052504.htm
120 阿里巴巴集团官网，人工智能助力淘天集团扶持商家，全面提升用户体验，https://ali-home.alibaba.com/document-1738398759789789184
121 电商报，淘宝公布面向服饰商家 AI 产品：AI 搭配和 AI 试衣间，https://www.dsb.cn/224897.html
122 新浪网，从“电商 +AI”到“AI 电商”，人工智能如何重塑电商生态？，https://news.sina.com.cn/c/2024-03-15/doc-inanimzh7396119.shtml
123 搜狐网，京东零信任安全建设实践：数字化转型的安全基石，https://www.sohu.com/a/784792256_121943181
124 中新网，京东超市亮相 2024 中国国际水果展，发布“百亿农补”等措施助商家发展，http://www.sh.chinanews.com.cn/chanjing/2024-08-28/127786.shtml
125 京东健康，京东健康上线“新手妈妈健康关爱行动”公益专区，为新手妈妈提供全方位支持，https://www.jd.com/pccontent/12105844
126 中新网，向百所乡村小学捐赠童书，京东联合天强慈善基金等发起“星光传递”计划，http://www.chinanews.com.cn/cj/2023/04-24/9995823.shtml
127 秦胜男，《新京报》，持续重投研发，拼多多设“百亿农研专项”，2021 年 8 月 25 日，http://epaper.bjnews.com.cn/html/2021-08/25/content_807989.htm?div=-1
128 中新网，拼多多一季报：营收 376.4 亿，建立“百亿生态”专项，推动平台高质量发展，https://www.chinanews.com.cn/cj/2023/05-26/10014686.shtml
129 澎湃新闻，拼多多亮眼业绩背后：“内生价值”如何驱动电商发展，https://www.thepaper.cn/newsDetail_forward_27493684
130 阿里巴巴集团官网，人工智能助力淘天集团扶持商家，全面提升用户体验，https://ali-home.alibaba.com/document-1738398759789789184
131 环球网，淘宝创新 AI 技术，推出“天猫 AI 讲价小助手”助力消费者讲价，https://finance.sina.com.cn/jjxw/2024-05-25/doc-inawkyay9683945.shtml
132 央广网，淘宝天猫“变革生新”：用户为先、生态繁荣、科技驱动，https://tech.cnr.cn/techph/20230510/t20230510_526246948.shtml
133 中国服装协会，2024 年一季度中国服装行业经济运行分析， http://news.ctei.cn/domestic/gnzx/202405/t20240517_4347635.htm
134 新华网，波司登：2023/24 财年业绩表现亮眼，用“新”提质推动高质量发展，http://www.news.cn/fortune/20240627/39a21d9f1dc14d3ca8cf8fc92674b257/c.html
135 光大证券，《2024 年安踏体育分析报告：拨云见日再攀高峰，本土巨头、全球空间》，P24
136 雪球，全球访问量最大的时尚品牌，SHEIN 如何做供应链升级？，https://xueqiu.

com/4649754500/309451532
137 德勤，《2023 中国消费者洞察与市场展望》，P10， https://www2.deloitte.com/cn/zh/pages/consumer-business/articles/consumer-insight-2023.html
138 中国日报中文网，优衣库于世界环境日推出“哆啦 A 梦”可持续系列新品，https://caijing.chinadaily.com.cn/a/202306/06/WS647edeb0a310dbde06d22236.html
139 李宁集团，《2023 年环境、社会及管治（ESG）报告》，P65，https://ir.lining.com/tc/csr/csr_reports/csr_report_2023.pdf
140 光明网，云服实验室以纸制衣 创新丝感纸型纱 T 恤问世，https://m.gmw.cn/2024-04/30/content_37300105.htm
141 光大证券，《2024 年安踏体育分析报告：拨云见日再攀高峰，本土巨头、全球空间》，P21
142 VOGUE 时尚网，FILA GOLF X McLAREN 迈凯伦超级跨界联展落地北京 SKP，https://www.vogue.com.cn/fashion/brand_news/news_16133b78504a1290.html
143 搜狐网，放胆去滑，滑就成了！安踏重磅首发全新“骜驭”滑板鞋，https://www.sohu.com/a/558474275_121119649
144 新华网，家电业发力高端化智能，http://www.news.cn/tech/20240321/c2fee6c35f814917b922e812a9e86a1a/c.html
145 信阳日报，以科技创新开启人居 4.0，美的人感科技亮相 IFA，重新定义绿色舒适生活，https://www.cfbond.com/2023/09/04/wap_991025361.html?sitemap_xh
146 搜狐网，重构生活家电，三星 Bespoke Life 愿景打造个性化精神场域，https://www.sohu.com/a/712870233_361155
147 雪球，《2023 年中国家电行业全年度报告》发布：大家电发挥稳定器作用，行业整体回稳向好，https://xueqiu.com/3024298971/283633335
148 雪球，7 月中国家电市场总结：增长的脉动与趋势的变奏，https://xueqiu.com/8290242329/302080614
149 格力集团官网，AWE2024 上海开展！与格力一同探索“美好生活”！，https://gree.com/Article/view/a737c8515dc8481f9b7f05beded1503f
150 格力集团官网，第八届国际储能技术大会开幕格力高效储能技术助力碳时代，http://www.gree.com.cn/Article/view/661e2914aeaf4571979da5ce821b2c90
151 财经网，海尔智家 2024 三季报：利润增 15.3%，持续两位数增长，https://m.caijing.com.cn/article/350365?target=blank”
152 中国网，帝星云空调：外观独特、功能独有、风感独到，http://business.china.com.cn/2023-01/09/content_42227496.html
153 卡萨帝官网，2024 半年报：卡萨帝逆势跑赢行业，高端持续引领，https://www.casarte.com/about/news/20240828_249140.shtml

154 卡萨帝官网，2024 半年报：卡萨帝逆势跑赢行业，高端持续引领，https://www.casarte.com/about/news/20240828_249140.shtml
155 海尔智家股份有限公司，《海尔智家股份有限公司 2023 年年报》，P21，https://smart-home.haier.com/cn/
156 卡萨帝官网，卡萨帝 8 年连续高端 TOP1，2024Q1 继续两位数增长，https://www.casarte.com/about/news/20240430_238740.shtml
157 美的集团官网，美的：重新出发，https://www.midea.com.cn/About-Us/news/news-2020-12-31
158 美的集团官网，推行绿色战略，美的集团寻求新发展，https://www.midea.com.cn/Investors/Sustainable-development/esg_/news-20230206093507
159 美的集团官网，美的集团亮相工博会，重磅发布“数字美的 · 智慧工业”系列解决方案，https://www.midea.com.cn/About-Us/news/news-20230921143155
160 中国银行官网，走入田间地头，惠泽千村万家——“普惠金融推进月”在行动，https://www.boc.cn/aboutboc/bi1/202404/t20240411_24885627.html
161 人民网，农业银行刘加旺：“双轮驱动”推进普惠金融与乡村振兴融合发展，finance.people.com.cn/n1/2024/0309/c1004-40192413.html
162 新华网，平安银行发布普惠助农金融产品“平安惠农贷”，赋能乡村振兴跑出加速度，https://www.news.cn/money/20230206/a68a005f24634869b1ac0453a6a37e68/c.html
163 人民网，个人养老金试点稳步推进，http://society.people.com.cn/n1/2023/0617/c1008-40016055.html
164 中国银行保险报网，做好养老金融大文章，www.cbimc.cn/content/2024-01/09/content_505100.html
165 中国新闻网，建设银行发布“健养安”统一养老品牌，推出养老金融“十大行动”，https://www.chinanews.com.cn/cj/2024/03-01/10172465.shtml
166 新华网，工行开放银行赋能银发经济，助力养老产业金融高质量发展，https://app.xinhuanet.com/news/article.html?articleId=0cfba612b9a42f9c13b6e60af6bc3912
167 交通银行交银金融网，交通银行丰富养老金融产品供给，率先代销商业养老金产品，www.bankcomm.com/BankCommSite/shtml/jyjr/cn/7158/7162/5044371.shtml
168 中国人寿官网，立足长寿时代需求，国寿寿险全力做好养老金融大文章，https://www.e-chinalife.com/c/2024-03-07/7a2b8ca0-0029-4f6a-a901-0f2096736372.shtml
169 中国农业银行官网，农行湖北分行成功落地首笔全国碳交易市场碳排放权质押贷款，https://www.abchina.com/cn/AboutABC/CSR/SRPractice/202110/t20211025_2054731.htm

170 招商银行，《2023 年度环境信息披露报告》，P33，https://s3gw.cmbimg.com/lb50.01-cmbweb-prd/cmbcms/20240627/d4a2d4a7-6e44-4ed9-b72f-c5d3f3369410.pdf

171 中国证券网，创林海碳汇保险、助清洁能源融资，中国平安书写绿色金融大文章，https://news.cnstock.com/news,zxk-202312-5160622.htm

172 新华网，中国人寿财险探索创新“绿色保险” 着力书写绿色金融文章，https://www.news.cn/money/20231212/c823d5c02efe425d87dad3dde0bbb8ef/c.html

173 招商银行，《招商银行股份有限公司 2023 年度可持续发展报告》，P24，https://s3gw.cmbimg.com/lb50.01-cmbweb-prd/cmbcms/20240407/35b273c9-409d-4e61-bf48-8f4e9ef83f57.pdf

174 人民网，工商银行推出“数字工行（D-ICBC）”品牌，开创数字化发展新局面，http://finance.people.com.cn/n1/2022/0131/c1004-32344102.html

175 21 财经，发力线上生态创新，工行深化发展新质生产力丨一线调研，https://m.21jingji.com/article/20240902/herald/3376a208f59d2fba6d8fa8b3c9beb049.html

176 澎湃新闻，工行副行长：加大风险房企和项目的处置出清力度，提高拨备提取比例，https://www.thepaper.cn/newsDetail_forward_28583202

177 中国工商银行官网，中国工商银行一季度经营实现良好开局，https://www.icbc.com.cn/page/960905580309168128.html

178 中国建设银行，《中国建设银行股份有限公司 2024 年半年度报告》，P65，https://ccb.com/chn/attachDir/2024/09/2024090214375386470.pdf

179 新华网，中国建设银行“安心悠享”个人养老客群服务体系，https://www.news.cn/money/20240613/281d472370b8490c9f5adecbeccf11c6/c.html

180 中国农业银行官网，中国农业银行：书写金融服务乡村振兴新篇章，https://www.abchina.com/cn/AboutABC/nonghzx/NewsCenter/202103/t20210308_1970485.htm

181 《经济日报》,中国农业银行提升数字化能力,打造高质量线上金融服务,2024 年 8 月 8 日，http://paper.ce.cn/pad/content/202408/08/content_299045.html

182 中国经济新闻网，数字化健康管理，平安健康险以科技实力守护全民健康，http://www.cet.com.cn/wzsy/cyzx/10054515.shtml

183 中国网财经，数字运营推动高质量发展，平安银行荣获金融科技发展奖二、三等奖，https://finance.china.com.cn/roll/20240109/6069934.shtml

184 中国平安官网，中国平安上线员工碳账户，升级 "1+N" 碳账户体系助推绿色发展，https://www.pingan.cn/zh/common/cn_news/1685340678958.shtml

185 新华网，中国人寿财险探索创新“绿色保险” 着力书写绿色金融文章，https://www.news.cn/money/20231212/c823d5c02efe425d87dad3dde0bbb8ef/c.html

186 中国人寿官网，落实国家战略，中国人寿十年普惠金融实践蝶变创新，https://www.chinalife.com.cn/chinalife/xwzx/gsxw/275336/
187 中国银行官网，中国银行完成国内首笔区块链技术下国际汇款业务，http://www.boc.cn/aboutboc/bi1/201808/t20180817_13352437.html
188 华创证券，啤酒高端化：中局之辩，https://cj.hczq.com/paidArticles/72882?t=1730966443511
189 雪花官网，BrandZ ™最具价值中国品牌 100 强发布，雪花蝉联行业第一！，https://www.snowbeer.com.cn/index.php?r=pro/news/info&id=59
190 青岛啤酒，《青岛啤酒 2023 年度报告》，P12，https://www.tsingtao.com.cn/TsingTao/upload/Attachment/20240426/%E5%85%AC%E5%8F%B82023%E5%B9%B4%E5%B9%B4%E6%8A%A5-%E5%8D%B0%E5%88%B7%E7%89%88-20240425.pdf
191 劲派啤酒官网，劲派零糖低卡啤酒：麦芽与啤酒花的清爽邂逅，https://beeroem.com/new/320.html
192 澎湃新闻，在控糖风潮下，啤酒怎么实现 0 糖？，https://www.thepaper.cn/newsDetail_forward_27031465
193 中国酒业新闻网，华润啤酒瞄准啤酒消费需求蓝海，新品红爵 AMSTEL EXTRA 啤酒以“轻卡”强势出圈，www.cnwinenews.com/html/2024/pijiu_0828/128883.html
194 中国日报中文网，燕京啤酒：以热爱喝彩，双奥之城铸就的双奥品牌，https://caijing.chinadaily.com.cn/a/202202/22/WS621474b9a3107be497a0746e.html
195 新华网，开启夏日啤酒欢乐季 2024 青岛啤酒节潍坊首棒开跑，各地啤酒节已在路上，https://www.news.cn/food/20240624/f369e7c1613a4530af6a2cfb841de1d0/c.html
196 中国政府网，最新突破！新能源乘用车零售销量首超燃油车，https://www.gov.cn/yaowen/liebiao/202408/content_6967267.htm
197 澎湃新闻，奔驰再投 140 亿元深化在华布局，以“中国速度”丰富“中国智造”产品阵容，https://www.thepaper.cn/newsDetail_forward_28626610
198 36 氪，理想智能驾驶围绕“端到端”变阵，加速 AI 大模型上车，https://news.qq.com/rain/a/20240717A01DEJ00
199 小鹏汽车官网，小鹏 AI 天玑 5.4.0 全球首发，智驾云端大模型竞争拉开序幕，https://www.xiaopeng.com/news/company_news/5393.html
200 蔚来汽车官网，PanoCinema | 带你感受全感官沉浸式影音娱乐体验，https://www.nio.cn/smart-technology/20240119009
201 蔚来汽车官网，蔚来驾享 | 体验微醺后的安心，https://www.nio.cn/app-articles/516670
202 中关村在线，蔚来驾享“商务服务”正式上线，起步价 180 元 / 小时，https://news.

zol.com.cn/909/9094831.html

203 央视网，海关总署：2023 年我国汽车出口量 522.1 万辆，同比增加 57.4%，https://news.cctv.cn/2024/01/12/ARTIWK2tSXpit6cSonDBEPGi240112.shtml

204 埃森哲（Accenture），《展望：汽车行业洞察》，P9，https://www.accenture.com/content/dam/accenture/final/accenture-com/document-3/Outlook-Special-Issue-Automobile_final.pdf

205 人民网，比亚迪首个海外乘用车生产基地落户泰国，http://world.people.com.cn/n1/2023/0311/c1002-32641933.html

206 21 财经，汽车出海 | 加速"外卷"：中国新能源车企"扎堆"泰国市场，https://m.21jingji.com/article/20230630/herald/4bd8c0e58581d8f2fb1c7a73b20fadd2.html

207 国联证券，《饮料乳品行业深度研究：奶价本轮下跌较多，预计明年有望企稳》，P30

208 联储证券，《乳制品行业深度：筑基已成，潜力犹存》，P8，https://pdf.dfcfw.com/pdf/H3_AP202405281634736002_1.pdf

209 海通国际证券，《2023 第五届乳业资本论坛投资报告》，https://finance.eastmoney.com/a/202310212877319665.html

210 财经网，中国风味 | 从乌兰布和沙漠绿洲"种"出有机奶，特仑苏勾勒一抹绿色生机，https://m.caijing.com.cn/api/show?contentid=4890470

211 数英 DIGITALING，每日鲜语长线营销奥运，品牌如何讲好故事再造增长？，https://www.digitaling.com/articles/1252502.html

212 全球食品资讯网（FoodTalks），黄天鹅 × 新希望华西乳业，推出"双蛋白"牛奶，https://www.foodtalks.cn/news/48918

213 新华网，16 载技术攻坚，金典乳铁蛋白新品重磅上市，http://www.xinhuanet.com/fortunepro/20230506/55b39b4d798846c3b4c2eddc284d55ab/c.html

214 伊利集团，《伊利集团 2023 年可持续发展报告》，P52，https://www.yili.com/downloads/2023_Sustainability_Report_CN.pdf

215 中国新闻网，2024 世界乳业峰会在巴黎开幕！伊利再赴盛会之约，携"全明星"产品亮相，https://www.chinanews.com.cn/cj/2024/10-23/10306392.shtml

216 中国日报中文网，首创常温活性益生菌酸奶，安慕希再次领跑行业，https://cnews.chinadaily.com.cn/a/202309/01/WS64f1395ca310936092f1fc1d.html

217 TopMarketing，行业首发！蒙牛未来星 HMOs 儿童液态配方奶引领创新突破，https://www.itopmarketing.com/info15054

218 每日食品网（FOODAiLY），三元推"极致晚安奶"入局助眠赛道，https://www.foodaily.com/newsflashes/5761

219 21 世纪经济报道，乳企激战奥运，背后是一场增长"焦虑"，https://www.21jingji.com/article/20240816/herald/de64c16e61691766d325447d428288f6.html

220 伊利集团消费趋势报告（乳制品）课题组，《经济日报》，促进乳品消费市场健康发展，2024 年 3 月 19 日，http://paper.ce.cn/pad/content/202403/19/content_291487.html
221 蒙牛集团官网，蒙牛 2024 年中报：穿越周期挑战 引领新质未来，https://www.mengniu.com.cn/news/group_news/detail/20461.html
222 新华网，激发乳品消费潜力，http://www.news.cn/food/20240520/bd04215181514c2fb03447f56b55bc69/c.html#:~:text=%E4%BB%8E%E4%BA%BA%E5%9D%87%E6%B6%88%E8%B4%B9%E9%87%8F%E7%9C%8B,%E6%9C%89%E8%BE%83%E5%A4%A7%E5%A2%9E%E9%95%BF%E7%A9%BA%E9%97%B4%E3%80%82
223 中国经济网，为健康，益起来：安慕希新品领跑常温活性益生菌赛道，http://www.ce.cn/cysc/sp/bwzg/202309/01/t20230901_38697322.shtml
224 每日食品网（FOODAiLY），再获多项世界级大奖，中国奶靠什么“圈粉”全球专家？，https://www.foodaily.com/articles/37030
225 饮料行业网，称“冠”10 年，安慕希的进化之路，https://cnbeverage.com/Mobile/news/detail/id/4217.html
226 安比会客听，十周年特别企划之安慕希《奔跑吧》背后故事大揭秘，https://www.xiaoyuzhoufm.com/episode/64ba7e55d0844ea81230ef17
227 SocialBeta, 安慕希联合《种地吧》、抖音共建“禾作社”，https://socialbeta.com/campaign/21183
228 中国日报中文网，篮场再出发，安慕希引领酸奶行业体育布局新风向，http://ex.chinadaily.com.cn/exchange/partners/82/rss/channel/cn/columns/sz8srm/stories/WS64fed93da310936092f214b7.html
229 SocialBeta，安慕希开了个玩水运动会，https://socialbeta.com/campaign/21940
230 第一财经，第五届中国质量大会今日开幕，光明乳业质量之光绽放全国质量大会，https://m.yicai.com/news/101849945.html
231 光明乳业，《光明乳业 2023 年年度报告》，P12
232 中国经济网，释放乳制品消费潜力，http://www.ce.cn/cysc/sp/info/202403/19/t20240319_38939274.shtml#:~:text=%E7%9B%B8%E5%85%B3%E6%95%B0%E6%8D%AE%E7%9B%91%E6%B5%8B%EF%BC%8C%E5%85%A8%E5%B9%B4,%E6%8E%A8%E5%8A%A8%E4%B9%B3%E5%88%B6%E5%93%81%E7%BB%93%E6%9E%84%E4%BC%98%E5%8C%96%E3%80%82
233 伊利集团，《伊利集团 2023 年年度报告》，P9，https://www.yili.com/uploads/2024-06-20/5f497176-2366-48bf-b45b-3d6da58553ef1718860520349.pdf
234 伊利集团，《伊利集团 2024 年半年度报告》，P9，https://static.sse.com.cn/

disclosure/listedinfo/announcement/c/new/2024-08-30/600887_20240830_O9H6.pdf
235 全球食品资讯网（FoodTalks），金典超滤奶突围，高端白奶要拼科技，https://www.foodtalks.cn/news/39138
236 饮料行业网，金典亮相世界互联网大会，用“超滤黑科技”赋能全球营养健康，https://cnbeverage.com/news/detail/id/3575.html
237 新华网，16载技术攻坚，金典乳铁蛋白新品重磅上市，http://www.news.cn/food/20230506/fa43575bc0fd484896f2abb14c61d67c/c.html
238 人民日报客户端，从植物基盖开启“种草”循环，伊利金典发起“中国有机种草节”，https://www.peopleapp.com/column/30039445539-500004429795
239 伊利集团官网，金典亮相ESG全球领导者大会，实力引领绿色低碳新风尚，https://www.yili.com/news/company/4289
240 数英DIGITALING，金典有机生活节：从一瓶奶，到一种生活，https://www.digitaling.com/projects/306074.html
241 21世纪经济报道，与地球家园的双向奔赴——100,000个牛奶空瓶故事，https://m.21jingji.com/article/20231015/herald/c1e2a29328017c6878ff52f929b67ab7.html
242 蒙牛集团官网，每日鲜语创造好鲜奶新标准，受更多消费者喜爱，https://www.mengniu.com.cn/news/Milk/detail/20494.html
243 蒙牛集团官网，为什么每日鲜语被消费者称为“神仙奶”？国字号大奖认证实力硬核，https://www.mengniu.com.cn/news/Milk/detail/525.html#:~:text=%E5%9B%BD%E5%AD%97%E5%8F%B7%E5%A4%A7%E5%A5%96%E8%AE%A4%E8%AF%81%E5%AE%9E%E5%8A%9B%E7%A1%AC%E6%A0%B8_%E8%92%99%E7%89%9B%E5%AE%98%E7%BD%91&text=%E8%BF%91%E6%97%A5%EF%BC%8C%E7%94%B1%E5%9B%BD%E5%8A%A1%E9%99%A2%E8%AE%BE%E7%AB%8B%E7%9A%84,%E5%A5%B6%E7%AC%AC%E4%B8%80%E5%93%81%E7%89%8C%E5%AE%9D%E5%BA%A7%EF%BC%81
244 饮料行业网，每日鲜语4.0重磅上市，首款优于欧盟标准生牛乳的4.0蛋白鲜奶，https://www.cnbeverage.com/news/detail/id/2699.html
245 北京日报，每日鲜语推出4.0娟姗鲜奶，奶中贵族树立高端鲜奶新标杆，https://xinwen.bjd.com.cn/content/s64ae019ce4b0285efd6c6a4e.html
246 FBIF食品饮料创新，每日鲜语新品双蛋白牛乳亮相奥预赛！独家揭秘研发幕后，https://www.163.com/dy/article/J2FCK1C70519FEEC.html
247 中国日报中文网，龙来运转藏“金”喜—— 每日鲜语携手周大福推出全新龙年限定“金运新年奶”，https://tech.chinadaily.com.cn/a/202401/08/WS659b8a90a310af3247ffb2c1.html

248 品牌星球（BrandStar），奥运营销大赛场上，什么样的品牌才能被记住？ https://www.brandstar.com.cn/in-depth/7130
249 食悟，以小见大出奇招！每日鲜语巧用公益之光点亮人文奥运，https://finance.sina.com.cn/stock/stockzmt/2024-08-12/doc-incikkwx7478442.shtml
250 浙江在线，蒙牛鲜奶连续三年盈利 每日鲜语稳夺高端鲜奶市场份额第一，https://cs.zjol.com.cn/jms/202403/t20240328_26741168.shtml
251 蒙牛集团官网，创新驱动、数智赋能，蒙牛以新质生产力引领奶业振兴新未来，https://www.mengniu.com.cn/news/group_news/detail/19687.html
252 新华网，蒙牛控股公司虹摹生物 HMO 获美国 FDA GRAS 认证，http://www.news.cn/ci/20240816/502946c1cdc5440ebe34416f40eb6c9a/c.html
253 中粮集团官网，蒙牛乳业发布国内首款自主研发 HMO 奶粉，https://www.cofco.com/cn/News/Allnews/Latest/2023/1221/53127.html
254 蒙牛集团官网，逆势领先 蒙牛低温酸奶 20 年连续第一，https://www.mengniu.com.cn/nes/Yogurt/detail/20464.html
255 财经网，蒙牛迈胜：蛋白 RTD 产品先行，“重研发”抢滩运动营养市场，https://m.caijing.com.cn/api/show?contentid=4937272
256 全球食品资讯网（FoodTalks），蒙牛进军专业运动营养赛道！推出“迈胜运动蛋白饮”新品，https://www.foodtalks.cn/news/41846
257 人民网，蒙牛：继续发扬“天生要强”精神 向世界讲好中国故事，http://finance.people.com.cn/n1/2024/0813/c1004-40298114.html
258 蒙牛集团官网，让世界看见中国人的要强——蒙牛携手张艺谋发布奥运开幕主题片，https://www.mengniu.com.cn/news/group_news/detail/20050.html
259 蒙牛集团官网，中国加油！蒙牛携手 26 位品牌代言人 为家乡奥运健儿打 Call，https://www.mengniu.com.cn/news/group_news/detail/20051.html
260 蒙牛集团官网，致敬平凡人的要强—— 蒙牛发起、国际奥委会支持，汇聚各方奥运中国力量共同开启“中国之夜”，https://www.mengniu.com.cn/news/group_news/detail/20052.html
261 新华网，全球乳业首座全数智化工厂正式投产，http://www.news.cn/fortune/2023-05/29/c_1212193283.htm
262 中国经济网，数智灯塔 照亮未来——蒙牛宁夏工厂获评 WEF“灯塔工厂”，http://www.ce.cn/cysc/sp/info/202410/14/t20241014_39167997.shtml
263 中国消费网，蒙牛发布全球首个营养健康领域模型 MENGNIU.GPT，https://www.ccn.com.cn/Content/2023/08-10/1753071395.html
264 中国经济网，特仑苏实现高基数高增长 乳业第一大单品遥遥领先，http://www.ce.cn/cysc/sp/bwzg/202403/28/t20240328_38951664.shtml

265 中国经济网，蒙牛 2019 中报：特仑苏“梦幻”升级 再次引领行业创新，http://www.ce.cn/cysc/sp/info/201908/30/t20190830_33056641.shtml
266 财经网，中国风味丨从乌兰布和沙漠绿洲“种”出有机奶，特仑苏勾勒一抹绿色生机，http://m.caijing.com.cn/api/show?contentid=4890470
267 新华网，特仑苏亮相第十五届中国国际有机食品博览会，再度蝉联展会，http://www.xinhuanet.com/fortune/2023-04/04/c_1211964139.htm
268 蒙牛集团，《绿色包装价值报告》，P18，https://mengniuir.com/pdf/esg/gpvr.pdf
269 麦迪逊邦（MADISONBOOM），陈道明、靳东、易烊千玺，共赴特仑苏的春日之约，http://www.madisonboom.com/article/331010.html
270 SocialBeta, 特仑苏让更好从提问开始，https://socialbeta.com/campaign/20832
271 Morketing, 2024 成功的节气营销做对了什么，https://news.qq.com/rain/a/20240912A07T0X00
272 公关界的 007，一场乌兰布和的“大地演讲”，特仑苏解锁 ESG 营销新方式，https://www.sohu.com/a/805230864_228864
273 伊利集团，《伊利集团 2024 年半年度报告》，P10，https://static.sse.com.cn/disclosure/listedinfo/announcement/c/new/2024-08-30/600887_20240830_O9H6.pdf
274 伊利集团，《伊利集团 2023 年年度报告》，P10，https://www.yili.com/uploads/2024-06-20/5f497176-2366-48bf-b45b-3d6da58553ef1718860520349.pdf
275 伊利集团官网，伊利集团：加快生产力跃迁，为中国奶业注入强劲新动能，https://www.yili.com/news/company/4308
276 界面新闻，多款创新爆款引爆市场！伊利三季度业绩成“显眼包”，https://m.jiemian.com/article/10314387.html
277 经济观察网，创新引领全链跃迁，伊利以新质生产力增强乳业发展新动力，https://www.eeo.com.cn/2024/0529/663788.shtml
278 新浪财经，伊利徐克：推动全产业链合作伙伴共同低碳、绿色发展，https://finance.sina.com.cn/hy/hyjz/2024-10-17/doc-incswhzx5910699.shtml
279 人民日报图文数据库，履行社会责任 促进企业发展（中国品牌日），http://paper.people.com.cn/rmrb/html/2024-05/14/nw.D110000renmrb_20240514_1-14.htm
280 伊利集团，《伊利集团 2024 年半年度报告》，P7，https://static.sse.com.cn/disclosure/listedinfo/announcement/c/new/2024-08-30/600887_20240830_O9H6.pdf
281 凯度消费者指数（Kantar Worldpanel），《2024 品牌足迹》中国榜单丨大品牌依然是中国消费者首选，白象首次进入 50 强，https://mp.weixin.qq.com/s?__biz=MzA4

MzEzOTEzNQ==&mid=2650400479&idx=1&sn=ce7c04deadddd8dfc6556c2c24e6c681&chksm=87f6498fb081c099f8ab90d2946bac38461bd0254336264d3984690a3a28ead21f7ce3d528b3&token=72332426&lang=zh_CN#rd
282 凯度消费者指数（Kantar Worldpanel），《凯度消费者指数 2023 饮品行业沙龙：共启饮料，增长新势能》，P17
283 新浪新闻，定位精品茶，“茶的传人”引领新潮，https://news.sina.com.cn/sx/2024-05-31/detail-inaxccqu6191400.shtml
284 SocialBeta，东方树叶带你回味“北京夏日”，https://socialbeta.com/campaign/16832
285 全球食品资讯网（FoodTalks），元气森林上新无糖“麦茶”饮，主打“大规格、替水喝”！，https://www.foodtalks.cn/news/43800
286 艾媒咨询（iiMedia Research），《2024-2025 年中国无糖饮料行业研究及消费者洞察报告》
287 东鹏饮料官网，“补水啦”产品介绍，https://www.szeastroc.com/product/
288 SocialBeta，元气森林推出全新系列“超级燃”，https://socialbeta.com/campaign/19021
289 东鹏饮料，《东鹏饮料（集团）股份有限公司 2022 年半年度报告》，P8，https://pdf.valueonline.cn//web/viewer.html?v=20200509&file=https%3A%2F%2Fydannouncementbucket.obs.myhuaweicloud.com%2F20220816%2F20220816166055371l451325.pdf&companyCode=605499
290 新华网，根植中华饮食文化，康师傅提供健康饮水新选择，https://www.news.cn/ci/20240514/035c18be4efa4d5a91538a32cc99317a/c.html
291 新浪新闻，百事公司率先在国内推出首款“百事无糖生可乐”，独特“杀口感”刷新碳酸体验，https://news.sina.com.cn/sx/2023-04-17/detail-imyqshkm1572723.shtml
292 中国新闻网，百事公司：为消费者带来更多欢笑，https://www.chinanews.com.cn/business/2020/09-24/9298830.shtml
293 东鹏饮料，《东鹏饮料（集团）股份有限公司 2023 年年度报告》，P21，https://pdf.valueonline.cn//web/viewer.html?v=20200509&file=https%3A%2F%2Fydannouncementbucket.obs.myhuaweicloud.com%2F20240415%2F202404151713080128142044546.pdf&companyCode=605499
294 东鹏饮料，《东鹏饮料（集团）股份有限公司 2023 年年度报告》，P14，https://pdf.valueonline.cn//web/viewer.html?v=20200509&file=https%3A%2F%2Fydannouncementbucket.obs.myhuaweicloud.com%2F20240415%2F202404151713080128142044546.pdf&companyCode=605499

295 东鹏饮料，《东鹏饮料（集团）股份有限公司 2023 年年度报告》，P18，https://pdf.valueonline.cn//web/viewer.html?v=20200509&file=https%3A%2F%2Fydannouncementbucket.obs.myhuaweicloud.com%2F20240415%2F202404151713080128142044546.pdf&companyCode=605499

296 东鹏饮料，《东鹏饮料（集团）股份有限公司 2023 年年度报告》，P70，https://pdf.valueonline.cn//web/viewer.html?v=20200509&file=https%3A%2F%2Fydannouncementbucket.obs.myhuaweicloud.com%2F20240415%2F202404151713080128142044546.pdf&companyCode=605499

297 凯度集团（Kantar），《凯度 BrandZ 最具价值中国品牌 100 强》榜单及报告，https://kmpai.cn/report/detail.shtml?id=2505d0ab-5f9e-11ef-9ccd-0017fa024377

298 凯度消费者指数（Kantar Worldpanel），《品牌足迹—中国家外食品饮料消费市场品牌排名》，https://www.kantarworldpanel.com/cn/News/2023-ooh-brand-footprin

299 新华网，根植中华饮食文化，康师傅提供健康饮水新选择，https://www.news.cn/ci/20240514/035c18be4efa4d5a91538a32cc99317a/c.html

300 新华网，康师傅荣获“国民品牌创新万里行创新案例”，www.news.cn/enterprise/20231205/e5ccf750d9c04b848f758a5768db5a2e/c.html

301 新浪新闻，定位精品茶，“茶的传人”引领新潮，https://news.sina.com.cn/sx/2024-05-31/detail-inaxccqu6191400.shtml

302 齐鲁晚报网，以创新焕新动能，康师傅方便面斩获方便食品大会两项大奖，https://baijiahao.baidu.com/s?id=1776192152435538567

303 康师傅，《康师傅控股 2023 年年报》，P13，http://www.masterkong.com.cn/investor/financial/FinancialReport/2023/ar/20240619/download/2023_annual_report.pdf

304 新华网，康师傅方便面文化科普体验馆——“味来馆”焕新开业！，https://www.xinhuanet.com/food/20240717/3d8d561de1c64396aa8a38687c11ace9/c.html

305 人民网，康师傅连续 12 年入选中国消费者首选品牌，http://health.people.com.cn/n1/2024/0928/c14739-40330042.html

306 可口可乐，《太古可口可乐 2023 可持续发展报告》，P13，https://www.swirecocacola.com/sbcorpweb/uploads/docs/SCC_SR2023_Full_SC.pdf

307 农夫山泉，《农夫山泉股份有限公司 2023 可持续发展报告》，P11，https://file-cloud.yst.com.cn/photo/website/2024/04/18/ee278ac6ea154037b85ebf9bbc8e6bba.pdf

308 亚马逊 AWS 官方博客，亚马逊云科技宣布推出生成式 AI 新工具，https://aws.

amazon.com/cn/blogs/china/aws-announces-new-tools-for-generative-ai/

309 新浪科技，阿里云推出第九代 ECS 实例，最高提升 30% 性能，https://finance.sina.com.cn/tech/roll/2024-09-23/doc-incqcccv0242885.shtml

310 极客公园，生成式 AI 抢滩生死战：全球云计算巨头怎么打，https://www.geekpark.net/news/334327

311 华为，《华为云昇腾 AI 云服务行业：6A 云化算力底座报告》，P12

312 中国新闻网，阿里云 CTO 周靖人：阿里云百炼服务客户数从 9 万增长至 23 万，涨幅超 150%，https://www.sh.chinanews.com.cn/kjjy/2024-07-05/126229.shtml

313 新浪科技，华为正式发布盘古大模型 3.0 包括“5+N+X”三层架构，https://finance.sina.cn/tech/2023-07-07/detail-imyzvwwv5116010.d.html?from=wap

314 大河财立方，阿里云发布通义千问 2.0，八大行业模型组团上线，https://app.dahecube.com/nweb/news/20231031/179451n354cd0af202.htm?artid=179451

315 智东西，AI 版钉钉来了！接入通义千问，输入“/”唤起超 10 项 AI 能力，https://zhidx.com/p/373805.html

316 财联社，Adobe 加入 AIGC 战局：推出图片生成 AI 版权优势成为大杀器，https://m.cls.cn/detail/1300576

317 Salesforce official website, *Salesforce AI Use Case Library*, https://www.salesforce.com/artificial-intelligence/use-cases/?page=1&perPage=21

318 海思官网，https://www.hisilicon.com/cn/about-us/company

319 英特尔中国官方微信公众号，英特尔助力京东云用 CPU 加速 AI 推理，以大模型构建数智化供应链，https://mp.weixin.qq.com/s/iwH8GKKOSEVw9fI2GZHjIA

320 英特尔中国官方微信公众号，英特尔以开放、可扩展的软硬件，携手生态共同释放 AI 潜力，https://mp.weixin.qq.com/s/N-834pFS1J9zXZ3netZxjQ

321 英特尔（Intel），《2022-2023 英特尔中国企业社会责任报告》，P23，https://www.intel.com/content/dam/www/central-libraries/cn/zh/documents/2023-11/2022-23-corporate-responsibility-report-chinese-simplified.pdf

322 英特尔（Intel），*2023-24 Intel Corporate Responsibility Report*，P77，https://csrreportbuilder.intel.com/pdfbuilder/pdfs/CSR-2023-24-Executive-Summary.pdf

323 英特尔中国官方微信公众号，业界权威发布计算机绿色评价规范，英特尔与产业伙伴助力打造绿色新质生产力工具，https://mp.weixin.qq.com/s/IS-GvGcFR9RbGDLxxnvA1w

324 商学院杂志官方微信公众号，王鹏：科技赋能医疗，英特尔的 AI 创新之旅，https://mp.weixin.qq.com/s/eDI6ClNTNF_7YeLjbO9PXg

325 英特尔中国，《2022-2023 英特尔中国企业社会责任报告》，P29，https://www.

intel.com/content/dam/www/central-libraries/cn/zh/documents/2023-11/2022-23-corporate-responsibility-report-chinese-simplified.pdf
326 凯度集团（Kantar），《2024年凯度O2O即时零售白皮书》
327 美团官网，美团发布2024年一季度财报：营收733亿元，同比增长25%，https://www.meituan.com/news/NN240606070004740?requestCode=b5ea221471db42a98d407a1d79db86bc&responseCode=0b5f2341ed404b3e8a24205eba83c1e9
328 新民网，iPhone 16首发饿了么同步预售，即时零售加速数码新品发布“所见即所得”，https://news.xinmin.cn/2024/09/10/32732892.html
329 新浪科技，美团直播，能打破本地生活的天花板吗？，https://finance.sina.com.cn/tech/roll/2024-07-10/doc-inccrfqc9404245.shtml
330 澎湃新闻，美团反攻抖音：直播的底气与短板，https://www.thepaper.cn/newsDetail_forward_23998518
331 腾讯新闻，2023年中国旅游市场分析报告，https://news.qq.com/rain/a/20240222A05T1F00
332 澎湃新闻，2024年中国出境游行业发展趋势报告，https://www.thepaper.cn/newsDetail_forward_28826650
333 澎湃新闻，携程集团技术副总裁王清：携程问道——旅游行业大模型及应用，https://www.thepaper.cn/newsDetail_forward_25406518
334 央视网，走进多力工厂，探寻“降低油烟技术专利”背后的安心与健康，https://edu.cctv.cn/2024/09/09/ARTIOvgi4lygRFQBY7oJAxNc240909.shtml
335 新浪新闻，百位营养师推荐，多力黄金3益开启“营养用油”新时代！，https://news.sina.com.cn/sx/2024-06-12/detail-inaymsch8276495.shtml
336 祥宇官网，“福瑞祥和” | 中粮福临门 & 祥宇联名款庄园级橄榄油上市啦！，http://xiangyuoliveoil.com/col_qyxw/202402/8BEDAC03D51D54E3C7ECD940892F238B.htm
337 导油网，小包装食用油寡占格局松动，区域品牌发力崛起，https://www.oilcn.com/article/2023/10/10_89888.html
338 中国食品安全网，创新赋能品质引领 益海嘉里金龙鱼为健康消费注入活力，https://www.cfsn.cn/news/detail/87/238270.html
339 中国江苏网，东茶以科技创新为动力，推动山茶油产业高质量发展，https://tech.jschina.com.cn/gdxw/202406/t20240626_3424744.shtml
340 新疆西格尔粮油有限公司官网，https://xjxiger.com/sys-nd/9.htm
341 道道全粮油股份有限公司，《道道全粮油股份有限公司2023年年度报告》，P11
342 第一财经，西王食品：子公司拟以14.92亿元新建30万吨小包装玉米胚芽油项目，https://www.yicai.com/news/100736180.html

343 中国经济新闻网，好油云南造 健康好味道——益海嘉里金龙鱼工厂落户七彩云南，https://www.cet.com.cn/xwsd/3494274.shtml
344 凯度消费者指数（Kantar Worldpanel），锚定增长，“油”点不一样，https://www.kantarworldpanel.com/cn/news/The-Cooking-Oil-Market-Trends-and-Opportunities
345 澎湃新闻，千亿级市场卷到线上，巨头把控的食用油行业还有新增长？，https://www.thepaper.cn/newsDetail_forward_24111733
346 多力官网，多力丨佳格多力深耕 20 年，用心成就行业领先，https://www.stdfood.com.cn/news_details_1101.html
347 多力官网，多力丨佳格多力深耕 20 年，用心成就行业领先，https://www.stdfood.com.cn/news_details_1101.html
348 多力官网，多力丨佳格多力深耕 20 年，用心成就行业领先，https://www.stdfood.com.cn/news_details_1101.html
349 多力官网，多力丨佳格多力深耕 20 年，用心成就行业领先，https://www.stdfood.com.cn/news_details_1101.html
350 搜狐网，多力葵花籽油硕果累累承荣誉，砥砺深耕续辉煌，https://www.sohu.com/a/787370958_121043592
351 央视网，走进多力工厂，探寻“降低油烟技术专利”背后的安心与健康，https://edu.cctv.com/2024/09/09/ARTIOvgi4lygRFQBY7oJAxNc240909.shtml
352 多力官网，多力丨佳格多力深耕 20 年，用心成就行业领先，https://www.stdfood.com.cn/news_details_1101.html
353 界面新闻，福临门全新品牌形象正式亮相，提升国民粮油品牌发展势能，https://www.jiemian.com/article/10370400.html
354 金龙鱼官网，金龙鱼“透明工厂”访厂揭秘：什么才算作高品质的好菜油！，https://www.jinlongyu.cn/new/1804.html
355 环球网，鲁花老总详细解读 “5S 纯物理压榨工艺”，https://china.huanqiu.com/article/9CaKrnJLrBG
356 新京报客户端，鲁花率先公布调和油配方比，https://m.bjnews.com.cn/detail/155148744814648.html
357 新华网，鲁花集团入选“ESG 杰出社会责任实践案例”，http://www3.xinhuanet.com/food/20231205/1390aae1ef0b49829b967d6b73bb3cd9/c.html
358 巨量引擎营销观察，巨量引擎发布自动化技术品牌 UBMax 优必投：营销自动化，激发新可能，https://mp.weixin.qq.com/s/WuInR184Lkw_73Xg00WiKQ
359 Think with Google，*Google Marketing Live 2024*，https://thinkwithgoogle.googlecnapps.cn/automation/article/GML2401

360 价值星球 Planet，探秘中国出海品牌营销的“锦囊妙策”，https://mp.weixin.qq.com/s/zsI50epQXXFPN25mEUBREw

361 小米集团，《小米集团 2023 年度报告》，P10，https://ir.mi.com/system/files-encrypted/nasdaq_kms/assets/2024/04/25/5-39-31/2023%E5%B9%B4%E5%BA%A6%E6%8A%A5%E5%91%8A.pdf

362 TopMarketing，增幅转正，AI 赋能：2023 中国互联网公司广告收入榜单解析，https://mp.weixin.qq.com/s/GHeeqAv_xANfbSyCRYyc9A

363 小米开放平台微信公众号，强强联合！六大应用平台携手小米直投 2.0 实现战略升级，https://mp.weixin.qq.com/s/qupUXHeir5gC_rlo0YR8Dw

364 巨量引擎营销洞察，2024 巨量引擎平台营销通案全新发布！，https://mp.weixin.qq.com/s/-__8vPBxiVDbeBc4x4-__A

365 巨量引擎营销观察，无处不在的营销科学，将洞察力转化为增长力，https://mp.weixin.qq.com/s/PM2nazAHQENZOWIwmmcayQ

366 谷歌广告官网，https://ads.google.cn/intl/zh-CN_cn/home/

367 Think with Google，*Google Marketing Live 2023*，https://thinkwithgoogle.googlecnapps.cn/automation/article/GML0009?utm_source=wechat&utm_medium=oapa3&utm_campaign=gml2023

368 谷歌开发者微信公众号，AI 社会公益，共创包容未来，https://mp.weixin.qq.com/s/vi6bmFxlL6D9UDFTbrAfkg

369 腾讯营销学堂官网，用好四大能力，共享包容性生态红利，https://eschool.qq.com/Solution/ListDetail/pd-9941?name=n_sy_zx

370 腾讯广告官方微信公众号，腾讯广告妙思发布，投放从此快人一步，https://mp.weixin.qq.com/s?__biz=MjM5NDczMzgxMQ==&mid=2662584499&idx=2&sn=cb69206fec8588708c4c936ad0262150&chksm=bdc43b2f8ab3b239d8f89fe8982404f4425e412c9140d9715dcbd53055a9e309906c76b42232&scene=27

371 Morketing，亚马逊在广告领域描绘了下一个 500 亿美元的机会，https://morketing.com/detail/26626

372 亚马逊广告官网，亚马逊广告加入 Ad Net Zero，这是广告行业为减少广告碳排放而发起的一项计划，https://advertising.amazon.com/zh-cn/library/news/amazon-ads-joins-ad-net-zero

373 凯度集团（Kantar），牛津大学赛德商学院（Saïd Business School, University of Oxford），财经杂志，《生态品牌发展报告（2024）》，P2-3，https://www.ecosystembrand.com/about#AboutS4

374 凯度集团（Kantar），牛津大学赛德商学院（Saïd Business School, University of Oxford），《物联网生态品牌白皮书》，P50，https://www.ecosystembrand.com/

about#AboutS4
375 海尔集团官网，我们为什么如此需要这一创新？，https://www.haier.com/press-events/news/20240925_251394.shtml
376 凯度集团（Kantar），牛津大学赛德商学院（Saïd Business School, University of Oxford），财经杂志，《生态品牌发展报告（2024）》，P5，https://www.ecosystembrand.com/about#AboutS4
377 凯度集团（Kantar），牛津大学赛德商学院（Saïd Business School, University of Oxford），财经杂志，《生态品牌发展报告（2024）》，P4，https://www.ecosystembrand.com/about#AboutS4
378 卡奥斯官网，从技术战略走向用户价值！卡奥斯首发智能交互引擎创新成果.，https://www.cosmoplat.com/news/detail?newsid=7082
379 界面新闻，AI 时代的革命性创新！卡奥斯发布智能交互引擎最新探索，https://www.jiemian.com/article/10978904.html
380 凯度集团（Kantar），牛津大学赛德商学院（Saïd Business School, University of Oxford），财经杂志，《生态品牌发展报告（2022）》，P23，https://www.ecosystembrand.com/about#AboutS4
381 凯度集团（Kantar），牛津大学赛德商学院，财经杂志，《生态品牌发展报告（2024）》，P23，https://www.ecosystembrand.com/about#AboutS4
382 凯度集团（Kantar），牛津大学赛德商学院，财经杂志，《生态品牌发展报告（2024）》，P11，https://www.ecosystembrand.com/about#AboutS4
383 凯度集团（Kantar），牛津大学赛德商学院，财经杂志，《生态品牌发展报告（2024）》，P12，https://www.ecosystembrand.com/about#AboutS4
384 海尔集团官网，海尔集团介绍，https://www.haier.com/about-haier/
385 凯度集团（Kantar），牛津大学赛德商学院，财经杂志，《生态品牌发展报告（2024）》，P7，https://www.ecosystembrand.com/about#AboutS4
386 卡奥斯工业互联网平台官方微信公众号，大会聚焦 | 2024 全球数字经济大会：卡奥斯展示多项工业大模型应用成果，https://mp.weixin.qq.com/s/gMSP_sF9rt-SjGDJY6wltQ
387 海尔集团官网，羽绒服干洗还是手洗？海尔洗烘套装：机洗，https://www.haier.com/about_haier/xinwen/20240226_235628.shtml
388 节点财经，海尔创牌四十年：成为世界级品牌的十点启发，https://www.haier.com/press-events/news/20240705_241998.shtml
389 新华网，海尔发布新款洗衣机朗境 X11 系列，会呼吸、防异味，http://www3.xinhuanet.com/tech/20240708/0e1ab77e4ca6468cae228c46805e74ae/c.html
390 海尔集团官网，中国企业，缘何成为欧洲家电增速之王？，https://www.haier.com/

press-events/news/20240910_249436.shtml

391 界面新闻，AWE 上演“工业 T 台秀” 海尔在德国 4 周可退货的自信，https://m.jiemian.com/article/1166989.html

392 南方周末，低碳、零碳、负碳，中国的绿色新征程，https://www.haier.com/press-events/news/20230626_211616.shtml#:~:text=%E8%BF%9E%E7%BB%AD14%E5%B9%B4%E4%BD%8D%E5%88%97,%E7%94%9F%E5%91%BD%E5%91%A8%E6%9C%9F%E4%BD%8E%E7%A2%B3%E7%AE%A1%E7%90%86%E3%80%82

393 海尔集团官网，https://www.haier.com/csr/project-hope/?spm=net.crs_pc.hg2020_sr_hopeProject_20221122.3

394 海尔智慧康养官方微信公众号，海尔智慧居家养老场景亮相 AWE 多款适老新品发布，https://mp.weixin.qq.com/s/-JAHBOeRkgyVJjFMqNJPJg

395 凯度集团（Kantar），《凯度 BrandZ 最具价值全球品牌 100 强》榜单及报告，P41，https://kmpai.cn/report/detail.shtml?id=5738f7cb-27d6-11ef-8027-0017fa024377

396 凯度集团（Kantar），谷歌（Google），《Google × Kantar BrandZ 中国全球化品牌 2024》，P24，https://kmpai.cn/report/detail.shtml?id=55dd7143-2ed6-11ef-8027-0017fa024377

397 新华网，欧睿国际：海尔居全球大型家用电器品牌零售量第一，http://www.news.cn/expo/20240108/3d0388300e6647fea490a4c1f330f090/c.html

398 36 氪，微软的“Copilot+PC”，算是革新生产力吗？，https://www.36kr.com/p/2790743107650696

399 vivo 官网，vivo 发布全新 AI 战略 蓝心大模型矩阵及原系统 5 重磅升级，https://www.vivo.com.cn/brand/news/detail?id=1271&type=0

400 人民网，智能可穿戴设备市场迎来新发展，http://finance.people.com.cn/n1/2024/0725/c1004-40285293.html

401 腾讯网，首发搭载情绪与卵巢健康监测 华为 WATCH GT 5 成就智能手表颜智典范，https://news.qq.com/rain/a/20240924A060O800

402 优设，取代 Vision Pro？深度解析 Meta 重磅发布的全新 AR 产品 Orion，https://www.uisdc.com/meta-orion

403 IT 之家，Meta × 雷朋新款智能眼镜发布：配 1200 万像素摄像头，起售价 299 美元，https://www.ithome.com/0/722/182.htm

404 EqualOcean，全球化大公司 100 系列｜无人机行业领军品牌——大疆创新的全球化之路，https://cn.equalocean.com/analysis/2023041111039600

405 中国副食流通协会，《2023-2024 中国食品行业市场分析报告》

406 财经网，线下零食店新店型频现，全渠道趋势下休闲零食另探品类完善，http://

m.caijing.com.cn/article/337275
407 搜狐网，零食很忙集团更名为鸣鸣很忙，全国门店总数破万，https://www.sohu.com/a/785607979_116237
408 雪球，谭旭东：回归基础 韧性增长——奥利奥品牌增长底层逻辑，https://xueqiu.com/2258664447/277656640
409 全球食品资讯网（FoodTalks），亿滋中国市场 2023 年“上大分”，全球 CEO 说在华能干到 600 万家网点，https://www.foodtalks.cn/news/51350
410 腾讯网，对话亿滋大中华区总裁范睿思，揭秘奥利奥小饼干背后的减碳秘密，https://news.qq.com/rain/a/20211112A09IGV00
411 iSEE 全球奖官网，为可回收设计的奥利奥单一材质环保包装膜，https://isee.foodaily.com/awards/463
412 中国新闻网，上海，奥利奥终身认养两只同名大熊猫，号召与更多消费者一同关注可持续议题，https://www.sh.chinanews.com.cn/chanjing/2022-05-19/99483.shtml
413 中国医药企业管理协会，《2023 年医药工业运行情况》，P2，https://www.cpema.org/index.php?m=content&c=index&a=show&catid=26&id=7749
414 中药材天地网，我国中药材种植产业进展与展望，https://www.zyctd.com/zixun/204/1035994.html
415 国投证券，《国投证券医药产业链数据库之：中成药零售端销售，H1 保持平稳，细分领域大品种排名稳定》，P2
416 云南白药，《云南白药集团股份有限公司 2023 年年度报告》，P10，https://www.yunnanbaiyao.com.cn/view/ynbyPc/1/30/view/7261.html
417 华润三九，《华润三九医药股份有限公司 2023 年年度报告》，P14，https://www.999.com.cn/annualReport/2024-03-24/c5c384a0-a904-4cbb-8b35-26f0330d9b83.pdf
418 米内网，31 个心脑血管中成药火了！热销品牌大涨 263%，步长、康缘、达仁堂独家产品攻势强劲，https://www.menet.com.cn/info/202407/202407171011151115_147868.shtml
419 同仁堂，《北京同仁堂股份有限公司 2023 年年度报告》，P23，https://www.tongrentang.com/file/upload/2024/10/10/1728526701270.pdf
420 米内网，独家中成药燃爆胃药市场！扬子江超 11 亿领先，太极集团再涨 148%，华润称霸药店，https://www.menet.com.cn/info/202406/202406050938373837_147725.shtml
421 云南白药，《云南白药集团股份有限公司 2023 年年度报告》，P27，https://www.yunnanbaiyao.com.cn/view/ynbyPc/1/30/view/7261.html
422 云南白药，《云南白药集团股份有限公司 2023 年年度报告》，P17，https://www.

yunnanbaiyao.com.cn/view/ynbyPc/1/30/view/7261.html

423 东阿阿胶，《东阿阿胶股份有限公司 2023 年年度报告》，P23，http://www.cninfo.com.cn/new/disclosure/detail?plate=szse&orgId=gssz0000423&stockCode=000423&announcementId=1219375568&announcementTime=2024-03-22

424 华润三九，《华润三九医药股份有限公司 2023 年年度报告》，P12，https://www.999.com.cn/annualReport/2024-03-24/c5c384a0-a904-4cbb-8b35-26f0330d9b83.pdf

425 国投证券，《2024 年中药行业有哪些潜在催化》，P11

426 21 经济网，中药行业驶入发展快车道，中药 OTC 如何借助品牌与创新突围？，https://www.21jingji.com/article/20240509/herald/91d844d14239596f7eb2132c7c092917.html

427 人民网，国家中医药局：提升基层医疗卫生机构中医药服务能力，http://health.people.com.cn/n1/2024/0112/c14739-40157913.html

428 东阿阿胶官方网站，https://www.dongeejiao.com/des/index.html

429 东阿阿胶股份有限公司，《东阿阿胶股份有限公司 2023 年年度报告》，P12，http://www.cninfo.com.cn/new/disclosure/detail?plate=szse&orgId=gssz0000423&stockCode=000423&announcementId=1219375568&announcementTime=2024-03-22

430 东阿阿胶股份有限公司，《2023 年东阿阿胶股份有限公司年度环境、社会及治理报告》，P33，http://www.cninfo.com.cn/new/disclosure/detail?plate=szse&orgId=gssz0000423&stockCode=000423&announcementId=1219375557&announcementTime=2024-03-22

431 新浪新闻，“东阿阿胶 × 奈雪的茶”重磅回归，养生局联名打开跨界新思路，https://news.sina.com.cn/sx/2024-01-06/detail-inaapyfc4157431.shtml

432 SocialBeta，爆剧营销，被东阿阿胶的操作秀到了，https://socialbeta.com/article/109652

433 东阿阿胶股份有限公司，《东阿阿胶股份有限公司 2023 年年度报告》，P8，http://www.cninfo.com.cn/new/disclosure/detail?plate=szse&orgId=gssz0000423&stockCode=000423&announcementId=1219375568&announcementTime=2024-03-22

434 华润三九，《华润三九医药股份有限公司 2023 年年度报告》，P12，https://www.999.com.cn/annualReport/2024-03-24/c5c384a0-a904-4cbb-8b35-26f0330d9b83.pdf

435 华润三九，《华润三九医药股份有限公司 2023 年年度报告》，P17，https://www.999.com.cn/annualReport/2024-03-24/c5c384a0-a904-4cbb-8b35-26f0330d9b83.pdf

436 同仁堂，《北京同仁堂股份有限公司 2023 年年度报告》，P11，https://www.

tongrentang.com/file/upload/2024/10/10/1728526701270.pdf
437 中国质量新闻网，全链条可追溯“码上见”，北京同仁堂质量追溯数据中心成立，http://www.cqn.com.cn/pp/content/2022-09/28/content_8865908.htm
438 同仁堂官网,《中国北京同仁堂（集团）有限责任公司2023年度履行社会责任情况报告》，P5，https://www.tongrentang.com/menu53/newsDetail/24901.html
439 云南白药集团，《云南白药集团股份有限公司 2023 年年度报告》，P18，https://www.yunnanbaiyao.com.cn/view/ynbyPc/1/30/view/7261.html
440 云南白药集团，《云南白药集团股份有限公司 2023 年年度报告》，P22，https://www.yunnanbaiyao.com.cn/view/ynbyPc/1/30/view/7261.html
441 云南白药集团，《云南白药集团股份有限公司 2023 年年度报告》，P22，https://www.yunnanbaiyao.com.cn/view/ynbyPc/1/30/view/7261.html
442 云南白药集团，《云南白药集团股份有限公司 2023 年度社会责任报告暨 ESG（环境、社会及管治）报告》，P66-67、P71，https://www.yunnanbaiyao.com.cn/view/ynbyM/1/206/view/7295.html
443 云南白药，云南白药集团 MSCI ESG 评级连续第四年获评 A 级，https://www.yunnanbaiyao.com.cn/view/ynbyPc/1/92/view/7775.html
444 云南白药，云南白药连续 14 年上榜！凯度 BrandZ 最具价值中国品牌 100 强榜单发布，https://www.yunnanbaiyao.com.cn/view/ynbyPc/1/92/view/7721.html
445 中国日报中文网，中国品牌日，习近平“三个转变”重要指示指明方向，https://cn.chinadaily.com.cn/a/202005/10/WS5eb7b8b1a310eec9c72b7eaf.html
446 求是网，辉煌 75 年 | 经济总量跃居世界第二，综合国力显著增强，http://www.qstheory.cn/laigao/ycjx/2024-10/08/c_1130207400.htm
447 证券日报网，比亚迪：以规模化、高端化、国际化驱动业绩增长，http://www.zqrb.cn/gscy/gongsi/2024-10-11/A1728651940864.html
448 第一财经，全球新能源汽车销冠拉锯战：比亚迪打败特斯拉重回榜首，https://m.yicai.com/news/101640611.html
449 搜狐网，希音蝉联 2023 全球购物类 APP 下载量冠军，https://www.sohu.com/a/752015206_120988533
450 澎湃新闻，揭秘 SHEIN 供应链：打爆快时尚巨头的魔法，如今能打赢 Temu 吗，https://www.stcn.com/article/detail/951091.html?u_atoken=4dcb00efc491b31acb910e4cfecee948&u_asig=bbbf3
451 新华网，一场跨越千山万水的相遇 霸王茶姬：让东方茶香飘扬世界舞台，http://www.xinhuanet.com/fortune/20240815/f3dc1356f0004e0eb6f95e76814ca264/c.html
452 北京日报客户端，新茶饮加速出海，霸王茶姬马来西亚门店突破 130 家，https://

xinwen.bjd.com.cn/content/s66f2839ce4b0c25b287bddab.html
453 麦肯锡（McKinsey & Company），出海：中国企业在全球不确定性下的战略选择，https://www.mckinsey.com.cn/%E5%87%BA%E6%B5%B7%EF%BC%9A%E4%B8%AD%E5%9B%BD%E4%BC%81%E4%B8%9A%E5%9C%A8%E5%85%A8%E7%90%83%E4%B8%8D%E7%A1%AE%E5%AE%9A%E6%80%A7%E4%B8%8B%E7%9A%84%E6%88%98%E7%95%A5%E9%80%89%E6%8B%A9/
454 安克官网，Anker 安克品牌介绍，https://cn.anker-in.com/articles/48
455 亿邦动力，从浅海到红海，安克如何靠产品克服充电品类"行业换季"，https://m.ebrun.com/517051.html
456 GeekCar, 关于比亚迪的"刀片电池"，这是我们所知道的一切，https://www.sohu.com/a/368170963_120865
457 比亚迪官网，蓄势新能源，加速全球化，比亚迪跃居2023年《财富》世界500强第212位，https://www.bydauto.com.cn/pc/newsList/detail/?id=440
458 网易号，本就繁杂的滑雪装备里，怎么还多了项"自拍神器"？ https://www.163.com/dy/article/HSEA37GO0518D1OO.html
459 搜狐网，凭借"隐形自拍杆"火遍滑雪圈后，影石 Insta360 广州融创茂官方体验店开业迎客，https://www.sohu.com/a/683905474_104421
460 亿邦动力，三年冲到全球第一 影石 Insta360 如何成为全景相机独角兽，https://m.ebrun.com/512722.html
461 界面新闻，Patagonia 创始人把公司捐给了"地球"，运动品牌刮起环保风，https://m.jiemian.com/article/8079116.html
462 数英 DIGITALING，户外品牌 patagonia：地球上超酷的公司，借广告劝退消费者，https://www.digitaling.com/articles/957522.html
463 品牌星球（BrandStar），Patagonia：问题有时候比答案更重要 | 星球大会回顾，https://www.brandstar.com.cn/in-depth/5712
464 白鲸出海，"文化自信"的花西子，将国风吹向了世界舞台，https://www.baijing.cn/article/id-49634
465 品牌方舟，搭上 LV 出海欧洲，花西子如何俘获老外芳心？ https://www.brandark.com/t/yy6veLt2
466 节点财经，海尔创牌四十年：成为世界级品牌的十点启发，https://www.haier.com/press-events/news/20240705_241998.shtml
467 新华丝路，海尔泰国：为用户及当地员工创造价值的中国品牌，https://www.imsilkroad.com/news/p/373991.html
468 海尔集团官网，冲进欧洲、融入欧洲，海尔凭什么征服海外市场，https://www.haier.com/press-events/news/20240910_249434.shtml

469 海尔集团官网，IFA 2024：全球品牌巡礼，青企闪耀柏林，https://www.haier.com/press-events/news/20240910_249437.shtml
470 连线 Insight，海尔出海创牌的三步跃迁，如何做到步步领先，https://www.haier.com/press-events/news/20240621_241591.shtml
471 中国日报中文网，埃及生态园顺利奠基！海尔智家全球化布局按下“加速键”，https://cn.chinadaily.com.cn/a/202303/17/WS6413f6fda3102ada8b23406b.html
472 中国国际贸易促进委员会北京分会官网（CCPIT），海尔以“三位一体”本地化战略开拓埃及市场，https://www.ccpitbj.org/web/static/articles/catalog_40fcc036830c535501850ace83db0e19/article_ff8080818e8a79a5019072169d040e4c/ff8080818e8a79a5019072169d040e4c.html
473 中国产业经济信息网，海尔在埃及布局超百万产能，http://www.cinic.org.cn/zgzz/yx/1418111.html
474 海尔集团官网，再增 600 万套产能！海尔智家泰国春武里空调工业园奠基，https://www.haier.com/press-events/news/20240815_248777.shtml
475 海尔集团官网，“这家企业的故事也是中国的故事”，https://www.haier.com/press-events/news/20240621_241626.shtml
476 奇赞，重仓拉美、发力墨西哥，SHEIN 的本地化营销竟能细到这种程度？，https://www.qizansea.com/21060.html

编撰说明

在全球化浪潮与品牌经济日益凸显的今天，品牌的力量已成为衡量一个国家经济实力和国际影响力的重要指标。鉴于此，新华出版社、中华人民共和国年鉴社与凯度集团强强联合，共同首发《世界品牌年鉴 2024》，旨在为全球品牌界提供一份权威、全面、深度的品牌发展指南与成就展示平台。

新华出版社：作为新华社主管主办的以出版社科类图书为主的中央级综合出版社之一，新华出版社是一家集图书、期刊、音像、电子、书店和融合传播运营于一体的全媒体出版机构。在“全国国民阅读调查”评比中，连续多年被评为“最受读者欢迎的出版社”之一。在“中国出版社海外馆藏影响力”排名中，连续多年进入 100 强且近年排名持续提升。新华出版社凭借其深厚的出版底蕴和广泛的国内外资源，长期致力于传播中国声音，展现世界风采，为《世界品牌年鉴 2024》的权威性和国际化视野提供了坚实保障。

中华人民共和国年鉴社：《中华人民共和国年鉴》（简称《中国年鉴》）创刊于 1981 年，是新华通讯社主管的中国唯一综合性国家年鉴，有中文和英文两个版本，已连续出版 43 年，面向全世界发行。《中国年鉴》被国家部委机关、各国驻华使领馆、高校、企业和海外著名图书馆等定期收藏。其参与使得《世界品牌年鉴 2024》能够精准把握时代脉搏，深度剖析品牌发展与社会经济变迁的内在联系。

凯度集团：作为全球领先的品牌数据与分析公司，凯度是世界级强品牌不可或缺的专业伙伴。凯度将有意义的消费者态度和行为数据，强大可靠的数据资源与评估标准体系，以及创新的数据算法与技术相结合，揭示人们是如何思考、感受和行动，我们帮助客户达成全景心智洞察，塑造卓越品牌未来。凯度集团作为全球领先的品牌咨询与研究机构，以其专业的品牌评估体系、前沿的市场洞察能力以及丰富的品牌案例数据库，为《世界品牌年鉴2024》提供了科学、客观的品牌价值评估与案例分析，确保了年鉴的专业性和实用性。

一、编撰目的与定位

《世界品牌年鉴 2024》旨在通过全面梳理和总结全球范围内具有代表性、创新性和影响力的品牌故事与成功案例，展现品牌在近年来的战略布局、成长路径与市场表现，为品牌管理者、市场营销人员、品牌研究者及广大读者提供宝贵的参考与启示。

本年鉴不仅聚焦于呈现消费者洞察、市场策略等品牌建设的核心要素，还深入探讨了品牌的社会责任、可持续发展以及国际化等前沿议题，力求呈现一个多维度、立体化的品牌世界。

二、内容特色

全面性：《世界品牌年鉴 2024》涵盖全球各个行业的知名品牌，包括但不限于科技、金融、制造业、消费品等领域。通过对不同品牌的深入分析，展现世界品牌的多样性和丰富性。

权威性：年鉴的内容由专业的编辑团队和专家顾问共同打造，确保信息的准确性和权威性。同时，结合凯度集团的专业数据和研究成果，为读者提供客观、科学的品牌评估。

实用性：不仅展示品牌的成功案例，还分析其背后的策略和经验，为企业管理者、品牌从业者和研究者提供有价值的参考和借鉴。

前瞻性：关注品牌发展的最新趋势和未来走向，探讨新兴品牌的崛起和传统品牌的转型，为读者提供洞察未来品牌发展的视角。

三、世界品牌案例成果展示

成功品牌案例分析：精选全球范围内各行业领先品牌，通过数据分析、案例研究等形式，生动展现品牌的发展历程、成功经验与面临的挑战，为品牌实践提供可借鉴的模板。

专题研究与趋势分析：分析品牌发展的热点问题，品牌面临的外部环境变化，预测品牌的未来发展趋势，为品牌战略规划提供智力支持。

互动交流平台：搭建平台，邀请品牌领袖、行业专家、学者及读者参与讨论，促进知识共享与经验交流。

品牌社会责任：关注品牌在社会责任方面的表现，包括环境保护、公益事业、可持续发展等方面的举措，展示品牌的社会价值和担当。

四、出版计划

《世界品牌年鉴 2024》计划每年出版一期，紧跟时代步伐，及时捕捉品牌发展的新趋势、新动向，确保年鉴内容的时效性与前瞻性。

五、结语

《世界品牌年鉴 2024》不仅是品牌发展的编年史，更是品牌创新与突破的启示录。我们期待通过这一平台的搭建，助力全球品牌交流互鉴、世界品牌发扬光大，让我们的生活因品牌而更加美好！

致谢

在编撰《世界品牌年鉴 2024》这一宏大工程的过程中，我们深感其复杂性与艰巨性，非一己之力、一时之功所能完成。在此，我们谨向所有为本项目提供支持与启发的个人、团队及机构致以诚挚的敬意和衷心的感谢。

感谢以下贡献者为《世界品牌年鉴 2024》的编撰提供了宝贵的专业洞察和支持：

徐博洋、孙文、徐雨馨、王亚丁、王子艾、任劭宇、李艳菊、吴更、王佳跃、赵琦、袁可方、陈玉亭、李晓睿、何燕臣、欧维平、黎志斌、赵红昱、林峰、鲍旭升、魏力、邱润柽、程清华、闫雪梅、刘慧娟、杨彦、刘雪冬、谢宛玲、邹桢祯、欧维平、朱骏、Mansi Nagpal、和平。（排名不分先后）